《中国榜样：永远的雷锋》大型丛书

编委会主任　冷　宽　王保安

雷锋在辽宁

邢德铭　编

中国财政经济出版社

图书在版编目（CIP）数据

雷锋在辽宁/邢德铭编．—北京：中国财政经济出版社，2013.2
（《中国榜样：永远的雷锋》大型丛书）
ISBN 978-7-5095-4261-3

Ⅰ.①雷… Ⅱ.①邢… Ⅲ.①雷锋（1940～1962）—生平事迹
Ⅳ.①K825.2

中国版本图书馆CIP数据核字（2013）第022896号

责任编辑：卢关平　　责任印制：张　健
封面设计：逸品文化　　版式设计：楠竹文化

中国财政经济出版社出版
URL：http：//www.cfeph.com
E-mail：cfeph@drc.gov.cn

社址：北京市海淀区阜成路甲28号　邮政编码：100142
营销中心电话：88190406　北京财经书店电话：64033436　84041336
北京富生印刷厂印刷　各地新华书店经销
710×1000毫米　16开　23.25印张　328千字
2013年3月第1版　2013年3月北京第1次印刷
印数：1—5000　定价：36.00元
ISBN 978-7-5095-4261-3/K·0013
（图书出现印装问题，本社负责调换）
本社质量投诉电话：010-88190744

《中国榜样：永远的雷锋》
大型丛书编委会

总　序

一个人无法选择自己所处的时代，但可以选择自己的人生道路。人所从事的职业可能要双向选择，而人生的态度完全由自己决定。雷锋，一个年轻的士兵，影响了几代人的成长，成为全国人民学习的榜样。50年来，学雷锋活动经久不息，这足以证明雷锋精神具有多么强大的渗透力和感染力。现在，几乎整个民族都在呼唤雷锋。面对社会上不尽如人意的现象，就是不情愿学习的人，也希望别人都学习雷锋了。更有人说，雷锋精神具有普世价值，是中华民族精神的集中代表，雷锋可做中国人的形象代言人。

在经过50年的学雷锋活动后，问起有关雷锋的事迹、雷锋精神的实质，仍有许多人不甚了了。这就促使雷锋的战友们、雷锋的传人们、长期坚持研究雷锋的学者们感叹不已。感叹之余，有了一个共识——组织起来，为全国的学雷锋活动做一点事情：一是还原雷锋，把一个真实可信的雷锋的光辉形象奉献给人们，使更多的人知道一个简单的道理：雷锋的一生是平凡的，谁都可以学习雷锋；雷锋精神是伟大的，谁都需要努力，才能把雷锋精神学到手。二是集50年研究成果，把理论层面上对雷锋新的认知告诉人们，使人们从中悟出道理，鼓励人们都来做社会进步的“正能量”。三是针对不同人群，编委会成员多次讨论，力求选准书名和写作内容，就这样，汇集50年的思索和探讨的成果，经过近一年的归纳和整理，就有了这样一套学雷锋的系列读物献给广大读者。这既是献给毛泽东等老一辈革命家为雷锋题词50周年的一份厚礼，更是为贯彻落实党的十八大精神，推动学雷锋活动常态化作出的一份贡献。

这套丛书有以下特点：一是具有权威性。雷锋身边的战友、培养雷锋的领导干部、看着雷锋成长的亲朋好友直接参与写雷锋，是用第一手材料叙述雷锋，其中还纠正了社会上对雷锋不恰当的传闻，还原了雷锋的真实性，维护了雷锋精神的纯洁性。二是具有完整性。有人说，这是一套既用多种形式全面地介绍雷锋事迹、系统地多专题研究雷锋精神的书籍，又是注重研究雷锋精神的时代价值，对当前学雷锋活动常态化提出了建设性意见的读物。三是具有针对性。该大型丛书分别对领导干部、企业家和职工、大学生、部队士兵等不同职业的人群如何结合本职工作学雷锋提出了参考意见，其中不乏独到之处。这些意见和看法在作者所作的多场报告中已与听众形成共识。这是一套值得收藏和系统研读的作品。对不同的读者来说，也是一套可各取所需的读物。

特别应该提到的是，2013年1月12日，中国社会福利基金会学雷锋基金管委会、辽宁省雷锋研究会、中国财政经济出版社在2013北京图书订货会上为本套丛书联合举行的推介会上，雷锋亲密战友乔安山，全国“五一”劳动奖章获得者、全国劳模李素丽，“京城活雷锋”孙茂芳，“雷锋班”现任（第二十五任）班长毕万昌等应邀亲临会场，发表了热情洋溢的讲话。“当代雷锋”郭明义虽未到会，但通过现场连线对出版本套丛书给予了很高的评价。学雷锋基金管委会名誉主任、雷锋生前战友、海军原副政委冷宽中将，学雷锋基金管委会名誉副主任、总参原兵种部政委田永清少将，分别就自己对“雷锋精神”的认识以及对本套丛书的期待作了精彩的发言。媒体及有关领导赞赏出版单位的社会责任感，高度评价图书出版活动传递的“正能量”。

学习雷锋，在于学实质——全心全意为人民服务；学习雷锋，在于行动——一言一行都为别人更幸福；学习雷锋，在于持久——一生一世讲奉献；学习雷锋，要有表率——领导干部应走在前列。

愿这套丛书助大家在追求成功的路上走得更远、更坚实。

衷心感谢在组织编写本套丛书及其开展的相关活动过程中给予我们大力支持和帮助的所有同志。

《中国榜样：永远的雷锋》编委会

2013年2月

前 言

雷锋的一生短暂而平凡，但却伟大而辉煌。无论在他的第一故乡湖南，还是在他的第二故乡辽宁，雷锋生命的光辉，怎么书写也未必能诠释到位。

自毛泽东主席题词“向雷锋同志学习”五十年以来，全国学雷锋活动持续不断，日愈深入。今天，随着对雷锋生平、雷锋精神的深入学习、研究，人们更想得知一个全面、真实、可亲、可敬、可爱的雷锋。

编撰《雷锋在辽宁》的主旨也在这里。

《雷锋在辽宁》，在内容上，无疑是冯健同志所著《雷锋在湖南》的姊妹篇。尽管都是回忆录，但在编撰方式上略有不同：《雷锋在湖南》，出自冯健同志之手，而《雷锋在辽宁》，则是出自与雷锋生前有过交往的老乡、老同事、老领导、老战友、辅导过的老少先队员等众人之手。

从1958年11月15日来到鞍钢，直到1962年8月15日因公牺牲于抚顺，雷锋在辽宁度过了他生命中最重要的时光。如果说，雷锋在湖南的成长为其成为伟大的共产主义战士打下了良好基础的话，那么，也可以说，雷锋在辽宁的成长，特别是来到大产业中心——鞍钢之后，便较成熟地形成了革命人生观和世界观，随后，在解放军这座革命熔炉，终于炼就成钢。可以说，辽宁是造就雷锋成为伟大共产主义战士的最重要的熔炉和沃土。

基于此，在编选本书过程中，我们虽力求更全面地更详尽地解读雷锋，但因篇幅所限等原因，只能有所侧重，对当前社会比较关注的有关皮夹克问题、日记为何充满哲理问题，以及其生命极其短暂而境界何其高尚问题等作了重点编选。

其实，编撰本书的过程，也是我们进一步深入向雷锋同志学习的过程。期间，我们深切地感受到，雷锋之所以在22年短暂的生命里活得那样光彩夺目，主观、客观的条件都有，但正如他自己所说的："外因是条件，内因作决定，要想求进步，主观多努力。"（《矛盾论》（单行本）第5页书眉笔记）

有关雷锋同志刻苦学习哲学经典著作的情况，在刘家乐同志的回忆录《我记忆中的雷锋》中可见一斑。那是1960年4月间，刘家乐同志刚到雷锋生前所在团任副政委兼政治处主任不久。可见，雷锋对毛主席经典著作的学习、研究比较早而且比较深入。可惜，雷锋同志所写那么多学习毛主席著作的书眉笔记，多数都没有记下他当时作笔记的具体时间。

伟大领袖毛主席曾夸赞雷锋："此人懂得一点哲学。"确实，唯物辩证法给了雷锋"处世之法"。

此外，雷锋那种见先进、英模就学的精神，也是他成长为共产主义战士雷锋的重要原因。当然，在他以为榜样的二十多位英模人物中，白求恩对他的影响可谓最大。早在1960年的一次报告中，雷锋就说过："我想，学习毛主席著作，是为了改造思想，不断地提高共产主义觉悟。我学习了《纪念白求恩》那篇著作，给我的印象最深刻，到现在我一共学习了20多遍，看一遍有一遍的体会，有一遍的心得。毛主席热情地赞扬白求恩同志专门利人、毫不利己的精神，我就按照毛主席这些话来鞭策自己，检查自己。……"可以说，雷锋就是以白求恩为"做人之镜"，不断地省察自己，不断地完美自己，才成为我们中华民族乃至全人类的做人楷模。

但愿读者在阅读本书时，对雷锋成长的心灵历程，雷锋精神的形成脉络能够得到些许裨益。

目录

第一章

热血青年　志存高远
鞍钢模范工人

（1958 年 11 月 15 日～1960 年 1 月 2 日）

雷锋响应党的号召，怀揣着“钢铁是怎样炼成的”宏愿，以及“一滴水，就要滋润一寸土地”的诗情，激情洋溢地来到祖国的钢铁重镇——鞍钢。

无论是他自1958年11月15日至1959年8月20日，在鞍钢化工总厂当推土机手，还是后来被调到鞍钢弓长岭矿焦化厂参加新厂建设，直到1960年1月2日离厂参军，雷锋都是一位名符其实的产业工人大军的一员。

正如江泽民同志在1990年10月29日视察抚顺雷锋纪念馆时所说：“雷锋到鞍钢，从农村进入了工厂。鞍钢是产业工人集中的地方，那不是手工业，而是大工业，这种环境对造就雷锋起了很大作用。”

雷锋在鞍钢工作的一年多时间里，在组织及师傅、工友的教育、帮助下，加之他本人勤奋好学，度过了一段环境艰苦、劳动强度大的岁月，经受住了锻炼，却志愈弥坚，不仅曾3次被评为先进生产者，5次被评为红旗手，18次被评为标兵，荣获鞍山市青年社会主义建设积极分子称号，而且，我们从他于1959年10月×日所写的日记可以清晰地看出，雷锋已经由一个从湖南来的热血青年，成长为一个基本具有革命人生观的优秀青年，已经由原来“只是一个抱着感恩思想埋头苦干的工人”，成长为懂得“一朵鲜花打扮不出美丽的春天”的革命青年，以至后来他才有“雨夜抢救水泥”等壮举，以及当他得知征兵消息之后，便捺不住急切心情，找领导表决心，与接兵人谈宏愿，虽几经曲折，终如愿以偿，于1959年12月27日将《入伍通知书》捧在手上。

请读者循着“怀揣美诗，北赴鞍钢当工人”——“谦虚好学，推土岗位创佳绩”——“请缨克艰，参加新建焦化厂”——“文武双修，树立革命人生观”——“应召入伍，忠心报国志不移”的大致脉络，来读杨必华、张月棋、易秀珍、石素琴、于明谦、李长义、金守成、余新元等作者有关当年与雷锋交往相处的回忆录，或许使“雷锋——模范工人”的形象有个整体轮廓。

“我改名叫雷锋啦！”

杨必华①

我家住在铜官，归望城县管。我在望城中学读过书。我第一次见到雷锋的情景，一回想起来真有意思。那是 1958 年 11 月，鞍钢在湖南湘潭、长沙、望城地区招收的最后一批青年工人离开长沙的那天傍晚，我到了长沙车站，刚把东西放下，就看见一个身量不高，敞着半旧蓝布夹克衫的小伙子，挑着行李进了候车室。他没戴帽子，一头浓黑短发盖住了前额，像留了“刘海儿”似的，正在左顾右盼地寻找座位。咦，这是谁，好面熟，像是在哪见过。他在我对面椅子上放下行李，刚坐下，一抬头看见了我，惊奇地上下打量我一眼，立即站起来说：“杨必华！果然是你呀。”

真蹊跷，他怎么会知道我的名字……他见我愣神，马上奔过来说明原委：“我在招工花名册上看到‘杨必华’三个字，估摸就是你，真没猜错。”

“那你……”我一时还没想起他是谁。

“你忘了？你们望城二中女子篮球队到团山湖农场打球，喝过我亲手煨的白糖水。”

“啊，对了，想起来了，想起来了。你是团山湖农场的拖拉机手雷正兴，还在《望城报》上写过文章，对吧？”

“也对，也不对。”

“不对？”

---

① 杨必华：原鞍钢化工总厂洗煤车间化验员。

“我改名叫雷锋啦。”

“‘雷锋’？改得好，好名字！”我拉他坐下说：“想起那场球赛，你们农场真不够意思，女队员不够手了，竟让你这个男队员跟我们打，真是不像话。”

提起那场球赛，我们俩都哈哈大笑起来。

那是夏天的事：我们二中女篮得了个全县冠军，团山湖农场不服气，一再下战表邀我们去比个高低。农场女队员本来不多，下半场又罚下场两个，场上凑不够五个人了。经裁判同意，就让雷锋上场替补。你还别说，当时他那模样——留个“刘海儿”，穿件红背心个头比我还矮小，远远一看还真像个妹子呢。结果我们女队又打败了他们。终场时，双方队员握手致意，他冲着我说：“你投篮蛮准，不过只赢我们三分球，不算英雄。咱们下次见。”当时我故意逗他说：“下次谁还跟你打呀！”他嘻嘻一笑，跑出场外，忙乎着端茶倒水招待我们。农场一位姓孙的大姐告诉我们说。他是个孤儿，是党把他拉帮大的，各方面表现非常好，现在是有名的拖拉机手……转眼才几个月，我竟把他给忘了。

我很高兴在即将远离家乡的时候遇到一位熟人。令人不解的是，鞍钢这次招工多半招的是乡镇待业青年，像这样有工作而且工作很好的人，为什么也要远离家乡到遥远的北方去？闲谈中我说出了这个想法。他半认真半开玩笑地说：“有志男儿四海为家，哪里需要就到哪里去。再说，我这个人打篮球都不服输，你想想，为祖国去炼钢，你们女学生都舍得离开家，我能甘心落后吗？”他还说：“等到鞍钢以后，我再跟你打篮球。”

“别开玩笑了……”

同车北上的伙伴们陆续到齐了。互相见了面有说有笑的；也有的在同送行的亲人流泪惜别。在我们斜对面就站着一位母亲，一边擦拭眼泪一边对跟前一个梳着短辫的姑娘嘱咐着什么。那姑娘眼圈儿也哭红了，正不住地劝说母亲：“你回去吧，回去吧……”雷锋盯着她们一会儿，便走过去亲亲热热地叫了声大娘，说：“天黑了，路不好走，女儿让您回去就回去吧。您放心，我们这么多人一路走，会互相帮助的……”那位母亲到底让他给劝回去了，姑娘脸上也有了笑容。

鞍钢招工小组的同志宣布了旅途注意事项和编组名单。六十多人编了三个小组。雷锋被指定为第三组组长，偏巧我和另两名女同志编到了他的小组里。这两个女伴，一个叫易秀珍——就是刚刚送走了母亲，脸颊上还挂着泪珠的那个姑娘；另一个叫张月棋，身材很苗条，梳着两条又黑又长的大辫子，是个眉眼很好看的乡下姑娘。有个男青年一直跟在她身边，像是送行的，又像是同路的。

雷锋和本小组的伙伴一一打过招呼，给大家分发了车票和旅途生活费，然后看看张月棋和易秀珍，回头小声对我说："杨姐，上了车你要多关照她们一些。"

他的意思我明白，但我故意和他开玩笑："我又不是小组长。为什么让我关照她们？你这个组长是干什么的？"

他冲我一笑："反正我把你们三人编一个小组，你就是组长。"

瞧他多有办法——我说我不是组长，他就"任命"。我当了个"小小组长"。

检票铃声一响，我首先帮助小易背好了行装；张月棋有那位男青年主动帮忙，当然不用我再关照什么了。当大家走进站台时，我发现雷锋挑着行李奔跑在最前面。我以为准是他想先上车给小组的人多占几个座位。没想到他跑到车门口，并没有立即上车，一耸肩撂下扁担，就扬起手招呼本组的人。他一面清点本小组上车的人数，一面帮助大家往车上搬递笨重的行李。我挤上车以后，想到雷锋组长的委托，赶忙把背包、网袋往靠近车门的几个座位上一放，就喊张月棋和小易过来坐。我们三个人占了四个座位。帮助张月棋拿东西的那个小伙子，刚要转身坐下，我急忙把撂在地上的网袋又拎起放在空座位上："对不起，这个座位有人了。"

"还有谁呀？"张月棋正往行李架上放东西，有些不满地问。

"雷锋组长还没上车呢。"我抬眼盯着那个有些尴尬的男青年反问了一句："他是谁呀？不是我们小组的人吧？"

"他是我表哥，给编到第二组去了。"张月棋回头又对她表哥说：

“这里没你的座位，赶快回你们小组去吧。”

这位表哥挺不情愿地走开了。

我刚帮助小易把行李放好，只见她“哗啦”一声打开车窗，探出头去。我以为是她母亲又赶回站台来了，没准又得哭鼻子。我刚伸过头去，却听小易说：“杨姐，你快喊喊雷组长，让他把东西递上来。”

原来她惦记的是雷组长——雷锋还在车门口扶老携幼地忙碌着呐，真是的！我探出头去喊道：“组长！快把你的东西递过来，我们给你占了一个座位。”

“要得!”雷锋向我们扬扬手，就把他的东西从窗口一件件递上来；一个半旧的蓝布行李包，一个沉甸甸的红皮箱子，还有那根小巧油亮的竹扁担。然后，他才扶着一位老汉上了车。车厢里已经座无虚席。我正要喊雷锋过来坐，他却乐呵呵地把座位让给了那位老汉。易秀珍站起来对雷锋说：“组长，快过来坐这儿歇歇吧。”

“我不累，你坐吧。”雷锋说着便向车厢里头走去，一个个查看小组的人是否都安顿好了。他在车厢另一头挤了个座位。

晚上九点十五分，列车开动了。透过车窗望着站台上移动的灯光和人影，想着就要离开自己可爱的家乡和亲人，我们的心情不免有些沉重起来。我这个人本来很少哭鼻子，这时也感到鼻子酸酸的，泪水模糊了眼睛。坐在我对面的张月棋和小易也都眼泪汪汪的。我们半天没有说话，后来才闲聊起来。小易原来是长沙市五中的学生，已经考上高中又弃学投工而来，家里特别是母亲多次劝阻不让她来，可她偏要出来闯闯。张月棋是长沙郊区农村的绣花姑娘，居然也丢下绣花针要到祖国的北方来和钢铁打打交道。我们三个年龄差不多，小易比我小一岁，张月棋比我大一岁，我那年才十九……

火车开出了几站地，坐在我身边的老汉下车了，张月棋和小易仰靠在椅背上睡了。我刚要眯起眼睛，瞧见雷锋组长朝这边走来，那神情，那步态，好像毫无倦意。他向我点点头，便从行李架上把他那只沉甸甸的红皮箱子抱下来，打开箱盖，想找什么东西。我一看，里面装的多半是书！

“你的书可真不少！”

“我喜欢书。”

我顺便从箱子里拿起一把“幸福牌”口琴看了看说：“你口琴吹得一定不错。”

“初学乍练。刚能吹出个调来。”他反问我：“你怎么样？”

“我连个调也吹不来。”其实我挺喜欢吹口琴的，我把口琴放回箱子，见他找出一本《钢铁是怎样炼成的》。我熟悉这本小说的名字，还能背诵‘人最宝贵的东西是生命……’那段充满豪情的话，但我没有读过全书。我看了看他插放书签的位置，知道他已经读了一半多，便说：“等你看完了，借我看看可以吗？”

“要得。”他说：“我已经看过一遍了。坐车没事再翻翻。”说着又找出一本《不朽的战士》递给我：“你先看看这本，里面有位烈士是你们铜官人。”

“谁？”

“郭亮。”

我们铜官镇大人孩子没有不晓得这个名字的。三十多年前，他曾是湖南人民最亲近的、也是反动派最惧怕的人之一。1928 年被国民党反动政府杀害了。铜官人民为了纪念这位革命烈士，前些年专为他修建了陶瓷墓。学校放假的时候，我还参加过建墓义务劳动……我翻看这本书，看到郭亮的遗书手迹中有几个草体字很难辨认，我想问问雷锋。“来，我考考你。郭亮被害前给妻子写了一封遗书，你晓得写的是什么？”

雷锋笑眯眯的，把脑壳仰在椅背上，眼睛望着头顶上的车灯说：“郭亮的妻子叫李灿英，他的遗书很短，写的是：‘灿英吾爱，亮东奔西走，无家无国。我事毕矣。望善抚吾儿，以继余志！此嘱。郭亮’对不对？”

“哎呀！你的记忆力真……”

“嘘——”雷锋急忙制止了我，免得惊扰别人。

夜间行车很安静。我们在列车有节奏的、像摇篮一样的晃动中继续看书。我读完《郭亮同志事略》，发现书中夹着两页团山湖农场专用稿纸，展开一看，立即被上面写的话吸引住了：

……如果你是一滴水，你是否滋润了一寸土地？如果你是一线阳光，你是否照亮了一分黑暗？如果你是一颗粮食，你是否哺育了有用的生命？如果你是一颗最小的螺丝钉，你是否永远坚守着（在）你生活的岗位上？……我想问你，为未来带来了什么？在生活的仓库里，我们不应该只是个无穷尽的支付者。

我感到这些话写得太好了，一连看了好几遍，体味它的含意。深感坐在我身边的这位年轻伙伴，是个满有思想的人，不简单！我想把它抄在自己的笔记本上，刚要翻包找本子，雷锋扭头看见了："你怎么偷看人家写的东西！"我没让他夺过去："这还保密呀？"

"这……不保密。"他有些不好意思地解释说，不久前有家报社约他为"青年论坛"写篇稿子，想了好些天也没写出来，只写了这么一段话，觉得没头没尾的不像一篇稿子，没给报社寄去，就夹在这本书里了。

雷锋捂着稿纸不让我抄。我执意要抄，我们说话没留神，把小易和张月棋惊醒了。小易见我俯在茶几上抄写什么，便懒懒地说："你可真用功，都什么时候，还不睡？"

张月棋坐在雷锋对面，一睁眼瞧见了他手中的小说的书名，便说："组长抓得真紧，还没到鞍钢，就钻起'钢铁是怎样炼成的'啦！炼钢一定很难吧，瞧这一大本……

张月棋的话可把人逗死了。可我们不敢大声笑，既怕惊醒其他旅客，又怕张月棋感到难堪。雷锋指着手中书对她说："这不是技术书，是小说，讲的不是炼钢，而是'炼人'。"

"炼人？"张月棋抓过书来翻了翻，似懂非懂地笑了。

雷锋没有笑，拿过书来继续看，有时同我们说一两句话，眼睛也不离开书。

到了后半夜，车静人乏，我和小易头顶头地俯在茶几上睡着了。一觉醒来，窗外已透出淡淡的晨光。我回身一看，雷锋不见了，只有那本《钢铁是怎样炼成的》放在座位上。我拿起书看看插放书签的位置，心想雷锋准是一点都没睡！

我拿出牙具，走进了列车洗漱间，发现雷锋正用洗面池里的水洗掉头上的肥皂沫。他一扬脸，从镜子里看见了我，问我睡得好吗？我说："睡得可香了。你可没尝到坐火车睡觉的滋味——看了一夜书，你就不困？"

"你瞧，"他甩了甩湿漉漉的短发说，"用冷水一冲早把瞌睡冲跑了。"

"快梳梳你那支棱八翘的头发吧。"我顺手把自己的梳子递给了他。

雷锋一手刷牙，一手接过了梳子。他刷着刷着，突然取出牙刷吐了两口，我探头一看，原来是牙刷上的几撮鬃毛脱落在嘴里了。又看看他手中的那把破旧的牙刷，我说：

"你可真行，这样的牙刷还在用！"

他嘿嘿一笑，把掉了毛的牙刷插进了漱口杯，拿起梳子刚要梳头，发现我的梳子也掉了好些齿儿，便当即回敬了我一句：

"你也不简单，梳子破成了这样，自己用不算，还拿它为别人服务。"

我们俩哈哈笑起来。等在洗漱间门口的两个旅客也跟着我们发笑。

上午八时整，列车到了武昌站。大家一片欢声笑语，人人都高兴在这里换车——可以在武汉三镇逗留七八个小时呢。按照招工小组领导的要求，雷锋组织本小组的人自愿结合去观光游览。张月棋被她表哥邀去上街了。我和小易决定跟着雷锋组长去看看长江大桥。

我们迎着初升的太阳走上武昌街头，径直朝长江大桥走去。清凉的江风吹拂着我们的面颊，那辽阔的长江，雄伟的大桥，使我们目眩神驰，且赞叹不已。雷锋站在江边仰望大桥，眼里闪着激动的光亮，他忽然说了句："原来全是钢铁呀！"

"你说什么？"小易没有听懂他的话。

“你们看，”雷锋神情庄重地指着大桥说，“那下层铁路桥是什么造的？钢铁！那上层公路桥是什么造的？钢铁！全是钢铁！这需要多少钢铁呀！”

“不知这些钢铁，是不是鞍钢炼出来的？”我插了一句。

“我国刚刚建成了这座长江大桥，中国的江河多的是，今后还要建多少这样的大桥呢？”雷锋自言自语着，从他的神态可以看出，他的心正在想象着我们即将投身的钢铁事业，想象着祖国的、也是我们自己的未来……

我们走上宽敞、漂亮的桥面，在人行道上走走停停，说说笑笑，转眼一个上午过去了。

下午，我们到一家很大的商店里闲逛。当雷锋和小易在售书亭前选购图书的时候，我被侧面柜台里摆放的各色牙刷吸引了过去。我选看了一种白骨柄白鬃毛的牙刷，样式小巧很好看，每只标价只有两角八分钱。我本想喊雷锋过来自己买，回头一看，他正在付钱买书，我就掏出钱来代他买了一把，当他和小易买完了书向我走来，我把牙刷递给了他说：

“组长，也该换换你那把掉了毛的牙刷了。”

雷锋接过牙刷，对我一连说了好几声谢谢。

小易不知其中缘由，冲我冒了一句：“你们搞什么名堂？”

我悄声对小易讲了他那把可笑的牙刷。

在另一家商店，小易拉着我帮她选购一条冬用围巾。转眼工夫，雷锋不见了。当我们在人流中找到他的时候，他像变魔术一般忽然拿出一把塑料梳子递给我说：“杨姐，你那把掉了齿的梳子也该换换了。”

“你……”我真后悔用一把牙刷换来他一把梳子。但我想这种友情是诚挚的，不能推却的，就开玩笑说：“这下我可占了便宜，只有两角八分钱就买了这把漂亮的梳子。”

选自戴明章编著：《回忆雷锋》，内蒙古人民出版社 1999 年版。

“不经风雨长不成大树
不经百炼难以成钢”

张月棋①

我过去没读过什么书，从长沙到鞍钢来的时候，在火车上第一次见到雷锋看《钢铁是怎样炼成的》这本书，我还以为是一本炼钢的技术书呢。说起来真够丢人的。初到鞍钢那些天，我真受不了啦。分配我到炼焦车间当测温工，整天烟熏火烤的，天气又冷，手脚都冻伤了。背时的是，来了就赶上上夜班，正睡得热乎乎的，半夜里也得起来。再说吃饭，在家乡吃惯了大米，来到这里多半是高粱米苞米面，实在咽不下去。吃不饱肚子去上班，干活干不动，有一天竟晕倒了。回到宿舍越想越委屈，想家，不想干了，蒙头哭了好几次。同宿舍的杨必华、易秀珍她们看我这个样子，苦口婆心地劝我要经受住艰苦生活的考验。我越听越来气，心想你们俩文化高分配到好工作（杨必华当化验员，易秀珍当统计员），站着说话不腰疼，叫你们到车间干粗活，也得哭鼻子。她们见我不听劝，就到楼上去找雷锋。她们对雷锋说，张月棋刚刚扔下绣花针，一身娇气，实在干不了，莫如跟车间领导说说让她回湖南吧，免得大老远地跑到鞍钢来丢人。雷锋说这样做不好。“我们是一道来的老乡，你们又住在一起，让她一个人回去像话吗？咱们热心帮助她，体贴她，陪她出去散散心，打打羽毛球，看看电影，我看她会好起来的……”雷锋这些话是杨必华告诉我的，我听了很受感动。在这些伙伴的帮助下，在这本书的启发、激励下，我终于在鞍钢扎下根来……

---

① 张月棋：原鞍钢化工总厂炼焦车间测温工。

我老家在长沙郊区农村，从小跟母亲学绣花，16 岁开始给一家湘绣厂做手工，一连做了几年，日子过得满不错的。谁知 1958 年大办钢铁，人心都给钢铁吸引去了。我表哥要报名到鞍钢来，一再动员我一道来。别人也说在乡里绣一辈子花没什么出息，莫如出去闯一闯。我一狠心丢下绣花针就报名跟着表哥来了。

来到化工总厂一分配工作，让我学配煤。我这拿惯了绣花针的手一接触到那些什么肥煤、瘦煤、气煤、焦煤的，心里就隐隐作痛，埋怨我表哥不该让我到鞍钢来。为这事我和表哥吵了好几次，让他设法把我送回去。有一次我和表哥吵完架回到宿舍，心里苦闷极了，真想自己去买张火车票一走了事。正在这时候，雷锋拿着《钢铁是怎样炼成的》这本书来了，先是问寒问暖地唠家常，接着就说："张姐，这本小说可好啦，我给你读几段听听。"我说："我心里烦得很，哪有心思听你读小说。"他说："我专为你选了几段，你不听，我可白选了。"见他那真诚的样子，我说："这本书若能治病，你就读几段给我听听。"雷锋说，这本书的主人公叫保尔，保尔的言行能启发人如何对待生活，如何对待困难。接着他读道："……保尔说：'人最宝贵的东西是生命。……一个人的生命是应当这样度过的：当他回首往事的时候，他不会因为虚度年华而悔恨，也不会因为碌碌无为而羞耻……'"雷锋这样一段一段地读着，至今我还记着这些话。他读的虽然都是保尔的话，可是，句句都像从雷锋心里发出来的。这些话无法使人无动于衷。我想：雷锋这样做是为了什么？我对配煤工作不随心，他呢，他对工作就随心吗？他的工作不是比我更艰苦、更劳累吗？不管白天黑夜，风雪严寒，在露天煤场开推土机推煤，这比在家乡农场开拖拉机好吗？我们都是年轻人，为什么他能安心干下去，我就不能……他读了很长时间，不过后面读些什么我没听进去。我说："谢谢你，不要读了，让我好好想一想。"他说："想一想吧。我们来的时候，在武汉参观了长江大桥，在北京去了天安门，来到鞍钢成了工人阶级的一员。工作艰苦些，生活不习惯，这算得了什么，咬咬牙就过去了。在这里，你配煤，我推煤，这可都是为了炼钢啊！"他意味深长地把书塞到我手里说，"'钢铁是怎样炼成的'？就是我们这些人炼成的。劝你从头到尾读读这本书，很好看的，看看保尔这块钢是怎样炼成的。难道我们就不能做这种人！”雷锋这番话使我产生了克服困难的勇气。我读了这本书，情绪渐渐振作起来。上班配煤，下班吃饭，也不觉得那么难了，杨必华和小易开玩笑地说：“是什么灵丹妙药把你治好了？”我老实告诉她们，是雷锋和他让我看的书教育了我。我说：“我看咱们的小老乡雷锋和书里写的保尔差不多……”杨必华读过这本书，懂得我这话的意思；小易没读过，当然听不懂。她夺过这本书也如饥似渴地读起来。

说来我和小易都够倒霉的。有一天，下班前清理作业场，一不小心，我这左手腕给配煤工具碰肿了，疼得我两眼冒金花。说来也巧，偏偏这一天，小易的右手也给焦炭烫了一下。我们俩到卫生所包扎以后，一同回了宿舍。杨必华那天休班，正坐在床边看书，见我们一人带着一只受伤的手回来，吃了一惊：“你们俩怎样搞的，跟谁打架了，怎么把手都打伤了？”我摇摇头没说什么。小易这姑娘爱哭，眼泪又憋不住了，扑在杨必华跟前哭了起来。杨必华不知原委，着急地说：“你们这是怎么了……”

就在这时，宿舍门“嘭”的一声开了，雷锋急冲冲走进来。他一手拿着一瓶药水，一手用毛巾托着一盆大米饭和切好的香肠。小易的抽泣声使他一怔，他急忙把手里的东西放在桌上，转身安慰小易道：“刚才听赵医生讲，手指烫焦了一点皮，已经涂了獾子油，不要紧的。医生又让我给你们带点药水来。手指离心大老远的，涂点药就会好的，何必又落泪！”

这番话不说倒好，这一说，小易哭得更厉害了。而且冲着雷锋抖动着伤手顶撞说：“这手没伤在你身上，又离心……八丈远，用你来关心，真讨……”“厌”字没有说出口，是被杨必华用手给堵在嘴里了。说实在的，小易这种没深没浅的话若是冲我来的，我非气得扭头就走不可。雷锋可没生气，也没走开。他指着药瓶对杨必华说：“杨姐，这瓶止痛药水，医生说睡觉前抹一些就不疼了，烫伤碰伤都管用，到时候你帮她们抹一抹。”

“这事还用你嘱咐！”杨必华故意把脸一沉，指着桌上那盆米饭和香肠说，“这是怎么回事？你想带头破坏咱们订好的‘公约’吗？不是谁都不许再往宿舍里打饭打菜吗？”

雷锋赶忙解释说：“今天情况特殊。第一，食堂剩下不少米饭和香肠，炊事员敲着饭盆让大家买；第二，张姐和小易伤了手，没有别的可慰劳，吃顿大米饭总可以吧？起码明天早餐不让她俩吃窝头。”

您听听，雷锋这话叫人多么感动。我真想讲几句感激的话，可又说不出口，小易也消了气，不好意思地瞟了雷锋一眼，最后还是杨必华解了围，对雷锋说：“你呀，总是对的。我代表张姐和小易谢谢你啦。”说罢来了个举手礼，把大家都逗乐了。

雷锋走后，杨必华对小易说：“雷锋小老乡真心实意关心我们，你刚才怎么说那种话。”我也假装生气地说：“哼，我若是小雷，今后永远不理你。”小易撇撇嘴说：“人家可不像你……”

雷锋像谁？我觉得他越来越像书里写的保尔。别的不说，就说我们订“公约”的事吧。过去我们这些人吃惯了大米，到这儿以后每天要吃一两餐玉米面窝窝头。开始实在咽不下去，有时干脆就饿着，或者买点零食吃。每当食堂吃大米饭时我们几个湖南老乡就用饭盒多打一些回来，下次再吃窝头时就有剩饭充饥了。雷锋开始吃窝头也吃不惯，可他每餐都不少吃。他还乐呵呵地对我们说，到北方来起码要具备两个“不怕”，一不怕天冷，二不怕吃窝头。

有一天午饭吃窝头，我们每人连半个也没吃下，杨必华和小易把剩下的半个窝头丢在桌上就走了。我亲眼看见，雷锋找来一张报纸把她俩丢在桌上的窝头包起来带走了。晚上看电影的时候，我把这事告诉了杨必华和小易。看完电影回到宿舍，我们发现桌上放着满满一盒大米饭，饭盒下还压着个纸条：“身体是革命的本钱。要锻炼自己。请不吃窝头的人吃下这盒米饭。”没有署名，但我们一看那字就晓得是雷锋写的。

易秀珍沉不住气了，夺过纸条，转身就要走：“我去把雷锋找来问问，这是什么意思？”

杨必华拦住了她：“不用问了，事情明摆着，雷锋晚饭很可能只吃

了我们俩丢在饭桌上的两块窝头，他把自己买的这盒饭送给了我们。‘请不吃窝头的人吃下……’这是提醒我们不要再把吃剩下的窝头丢掉。小老乡向我们敲警钟了！”

“敲警钟也吃不下呀。”小易嘟囔着说，“他这人也真是的！”

“你瞧这句，”杨必华指着纸条说，“吃不下，‘要锻炼自己’。”

我说：“小雷是一片好心。咱们是该改改不吃窝头的娇气劲儿了。”

第二天一早，杨必华就把雷锋找来，指着桌上那盒米饭一本正经地说：“请你这位不吃米饭的人把这盒饭拿走，今后我们几个保证跟你一块吃窝头，谁也不许再往宿舍里打饭打菜。今天就订下这个公约，你同意不同意？”

“这个公约订得好，我完全同意。”雷锋说，“这盒饭你们还是吃了吧，食堂早饭还是吃窝头。”

杨必华把饭盒往雷锋手里一塞：“订了公约就不许破坏。走，一块吃窝头去。”

所以，雷锋今天打来米饭和香肠，杨必华就批评他带头“破坏公约”……

我体会到，生活里只要有了友情，有了欢乐，有了志向，吃窝头也是香甜的，我的情绪渐渐好起来。每天上班紧紧张张劳动一天，下班以后，我们几个年轻姑娘喜欢把自己打扮得漂漂亮亮的，上街散步，看电影，逛公园。我们去玩总忘不了招呼雷锋一道去。同这个小老乡在一起不论干什么，心里觉得充实，也感到惬意。鞍山胜利公园距离职工宿舍不远，我们常结伴去散步或者打秋千。雷锋特别喜欢打秋千，荡得也特别高，我们谁都比不了。杨必华说，如果厂里组织荡秋千比赛，雷锋准能得冠军。小易荡得也不错，不服气，总想和雷锋比个高低。杨必华就让他们俩在并排两副秋千架上比赛。看得出来，小易是比不过雷锋的，可她逞强，越荡越高很想超过雷锋。雷锋怕她摔着，有意让着她，比赛时反而没有平时荡得高了。荡一会儿他就停下说：“我输了、我输了……”生活中这些小事给我留下了很深的印象。还有，总厂职工俱乐部每周举行一两次舞会，我们也是常客。杨必华最先学会了跳舞，接着把我和小易也教会了。雷锋对跳舞开始不感兴趣，杨必华几次想教他，他就是不肯学，说跳舞没意思。我们知道他是个大忙人，业余时间并不多，除了学技术，还在夜校当了小教员，下班后要给学员批改作业；有点业余时间又多半是在俱乐部图书馆里度过的。雷锋这个人最大的长处，就是爱学习。

记得一个周末，我们几个又到俱乐部去跳舞，半路上瞧见雷锋也往俱乐部走。我们赶上去。杨必华再次邀他去学舞，他哼哼哈哈地答应："好吧，好吧……"可是，进了俱乐部的门，他一头又钻进了图书馆。杨必华和小易这回没客气，舞厅里音乐一响，她俩到图书馆硬是把雷锋拉到舞厅里了。杨必华对他说："业余时间不能光看书。今天我们非改造改造你这书呆子不可！"她拉起雷锋的手刚要下场，雷锋看见乐队旁边墙上贴着一张"注意事项"，其中有一条："穿带钉子的鞋不准入场"。雷锋笑笑说："杨姐，我这人怕是不好改造了……""我就不信我教不会你。"杨必华拉着雷锋就要教，雷锋马上指着那张"注意事项"说："你看这里有规定，你再看看我这鞋。"他说着抬起一只脚让她看他的鞋底：前后掌果然钉了不少鞋钉。气得杨必华把他推开了。他像得了救似地又跑回图书馆看书去了。

杨必华和小易感到很扫兴，跳了一会儿，我们就离开了俱乐部。路上，一向话语不多的小易提了个问题：同样是年轻人，业余时间同样去俱乐部，可有人去读书，有人去跳舞，这是为什么？我说这是个人爱好不同，还是个人志向不同。一向爱说爱笑的杨必华却缄默起来……

我们回到宿舍，已经很晚了。不一会儿，走廊里传来重重的脚步声。雷锋走路我们能听出来，脚步重而且快。小易说准是雷锋回来了。杨必华拉开门把他喊进来，开门见山地把小易路上提的问题重复一遍说："你是怎么想的？请马上回答。"

雷锋不假思索地笑笑说："这有什么，大家劳动一天，利用业余时间跳跳舞，读读书，我看都是好事情。"

杨必华说："这等于没有回答问题。"

我顺口冒出一句："那你为什么只读书，不跳舞？"

小易说："你是不是反对我们跳舞？"

雷锋马上说："不，不！我并不反对跳舞。下次换双鞋我一定跟你们去学学，我看跳舞并不难，跳几次保证能学会。但我反对把业余时间都花在跳舞上。难道你们不觉得，浪费时间就是浪费生命、浪费一分钟是不是就等于死亡了一分钟……"

你听听，雷锋这话讲得多好。他珍惜时间、好学上进的劲头，实在令人感动。后来，雷锋果然跟我们学会了跳舞；我们有时也跟雷锋一起去图书馆看书。

那年过春节放假，雷锋参加了高跷队，化妆成个"小姑娘"扭来扭去的，把我们几个笑得不得了。小易说雷锋"疯了"。杨必华说他"出洋相"。我说："雷锋就是比咱们强，学会了跳舞，又学会了扭秧歌。"过节那几天，白天扭秧歌，晚上开联欢会，可热闹啦，初一那天晚上，雷锋主动邀我们去俱乐部参加联欢会。同楼住的姑娘、小伙子都在那里猜谜、游艺、跳舞。我们来到张灯结彩、管弦齐奏的舞厅，你和我跳，我和他跳，大家玩得兴高采烈。当杨必华拉着雷锋教他跳"快步"的时候，小易坐在一旁观赏他俩的动作，看着看着"扑哧"一声笑了。这姑娘在笑什么？我走过去邀她跳舞时，她悄声说："张姐，你看雷锋穿的那身衣服，哪像个跳舞的，大过年的也不知换件新的！"我一看，可不是！舞会上的男男女女都穿戴得很整洁，很漂亮，唯独雷锋依旧穿着他那件已经褪了色的蓝色夹克，旧罩裤膝盖上补着补丁，穿双胶鞋也是旧的。这身打扮在五光十色的舞会上是不怎么协调，尤其和一向很爱美的杨必华一起跳舞，真是一"土"一"洋"，有点滑稽可笑。小易说："张姐，跳完舞你批评批评他，这样太不像话了！"我笑道："干嘛让我说人家，你没长嘴？"小易说："你是姐姐嘛……"过罢春节有一天，我到楼上男宿舍去找表哥，发现雷锋正坐在床边缝补一双破旧线袜。我上前看一眼说："哎呀，雷锋，袜子穿成这样了还补啊！难怪小易让我批评你，春节跳舞还穿带补丁衣服，平时出去玩玩也……你看楼上楼下的谁像你，连件像样的衣服都没有，你没钱买吗？"雷锋笑笑说："咱们都是徒工，穿的戴的，能对付就对付吧。"

雷锋不是没有钱。听我表哥说，春节前几个湖南老乡向家里寄钱，有人钱不够，雷锋便解囊相助。工人刘大兴给母亲寄去50元，其中30元是雷锋的……

我们几个女伴听说这些事很受感动。特别是杨必华和小易，对雷锋吃粗粮、穿旧衣的艰苦生活更为关切。她们一再劝说雷锋：春天来了，该换季了，当买的衣服就该买两件。雷锋终于答应：买、买……

一个星期天，我们三个晚饭后没事，想到楼上男宿舍去聊聊天，刚走到他们宿舍门前，忽然听屋里传出一阵说笑声："瞧啊，雷锋这一打扮，更漂亮了！"我们推门进去一看，原来是雷锋在伙伴们的说笑中正试穿一套新衣服：棕黑色皮夹克，深蓝色料子裤，脚下是双黑亮的皮鞋。床边还放着一瓶"友谊牌"雪花膏。我们一时都愣住了。杨必华像是不相信自己的眼睛，不住地打量这个英俊的小老乡，连连说："不错，不错，现代化的工人就该是这个样子！"我心说，这小老乡打扮起来真够帅的。小易在一旁抿嘴笑着，眼光里闪出少见的喜悦……

我们一进来，雷锋有点不好意思了，当即脱下了皮夹克。

整整一个春天过去了，夏天跟着也来了。奇怪的是，在我的印象里，雷锋似乎从未穿过这套新衣服。皮鞋是穿过的，那是跟我们去跳舞的时候。我们每次约他一起出去玩，他还是穿那身旧衣服，而且又多了个把补丁。我们一再问他买了衣服为什么不穿？开始他只说穿新衣服不舒服、不习惯。后来见我们如此关心这件事，他便拿出一封信对我们说："给你们看看这封信就明白了……"

原来，雷锋到鞍钢以后，还常给曾经帮助过他、教育过他的望城县委领导同志写信汇报思想、工作情况。这封信，就是县委书记赵阳城同志写给他的。信写得十分恳切，希望雷锋"在伟大的工人阶级队伍中，更加自觉地接受党的培养教育，认真学习，努力工作，艰苦奋斗，永不忘本，把自己锻炼成一个具有共产主义觉悟的真正的工人……"

雷锋说："我在青年商店买来那套衣服以后，接到了赵书记这封信。对照我到鞍钢以后的思想变化看这封信，越看越感到不安，就像赵书记站在我面前说：小雷呀，你忘了自己是个苦孩子，可不能忘本……想一想，我从农场来到钢都才几个月，正在学徒，工作还谈不上有任何贡献，现在就讲究起穿戴来，确实有点忘本了。”他禁不住又说到他在旧社会的苦难经历上去了。

这件事给我们几个女伴的印象是很深很深的。

那年夏天，鞍钢化工总厂决定在弓长岭矿山附近新建一座焦化厂，要调一些人去那里参加基本建设。动员时领导上讲了，那里是大山沟，白手起家条件差，去了是要吃苦的。“苦点怕什么，”雷锋在讨论会上说，“不经风雨长不成大树，不经百炼难以成钢。迎着困难前进，这也是我们革命青年成长的必由之路。如果领导批准我去，我愿到最艰苦的地方锻炼自己。”听到雷锋这些话，我立刻想起这本《钢铁是怎样炼成的》主人公保尔在筑路工地上顶风冒雪忘我劳动的情景……

总厂批准了雷锋的请求。因为新的建筑工地不仅需要推土机手，更需要他这样朝气蓬勃的青年骨干。

临行那天，雷锋来到我们宿舍告别。说真的，我们舍不得这个小老乡离开我们。杨必华像亲姐姐为弟弟送行一样，东叮咛西嘱咐，话儿很多。小易一旁眼巴巴地看雷锋，一再说：“走了别忘了来信。”这时，我忽然想起这本我们几个都看过的书还在我手里，赶忙找出来还给他：“谢谢你。我不会忘记保尔，也不会忘记你的。”

“我不能带很多东西去，把它留给你们吧。”说着他从裤袋里掏出那瓶“友谊牌”雪花膏，把它放在桌上，“这是和皮夹克一块买来的。我一次没用过，把它也留给你们吧。”他还特意对我说：“张姐，你这双绣过花的手还是需要用它保护的……”

送走了朝夕相处近一年的雷锋，我们的确产生了一种失落感。但一想到雷锋不怕艰苦、迎击困难的精神，就使我们联系到雷锋真是中国的保尔。在他身上学了许多可贵的东西，激励着我们奋勇前进！

选自戴明章编著：《回忆雷锋》，内蒙古人民出版社 1999 年版。

美好的回忆 真挚的友情

易秀珍[①]

1958年是“大跃进”的年代，国家大炼钢铁，鞍钢到湖南招工。为支援钢铁生产，我和雷锋等一批青年，分别从湖南长沙、望城被招工，由南方来到北方，于1958年11月15日，到祖国的钢都——鞍山。

真巧，在长沙火车站，我和雷锋被编排在一个小组，从那天起，我们一直在一起工作，直到他当兵才分开。在鞍钢化工总厂，他被分配到洗煤车间，学开推土机，我分配到三炼焦车间，学调火工。我们同住在化工宿舍一栋楼，他住二楼207房间，我们女同志住三楼，同在一个食堂吃饭，有时上下班一同走，业余时间也经常在一起玩。当时，因为我刚离开学校，第一次离开父母走这么远，我总是想家，不安心工作。除了组织上的关怀和帮助，雷锋总像亲哥哥一样，用他那饱满的热情开导我、安慰我。每次当我眉头不展想家时，他不是找我出去玩，就是拿些书给我看。雷锋从望城带来好几本书，其中有一本是《钢铁是怎样炼成的》。这本书杨必华、张月棋、我都看过，写得特别好。书上很多地方，雷锋都能背下来。

我们南方人，初来东北有很多地方不习惯，生活得太难。比如，天气冷，吃粗粮，劳动强度大等等，我一时不适应，可雷锋一点也不在乎。当时，每月每人只有四斤细粮。他见我吃不惯高粱饭、玉米面窝头，每当食堂吃大米饭时，他一口也不吃给我送来。我不许他这样做，他却说：“我吃什么都行，等你慢慢习惯了，我就不给你送了。”他总是

---

① 易秀珍：原鞍钢化工总厂洗煤车间统计员。

在生活上、思想上帮助我。星期日休息时，有时我们去打羽毛球，有时去图书馆看书，有时我们也去跳舞。尽量让我开心。

使我最难忘的是1959年的春节。这个春节，我们是在鞍钢化工宿舍过的。年三十那天，我5点才下班，在单位洗完澡，回到宿舍天已经黑了，宿舍里住的东北人，大部分都回家过年去了，加上有的上夜班，我住的房间就剩我自己了。年三十我晚饭也没吃，就睡觉啦。当时我心里难受极了，眼泪直流。初一早晨，我也起不来，一是心情不好，也怕别人笑话我，因为我的两只眼睛哭得又红又肿。雷锋知道我没起床，他从食堂带回好吃的菜饭，送到我住的房间，喊我起来吃饭。我一听到他喊我，哭得更伤心。他劝我，苦口婆心地安慰我，他说：你这样哭，又不吃饭，这样下去会生病的，过完年你怎么上班啊？如果你不起来吃饭，我就一直站在这里。他站了足足的30分钟。他用言行感动了我。在这段美好的时光里，我们结下了深厚而真挚的友情。

1959年夏天，鞍钢化工总厂决定在弓长岭附近新建一座焦化厂，要调一批人去那里参加基本建设。动员时领导讲了，那里是大山沟，白手起家，条件差，去了是要吃苦的。动员会上，雷锋积极发言，他说：苦点怕什么，我们青年人，应经得起风雨，如果领导批准我去，我愿到最艰苦的地方锻炼自己。总厂批准了雷锋的请求。因为新的建筑工地不仅需要推土机手，更需要这样朝气蓬勃的青年骨干。我记得很清楚，雷锋是1959年8月20日去弓长岭的。9月10日，我也报名去了焦化厂建设工地。当时，我们的户口和粮食关系也随身带到了弓长岭。

我这个人并不是觉悟高，当时舍得离开鞍山那样的好环境，主动要求到弓长岭矿大山沟里，嘴上说是参加焦化厂的建设，心里想的多半是愿意和雷锋这样的人在一起。他临去之前，送给了我一个笔记本作留念。上面写了这样两句话："船，能够乘风破浪才能前进，人，能够克服困难才能生存。"他的心意我是懂的。我从认识雷锋那天起，他总是迎着困难前进，而我在各种困难面前，不知流了多少泪。他希望我和周围的同志都能成为勇于战胜困难的人。雷锋去弓长岭矿焦化厂比我早半个月。在那段时间里，凡是见过雷锋的人，都说那儿环境如何艰苦，他干活如何没深没浅，没日没夜，有时忙得洗不上脸、吃不上饭。夜里还点灯熬夜地看书、写日记，大家对他都赞不绝口。我心里想，雷锋能吃苦，我为什么不可以去锻炼锻炼？于是我坚决请求，领导批准我也到焦化厂。

我的心事瞒不过张姐和杨姐，她们绷着脸逗我说："弓长岭工地有雷锋，可那里也有大蛇呀！"弓长岭有蛇这个传说，我早就听说过，雷锋也知道。传说工地附近的姑嫂城有几条大蛇，每条都有饭碗口粗，几丈长，夜间躲在山洞里，白天到太阳底下晒鳞，你说吓不吓人？小时候在家乡我就被蛇咬过一次，谁一讲到蛇，我心里就发毛，但我不顾这些，还是去了。

我去的那天，我先到工地办公室报到，行李还在汽车上都没往住处搬，我就跑到热火朝天的工地找雷锋去了。他在离姑嫂城不远的地方修建宿舍，我远远地就看见他正挽着裤筒，打着赤脚，同大家一起和泥。他只顾埋头干活，没看见我。我急着喊了一声："雷锋！"他回头一看是我，既高兴又吃惊，急忙将手中铁锹往泥里一插，光着两只脚跑过来。他边在衣襟上擦了擦沾满泥浆的手，边问我："小易！你怎么到这儿来啦？"

"怎么，这地方只许你来，不许我来呀！"

"这一批又来了多少人？"他擦着汗问。

"就我一个，嫌少了吧。"

"多一个人多一份力量，不少，不少……"

就这样，我们又在一起工作了。这里的生活条件确实不好，住的是动迁后的土民房，破旧不堪，四处透风；我们女同志住的也是一样，大通铺，板炕。食堂是临时搭的席棚，吃的非常不好。洗脸、洗衣服用水要到很远很远的地方去挑。我心里有苦难说出口。我是湖南长沙二中的学生，刚刚念完高一，就来到鞍钢和弓长岭焦化厂建设工地，从来没有遇到这样的艰苦生活环境。说真的，我思想上有些动摇了。当时，从湖南来弓长岭焦化厂工地共有两名南方女同志，有一名姓熊的，不干了，已经回老家了。我也想不干了，想回老家。雷锋就做我的思想工作，他说："困难是暂时的，会一天天好起来的，我们是共青团员，在困难时要起带头模范作用，在最艰苦的地方要更好地锻炼自己。"他还说："不经风雨长不成大树，不经百炼难以成钢。我们要迎着困难前进，这也是我们革命青年成长的必由之路。"由于雷锋的耐心帮助，使我有了克服困难的勇气和信心，我要像他一样踏踏实实地工作。他经常从食堂买大米饭送到宿舍给我吃，他自己吃粗粮。我也借机会买点好菜，我们一起改善一下生活。开始，我们互相争着吃粗粮，我拗不过他，也只好算了。常此，我有些生气了："你再这样，我不吃。"我扭头便走，他拉住我说："这次听你的，咱们一起吃。"我会心地笑了。

我每天看见雷锋总是乐呵呵地对待这一切，在任何困难面前从不说一声苦，也不皱一下眉，正像他自己说的那样："人，能够克服困难才能生存"，雷锋就像一头老黄牛，有一股使不完的劲，再累也不怕，再苦也能吃，好像他对当时的生活很知足。在他的积极带动下，我坚定了继续干下去的信心，终于战胜了困难，渡过了难关。我于 1960 年 3 月 8 日被评为"三八"红旗手，还被评为优秀共青团员。

领导分配我当统计员，每天负责统计各个班组的施工进度，所以我对雷锋的劳动情况也了如指掌。他这个人不论干什么活都抢在别人前头。推土机手一时没有推土机开，让他干力工，他也不在乎；运木料，他拣大的扛；运石头，他挑重的担。发现好人好事，他编快板、写板报，进行宣传鼓动。有人说他"赚钱不多，管事不少"。你说你的，他干他的，他到哪里干活就像一团火，能让那些心灰意冷的人感到温暖。领导把他编入了青年突击队，共青团员们选他当了团支部宣传委员。

转眼到了 1959 年"十一"。那年是建国十周年大庆。工地的工人和姑嫂城的农民举行工农联欢，敲锣打鼓的热闹极了。工人秧歌队到姑嫂城扭秧歌时，雷锋发现姑嫂城的妇女都在忙着积肥，一边劳动，一边看扭秧歌。他回来对我说："小易，北方农民种粮比南方还要难……"从此，他就起早贪黑地积起肥来。当时同宿舍的工人对雷峰捡粪都不理解他。

雷锋的一言一行时刻影响着周围的人们，他夜以继日忙个不停，白天上班工作，早晚积肥，还要坚持看书学习，还要写日记。他太不关心自己了，衬衣脏了不知洗，外衣破了没时间补，吃的经常是高粱米饭、窝头、大菜汤和咸菜，很少买好吃的。

雷锋同志不但好学，还经常写日记和学习心得。他特别痴迷学习，不管一天有多累，他一看上书就什么都忘了。他写日记并不背着我。有一天晚饭后，我来到雷锋住的土房里，想帮他洗衣服。看见他坐在通铺上正埋头写什么，我悄悄凑近跟前一看，原来他在写日记。他扭头看见了我，赶忙合上了日记本。我说："不要对我保密了，净写些什么'青春'啊、'美好'的，我都看见了。"他冲我一笑，索性把日记本塞到我手里，"拿去看吧，管够看，我的日记对谁都不保密。"我坐在通铺炕边上，心想不管你保不保密，反正我要看看。雷锋这个日记本恰好是黄丽姐临别时送给他的那个。翻开第一页，我就被黄丽那篇"临别赠言"吸引住了。

我问："这位'黄丽姐'是谁呀？对你抱的希望还不小呢！"雷锋对我讲了黄丽的情况，还夸奖她如何能干，如何好学，如何懂事。我有些好奇地问："你把她夸得这样好，分别一年多，你们一定没少通信吧？"

"一封也没有。""那为什么？""我没有时间，也没有精力。""我不信。""你以为我会说假话？"他语调提高了，有些急了。"不！我不过随便问问。其实，你们通不通信与我有什么相干。"我不再追问了。翻过这篇赠言。这本日记每篇写得都很简短。很少叙事记人，多是抒怀言志的，像什么："一花独放不是春，百花齐放春满园"啦，什么"一个人先进是单枪匹马，众人先进才能移山填海"啦等等。那篇写着："青春啊！永远是美好的，可是真正的青春，只属于这些永远力争上游的人，永远忘我劳动的人，永远谦虚的人。"已经登在报上了。

我把日记还给他时，他开玩笑地说："看出什么秘密了？"我说："你这个人是透明的，一眼就能看透，能有什么秘密。"我要帮他洗衣服，他说什么也不让我洗。他这个人就是这样，他为了使别人生活得更美好，更愉快，他肯奉献自己的一切，可他决不让别人为他做点什么。

有一天深夜，外边又打雷又下雨，我已经睡了。忽听窗外响过一阵脚步声，还影影绰绰听见有人说什么东西遭雨淋了。等我披起衣服跑出去一看，雨大天黑，什么也没看见，我又转身回屋里睡了。第二天起来才听说，是工地专用列车上昨天没卸完的几车皮水泥没有盖，下雨时装卸工又不在，这时，雷锋正在看书，听调度员说了这情况，雷锋急忙跑回宿舍，又喊人，又找盖水泥的东西，一时找不到盖水泥的东西，他伸手就把自己的被子抱出来，跑去盖在水泥上。大家在工地上找些雨布、芦苇席，抬的抬，盖的盖，终于使7200袋水泥没受大损失。我赶忙跑到现场一看，好嘛！雷锋那床大红花布被还盖在水泥车皮上。大家七手八脚地帮他把被子拿下来将里面水拧干，没有一个不夸奖雷锋的“舍己为公”精神的。团总支李书记当即指定我和于姐（一位女技术员）帮助雷锋拆洗被子。我连早饭也没顾上吃，就和于姐忙着拆被子，取出棉絮送到烧水房烘烤。于姐干一会儿就去上班了，我担心当天做不完，晚上雷锋盖不了被怎么办？正当我拿起水桶想去挑水回来洗被时，雷锋从食堂赶回来，他一手递给我两个火烧饼，一手夺去我肩上的扁担说：“你先歇会儿吧，把烧饼吃啦，我去挑水，回来我自己洗，过后你帮我缝好就行啦。”我争着说：“你就把这个任务交给我吧，你昨晚没睡好觉。”“没有事。”雷锋挑回一担水，我催他去上班。洗干净被里被面，再晒干，整整忙了一上午。最急人的是棉絮，左烘右烤也干不透。同时我发现，经雨水浸泡的旧棉絮，一烘烤就变得硬撅撅的，一点都不柔软了。这样缝做的被子，盖在身上，肯定是既不暖和又不舒服。这可怎么办？去买一床新棉絮吧，当地还没有卖的，去向公家要一床吧，雷锋肯定不会同意，想来想去，我忽然想出一个主意：先把我的棉絮悄悄地换给他，以后进城再买一床新的。雷锋这个人的脾气谁都知道，他变着法儿帮助别人，决不肯让别人为他做任何牺牲，哪怕一针一线，所以这件事，是不能让他知道的。

我终于巧妙地达到了自己的目的。而且我相信，包括于姐在内，没有一个人能看出任何破绽。晚上，我抱着缝好的被子，走进他住的土房，把被子交给他。雷锋和他身边的同志向我表示感谢。他十分高兴地拍拍铺好的被子（好像突然感觉到什么，用手仔细抓抓被头），莫名其妙地“嗯”了一声，马上问身边的伙伴：“你们说，棉絮被雨水泡过，是会变软呢还是会变硬?”我看这事要露馅，马上抢过话来说：棉絮晒干了用木棍拍打，比新棉絮还要软哩。雷锋又拍打一下被头，说：“感谢你为我劳累了一天，更感谢你为我能把雨水泡过的被子变得软和了。”

转眼已经到 11 月末了，下过第一场雪，地面开始结冰。雷锋所在的青年突击队，抢修完最后一栋宿舍，大家高高兴兴地搬了进去。新宿舍还是南北大板炕，中间是火墙。他帮我搬行李那天，安顿好铺位，我们坐在暖烘烘的火墙跟前说笑。我问他：“焦化厂投产以后，你是怎么打算的?”他看着我，只是笑，不肯说出自己的想法。我有些急了，“光傻笑什么，你说呀。”他反问我：“你呢？你是怎么想的。”他收住笑容，还没等我回答，他接着说：“小易，我告诉你吧，我想当兵去。”

“当兵?”我一下子怔住了，“你怎么突然想要去当兵?”他看我如此吃惊，进一步解释说：“不是我突然想要去当兵。当兵，是我从小就有的愿望。你知道我是个苦孩子，吃过旧社会许多苦。解放后，是党供我念了几年书，又工作两三年，是党把我培养大的。我一直感到我生活得很幸福。只有受过苦的人，才知道这幸福来得多么不容易，这幸福是需要保卫的。现在征兵工作就要开始了，我准备报名。”

正好那几天，领导派我回鞍钢办事，见到了杨必华姐和张月棋姐。我知道她们都很关心雷锋，我就把他要去当兵的事说了，她们听了非常高兴。杨必华说：“雷锋当了兵，一定是个文武双全的好战士，将来准能当英雄。你回去代我向他表示祝贺。”张姐捉弄我说：“雷锋到矿山工地，你也跟去了矿山工地。他现在要去当兵，你也跟着去当兵吧……”我虽然嘴里没说什么，但是心里还真是这么想的。如果征兵招女兵那多好，我也一定报名去当兵。

其实，雷锋当兵也不容易，焦化厂舍不得让他走，身体检查又不太合格，为了能当上兵，他不知跑了多少路，找了多少人，急得满嘴大泡，最终才实现了他的愿望。这个曲折过程，我看在眼里，痛在心里。我厂团总支书记最清楚。当时从工厂招兵也很困难，工厂每人每月工资是 34.5 元，而当兵每人每月只有 6 元钱，而且部队也很辛苦，有严格的军纪。

雷锋于 1959 年 12 月 27 日从辽阳市兵役局拿回《入伍通知书》。那天，他那高兴劲儿就不用说了。他满脸都是笑地跑来对我说：“小易！《入伍通知书》我拿回来啦!”我也与他分享了那份高兴。

雷锋入伍前，还送我一张照片和一个日记本作纪念，他在日记本上写下的临别赠言是：小易同志，生长在毛泽东时代的我们，生活该是何等的幸福，前途该是何等的广阔，望你努力去追求它和向往它。影中人（照片上的人）赠。我帮他整理行装的时候，他把自己穿用过的旧衣物包了一包，托我代他送给姑嫂城生产队的困难户牧羊老人吕长太（雷锋和这位吃了一辈子苦的老人，结下了深厚的友情），又把我给他拆洗过的被，叠得整整齐齐地交给我，当着大家面说，让我为他保存起来，过后却悄悄对我说：“小易，山沟里天气冷，不要再盖我那床硬撅撅的棉絮了……”“怎么，你已经知道了?”“你的心意我是知道的。”他深情地说：“你帮我拆洗被的第二天，趁你不在屋，我去翻看了你的被子里的棉絮，而且于姐也告诉我了，你别以为谁都不知道……”

当年，我们从湖南来鞍钢时，不知道东北这么冷，没有带多少铺盖（行李），入厂后，是化工总厂从鞍山市青年商店买的布料，给我们定做的被褥。雷锋抢救水泥用的这床被，就是化工总厂给的。这床被，是雷锋舍已为公、无私奉献的历史见证，也是我和雷锋真挚友情的见证。我一直珍藏至今。雷锋入伍后，多次给我来信，又赠给我照片，我都失去了它。今天，我应邀为辽阳市政协文史撰写回忆录，为了弘扬雷锋精神，才在儿女的支持下，第一次向外界披露。

在雷锋当兵临走的那天，我早早地起床，准备为他送行。焦化厂用一辆大汽车载满一车送行的人。

雷锋和几个当兵的同志站在车前面，我们送行的站在他们后面。车开到矿里，在欢送会上，我给雷锋戴上了光荣的大红花。戴花时，我心里特别激动，双手在发抖，也不知道是在笑，还是在哭。别人参军有父母、兄弟姐妹送行，雷锋是个孤儿，只有工作中结识的伙伴，没有别的亲人，可为他送行的人还真不少，足足有一卡车。雷锋当兵走了，回厂的路上我心里热乎乎的，眼睛也是热乎乎，一言不发，回想起我们在一起同甘共苦的日子，互相关心，互相学习。他刻苦地学习，扎扎实实地努力工作，他的高尚品质和美德时刻印在我心中，和他在一起什么艰苦环境都能渡过去，他这一走，总觉得我身边缺少很多很多……我少了精神上的支柱，少了一个好伙伴。

雷锋参军以后，给我来过几封信，我也回过信。我们通信都是相互鼓励，一直保持着真挚的友情。每当得知他在部队立功受奖的消息，我和周边的人都很高兴。就像杨必华姐预言的，他果真成了文武双全的好战士，也证明我没有看错人。1960 年 11 月上旬，雷锋外出执行任务，还顺路到弓矿焦化厂来看望我们。他看到自己亲手建设过的工厂已经投入生产，非常高兴。那一天，陈日东股长给我一天假，我陪着他参观焦化厂，陪他到了安平，陪他吃饭，还陪他到姑嫂城去看望了那位牧羊老人，有说有笑玩了整整一天。晚上我一直送他到安平火车站。火车开走了，我还站在站台上，天已黑啦，晚风很凉。两只眼睛紧跟火车开往的方向，心里期待一份表白书信。

雷锋入伍前和这次回厂探亲后，焦化厂的领导和同志都十分关心地问我："你和雷锋在个人生活问题上，有没有什么想法？需要我们帮忙吗？"那时候，思想不开放，有，也不好意思说。实际上，有这种心情，但都深深地埋藏在心底，从来没有公开表示过什么。雷锋比我大一岁，他从来就是以大哥的口气跟我说话。在我的心目中，他是一个很难得的好男孩，刻苦学习，爱岗敬业，品德高尚，待人亲近。除了个头矮一点，长得很英俊，最主要是他心灵美。这次回厂探亲还送给我一张在部队拉手风琴的全身照片，照片上写着"青春之歌"，后来照片还让部队要走了。

那是 1962 年的春天（4 月），是个星期日，雷锋第二次回弓长岭探望。我几次写回忆录都没有提这件伤心的事，为什么呢？这里有我的难言之处，我不想暴露我俩的伤心的事，怕人指责我，怕人说我背叛了雷锋。他这次回来，没想到弓矿焦化厂已停产。全厂只留十来个护厂的，领导和工人各奔前程。雷锋一一打听，听说我没有回鞍山，而是调到弓矿机修厂工作，住在苏北街道。我住的房子是原苏北独身宿舍改的住户。雷锋从安平坐车到苏家站下车，下车后正好遇到焦化厂化验员石素琴同志，是石素琴把雷锋送到苏北街我住的地方。他俩边走边打听，终于找到了我。我正在门口打扫院子，听到有人喊小易，我回头一看是雷锋和石素琴（后来小石走啦）。我很吃惊，万万没想到雷锋又回来了。虽然焦化厂停产，工人分散，他还是找到了我，我感到很意外。我俩紧紧地握着双手，也不知道说什么，我心里有愧，很不自然地看着雷锋，她也看着我，谁也不说话。我心想，一切都晚了。当我感到他用惊讶的目光看着我的时候，我的心碎了，我的痛苦，狠狠刺痛了我俩的心。“赶紧进屋吧”，我伤心地哭了，我们俩只知道哭，没有言语，只有眼泪，只有悲伤，不敢放声大哭，这种哭是深沉沉的，把痛苦和泪水一起倾泻出来。泪水只能洗脸，无法冲走内心情感。1961 年焦化厂停产，我没选择回鞍山，想在弓长岭等你退役。1962 年，我在弓矿机修厂精简下放，生活实在没有着落，我又不能去部队找你，怕给你添麻烦，怕影响你的前途，影响你的进步。雷锋这次回弓长岭的目的，我能猜透几分，但已经晚了。因为通过别人介绍，我与詹恒义已结婚两个月了。

哭了好一阵，最后雷锋终于对我说：“小易，我没有想到你怎么能结婚呢？……你应该理解我对你的心意，我们从长沙到鞍钢，又到弓矿焦化厂，这么长时间，我们之间虽然互相没表白自己的心里话，但我们是要好的朋友，你很善良，也很聪明，有些话我不对你说你也应该明白我的心意，我的理想是先有国家、人民、立业最后才能考虑我们……”我低下头，长长地叹了一口气，想把一切一切都嚼到肚子里去，我鼓足勇气，只是小声说：你也应该理解我的心意，明白焦化厂领导对我俩的心意，你写信一字不提，也不表明态度。我在单位遇到了困难，遇到了烦恼的事，我对谁说？又能和谁商量？你当兵这段日子我为你伤了多少心，我为你流了多少泪？当时那个年代，婚姻法是男女满十八周岁。你当兵要走的头一天，机关团支书于文惠亲自找我俩谈话，要为我俩做媒，当时你表态是我们年纪小。你第一次回弓矿焦化厂探望，陈日东股长给我一天假，我整整陪了你一天，把你送上火车，火车开走啦，我还在站台上站着。回到宿舍，我心里觉得不是滋味，这么长时间你都没有说“小易，你等我当兵回来”。你写信从不提我们之间将来的打算。因为你心中只装着党的事业，装着对人民的热爱与为人民服务，你是一个有理想、有志向、有追求的人，从不考虑个人问题。你是党的好儿子，人民的好勤务员。你只有一颗踏踏实实全心全意为人民服务的热心。

雷锋这次回弓长岭，正值1962年生活困难时期。这天，詹恒义回寒岭小沟子看望他父母，我一个人在家。雷锋这次回来，给我买了不少礼物，我什么也没有收，我再也没有资格接受他的任何礼物。家里没有什么好吃的。我只给他做了一碗面条，在面条里做两个荷包蛋。面条他吃了，他只吃了一个荷包蛋，还给我留一个。这时，其实我心里还在流泪。

焦化厂停产，我选择留在弓长岭矿，没有选择回鞍钢。当时我想，你退役可能还会回弓矿，我心里很矛盾，不知给自己定去向。如果当时我选择回鞍钢就好了，1962年我也不会被精简下放，我也就不能与詹恒义结婚。而我选择了留在弓长岭矿，当时弓长岭焦化厂停产，炼铁厂也停产，人员特别多，1958年以后参加工作的女同胞一个不留，所以我被弓长岭矿精简下放。下放后我整天呆着发愁，我心里憋得要发疯，自己的工作没了，自己从学校出来，再也没有回学校的机会。当时，真想了结自己的21岁的生命。一想到距离好几千里的父母，还有弟弟、妹妹等着我给他们邮学费钱。又想到雷锋平时总对我说：困难是暂时的，一个人要克服困难才能生存。他还经常给我讲《钢铁是怎样炼成的》这本书的主人公，叫保尔，保尔的言行能启发人如何对待生活，如何克服苦难等……保尔说：人最宝贵的东西是生命……人的生命是应该这样度过的，当他回首往事的时候，不因虚度年华而悔恨，也不因碌碌无为而羞耻……后来我才有活下去的勇气，我决定去弓矿农场打工。

雷锋这次回弓矿探望这件事，已成为我终身遗憾。是我，是我，是我背叛了雷锋，是我埋没了他的一片心意。从与他这次分开到他牺牲，我俩只有4个月没见面。雷锋的牺牲对我打击很大，总觉得自己有责

任，只有眼泪，只有悲伤，不敢把雷锋的事迹说出来，更不敢把我与雷锋的真实情况说出来，隐姓埋名，拒绝采访，因为我心里有愧，也很内疚。一想到和他在一起工作的413个日子里，从相识到他牺牲的四年多的时间里，他的影子总是在我的眼前，他永远活在我心里。有一天，我独自一人在家，我哭呀哭，最后我决定身披白纱照一张相，以这样的方式永远纪念雷锋。1965年2月，我随詹恒义从弓长岭又回到鞍山，重新开始找工作。

雷锋从弓长岭去当兵，虽然只有两年多，在部队干得很出色，一年就入党，又是到处作报告，部队重点培养他，树雷锋为典型人物——模范共青团员、学毛主席著作积极分子、节约标兵、提升为副班长、班长等，并推选他为抚顺市人民代表。在雷锋个人历史中，参军以及参军前前后后的个人历史中，可以说是他一生中个人历史的重要转折点和成长道路上的重要阶段。他所做的一切主要来源他刻苦学习，他热爱党、热爱祖国、热爱人民，他懂得感恩，知恩必报，他踏踏实实地做人，踏踏实实做好每一件事。所以使他养成良好的高尚品德，优良的思想情操，使他从一个苦孩子成长为一个优秀共产党员、伟大的共产主义战士。这些，雷锋所在的弓长岭焦化厂党总支书记李钦荣，以及和雷锋在一起工作的工友、辽阳市兵役局政委余新元，还有雷锋所在部队的首长及战友等，都是历史的见证人。雷锋所走的每一步每一个脚印，前后都有人看着。

雷锋是一个同人民群众共呼吸、同祖国现代化建设共命运的楷模，一个向更高更高的精神境界攀登的人。

雷锋，你已成为几代人的学习好榜样。你的光辉形象影响中国整整半个世纪。

伟大领袖毛主席等几代党和国家领导人为你题词，号召全国人民向你学习。全国人民都在学习你，全国到处都有你的家。你的老家湖南建有雷锋纪念馆，你当兵牺牲的地方抚顺，修建了规模最大的雷锋纪念馆，你所在的部队——沈阳军区给你修建了纪念馆，你走向军营的地方——辽阳人民给你修建了雷锋纪念馆、修建了雷锋公园、雷锋广场、雷锋学校等……作为你的工友、乡友、好朋友，我为你骄傲，我为你自豪。

雷锋，你已成为亿万群众的宝贵精神财富。你的光辉形象永远活在我们心中。

2012年6月

雷锋是我学习的好榜样

石素琴[1]

我叫石素琴，是雷锋在焦化厂的工友，我比雷锋年长几个月，他称我为“石姐”，我呼他“小弟”。雷锋在焦化厂时，就是我学习的好榜样。

我是这样结识雷锋的

1959 年 5 月 10 日，弓长岭矿从各车间抽调 11 名同志到焦化厂工作。我们报到后的第二天，就被选送到鞍钢学徒 6 个月，学习期满回到弓长岭焦化厂。我和李久荣、王祥云、冯乃菊 4 位女同志分配到回收工段做软水工，也叫化验员。开始，干零活，两个月后才正式上岗。我们 4 个化验员，3 班倒，每班一个人有一个轮休。当时，焦化厂建筑工地上，到处堆着建筑材料。一天，我们回收工段团支部书记李忠先召开青年积极分子大会，会上通报表扬了配煤工段共青团员雷锋同志“以厂为家”的精神。他说：“雷锋在昨天晚上下大雨时，为了抢救厂里的水泥，把自己的被子、褥子抱出来盖在水泥上，带动了青年工人积极参加抢救水泥，使 7200 袋水泥没受到损失。”李书记最后说：“雷锋这种好思想、好作风是我们青年人学习的好榜样。我们共青团员和青年一定要学习雷锋的这种精神。”从此，我知道了雷锋这个名字，但人我还不认识。

---

① 石素琴：原鞍钢焦化厂化验员。

不久，焦化厂团总支举办了一个团员、青年积极分子训练班。开班那天，李德堂书记点名，点到雷锋时，雷锋站起来答应一声“到”！这时，我才知道：“啊！他就是雷锋。矮矮的个子，瘦瘦的身体，说起话来是湖南口味。”课后，我找到雷锋，相互做了自我介绍。学习结束时，厂里请来摄影师，我们 30 多名学员合影留念，前后站 3 排，前排是女同志，后两排是男同志，雷锋在中排。从此，我结识了雷锋。

雷锋在忆苦思甜大会上

1959 年 12 月初的一天，焦化厂在食堂召开了新旧社会回忆对比忆苦思甜大会。会上，雷锋作了忆苦思甜报告。他说：“我叫雷锋，出生在湖南省望城县简家塘。小的时候，家里生活非常贫苦，爷爷、父亲成年给地主扛活，也吃不饱，穿不暖，过着牛马不如的生活。有病无钱医治，先后死去四位亲人，母亲坐在地上痛哭不止。后来母亲只好到地主家去做工。又受尽地主的凌辱和迫害，她叫天天不应，叫地地无声，怀着满腔悲愤，到父亲坟前大哭一场。回到家里又抱着我痛哭失声。母亲长叹一声，一边哭一边说：‘你要好好长大，你一定要记住你的亲人是怎么死的，长大要为死去的亲人报仇啊……’这天是农历 8 月 14 的晚上，她把我托付给六叔奶奶照看。第二天天刚亮我回到家里，进门一眼看见母亲吊在梁上。我抱着妈妈的大腿拼命喊着：‘妈妈！妈妈呀……’妈妈就这样离开了人间。从此，我成了孤儿……是共产党、毛主席、解放军把我从火坑里救出来，我要牢记阶级苦，不忘血泪仇，永远跟党走。一定要在焦化厂建设中，不怕苦，不怕累，发挥一个共青团员的带头作用，争取早日加入中国共产党。”接着，党总支书记李钦荣讲话，他说：“雷锋同志在旧社会所受的苦，是我们整个阶级和民族的苦，我们不要忘记过去，忘记了过去就等于背叛。我们一定要建设好新中国，建设好焦化厂。”最后他问大家：“我们有没有信心把焦化厂尽快建成投产?”“有!”会后，各团支部组织讨论，大家一致表示要向雷锋同志学

习，不怕困难，建设好焦化厂。从此，我和雷锋成为好朋友，好姐弟。我暗下决心一定要向雷锋学习。1960 年 3 月我被焦化厂评为出席弓长岭矿的女工红旗手。

雷锋热心送熟豆

1959 年，我们在焦化厂建设中，生活比较艰苦，住的是油毡纸房，吃的 90%是粗粮，大菜汤。只有节日，才能吃到细粮。当时，徒工每月工资 24 元，学徒期满上岗才 34 元。特别是女同志，舍不得买四五角钱一盘的炒菜。由于营养不足，个别女同志出现了浮肿。也不知道雷锋是怎么知道的，他托人买了一升黄豆炒熟了，一天晚上，我刚下班回来，他来到女工宿舍，每人给两把熟黄豆，他说："你们吃了熟黄豆，浮肿就会好了。"大家争先恐后地说："谢谢雷锋同志。"雷锋走后，王玉坤大姐还说："这黄豆是越吃越香啊。小雷子真能办好事。"

舞会欢送雷锋入伍

1960 年 1 月 1 日下班时，工段团支部、工会通知，今晚 6 点钟焦化厂组织舞会，欢送雷锋应征入伍，并要求全体职工同志都要积极参加舞会，特别是青年人必须参加。乐队已经从矿山请来了，带队的是于家信。我说，会议我一定积极参加，可我不会跳舞。马主席说，不会学着跳也得上场。

舞会是在工人大食堂举行的，晚上六点钟，李钦荣书记、邢春印副书记、翟恩振厂长、几位副厂长和团总支书记李德堂等厂领导全都到会。舞会开始了，舞曲也响了，可只有男青年上场，女青年一个也没上场，这可急坏了团书记和工会主席，点名喊小石子、小王上场跳。我一听点了我的名，脸一下红起来。书记看我还没上场，就用手推了我一下，我只好上场了。不一会，雷锋突然出现在我的面前，他说：“石姐，我同你跳，行不?”我说：“小弟，行。我可不会跳啊。”当时我很不好意思。我们边跳边说话，我说：“小雷啊，到了部队要好好学习，遵守纪律，听从分配，积极工作，争当一名好战士。”这时，灯突然不亮了。舞曲还在响，我精神一紧张，把雷锋的左脚踩了，雷锋忍着疼说：“石姐，不要紧，一会就好了。”我说：“我不会跳舞，看踩了你的脚，真对不起……”这时，雷锋从上衣兜里掏出一张 1 寸照片送给我作纪念。这张照片我一直保存到 1975 年。我还多次给来观看雷锋照片的陈家小学学生讲雷锋在焦化厂的故事。

我和小易（秀珍）住在一个女宿舍，只隔一道间壁。雷锋和小易是老乡，相处得特别好。雷锋常给小易买饭，小易也常常帮雷锋洗衣服。雷锋临走那天早上，我亲眼看见，雷锋把不能带到部队的东西包了一个大包，放在小易的床上。当时，我们女同志都在宿舍，都为雷锋能当上兵，去保卫祖国而高兴，也为他和小易的分别而感到心酸。

最后一次见到雷锋

我家住陈家，1962 年 4 月的一天，天气晴朗，我乘 7 点 20 分的小火车到苏家门诊上班。到苏家火车站下车后，突然看见雷锋，我不相信自己的眼睛，向前快走几步，一看果然是雷锋。他身上穿着绿色军装，军帽上戴着红五星，衣领上是红领章，地上放着军用的绿色帆布大旅行兜。雷锋正在注视着什么？我喊了声“雷锋”，急忙向前走了几步，紧紧握住他的手，说：“小弟，你好。”雷锋说：“石姐好。”当时，我们非常高兴，互相问长问短。雷锋说：“我今天来到焦化厂，厂子已停产了，只剩几个护厂的，他们都到哪里去了?”我一一告诉了他。我问雷锋：“你这次回来有什么事么?”接着，雷锋第一句话就问我：“石姐，小易还干什么呢?”我说：“小易在农场上班呢，她已经结婚了。”他说：“同谁结婚了?”“同焦化厂詹技术员结婚了。”

这时，雷锋低头不语，沉默了一会。

我又告诉雷锋，小易就住在苏北，离这不远，但我不知道是哪家。走，我领你去找。我们走进厂房，边走边打听，果然找到了。雷锋高兴极了，紧握我的手说："石姐真好！"并说一声，"再见吧，石姐。"我刚走不大工夫，就看见易秀珍走出门来，她十分高兴地握住雷锋的手。我也赶紧上班走了。我万万没想到这是我最后一次看到雷锋。

过了一个多月，我在苏家路上看见小易，我忙问小易："那次雷锋来住几天走的？"小易说："当天晚上就走了。"她说："雷锋这次来流了不少眼泪。"我说："雷锋和你既是老乡，又是工友，你们相处得又特别好，他也没有别的亲人，厂子领导也不在了，见到你就像见到亲人一样，他能不流泪么。"

1963 年 3 月，我从报纸上看到雷锋事迹的报道和毛主席"向雷锋同志学习"的题词发表后，我才知道雷锋和我们永别了。我万分悲痛，眼泪像断了线的珠子一样，不断地流淌着……嘴里还不断地念叨："雷锋不会死的，他永远活在我的心中。"

1991 年 4 月起草

1992 年 3 月 5 日完稿

2010 年 8 月 27 日送团山街道关工委常务副主任　薛元昌

选自《雷锋留给我们的记忆》(《雷锋在弓长岭》内部资料，第二辑)。

回忆我们厂的模范工人——雷锋

于明谦[①]

伟大的共产主义战士雷锋，生前在我们鞍钢化工总厂工作近一年（1958～1959 年秋）的时间，当时我是化工总厂洗煤车间的主任。时间虽然已过去近三十年了，但雷锋同志的音容笑貌和他感人的事迹，就像发生在昨天一样。

记得雷锋刚分配到我们车间时，是我找他谈的话。当时雷锋同志分配是开推土机。我和他说："你是南方来的人，刚到北方来是有很多困难的，特别是开推土机的工作又脏又累，比较艰苦，你能受得住吗？有什么困难没有？"雷锋大声说："我的工作请领导考虑，我保证服从领导分配。困难是有的，但我能克服，我一定把工作做好，请领导放心。"

雷锋是这样说的，也是这样做的，他到岗位后，虚心向师傅们学习，不懂的地方就问，对老师傅们也特别尊敬。他的努力没有白费，这使他的技术水平提高很快，在较短的时间里，就能独立工作了。会开车以后，他看到往往由于推土机出故障，找维修工人修理要耽误很长时间，这样要影响生产的。于是，他就利用业余时间向修理工人学习维修技术，在很短的时间内，就基本掌握了推土机的性能和一般故障的排除方法。这样，他在工作时，一发现推土机出故障，就能及时地排除，既节省了维修的费用，又保证了生产的顺利进行。雷锋的这一行动给车间带来很大的反响，他的经验很快在我们车间推广起来。很多工人既能操

---

① 于明谦：原鞍钢化工总厂洗煤车间主任。

作又能维修，成了多面手，这对生产有很大的好处。

雷锋爱护设备胜过自己的眼睛，他精心操作，又能精心维护。他一有时间就去保修推土机，从而保证了设备的完好率。他所使用的推土机多次被评为厂和车间的红旗设备，受到领导和同志们的赞扬。

雷锋不但出色地完成自己的本职工作任务，还能发扬共产主义大力协作的精神。雷锋有时看到别的岗位和同志有困难，他就主动地去支援、帮助解决。

雷锋同志平时的生活是比较俭朴的。记得他上下班总是穿一套工厂发的劳动服和大头鞋，同志们劝他买件皮夹克，他刚开始不同意，在青年伙伴们的再三劝解下，他才买了一件半新不旧的皮夹克，但只穿了几次就收了起来。平时，他在生活上从来不乱花一分钱，处处精打细算。

1959 年 8 月间鞍钢要往弓长岭铁矿调一批人，弓长岭是比较艰苦的，大多数人都怕调去。可是雷锋知道后，几次找到车间要求去支援弓长岭建设。开始我们没有同意，说心里话，像雷锋这样的好同志，我们是舍不得放他走的。但是雷锋同志却说："我所以要去，就是因为我是一个共青团员，弓长岭虽然艰苦点，但这正需要青年人去锻炼一下。为了建设社会主义贡献我的一份力量。"在他的再三要求下，我们只好同意了。

可是，我们怎么也没想到，他这一去就和我们永别了。虽然我们再也见不到他了，但他的光辉形象，我是永远不会忘记的。我要向雷锋同志学习。我今年虽然已经有 80 岁了，但我要在有生之年做些对党和人民有益的工作，为我国的经济腾飞做出我的点滴贡献。

1987 年 5 月 27 日

选自戴明章编著：《回忆雷锋》。

我的好徒弟——雷锋

李长义①

那是1958年11月，鞍山刚落过一场小雪，黑色的煤场一夜之间变成了白色。临近年底了，又是“大跃进”年代，生产任务十分紧张。推土机作业班缺少一名推土机司机，已经影响了推煤任务。白明利主任知道最近从湖南招来一批青年工人，便要求车间领导赶快给他们挑选一名思想好、身体棒、懂些技术的青工来。没过几天，车间于主任果然给他们送来一个小青年。于主任说，他叫雷锋，原先开过拖拉机，还是县里的先进人物。白明利打量着他矮小的个头，心里嘀咕：开过拖拉机再学推土机，技术上当然顺路，可他长得也忒单薄瘦小了，学C－80恐怕够呛。于主任见白明利有些犹豫，马上又说他刚才跟雷锋谈过话，人家到鞍钢来是奔着要当一名炼钢工人的，总厂考虑到他在家乡农场开过拖拉机，才指名让他来学推土机的。白明利冲着车间主任说：“好了，我收下他就是了，大不了让我当个保姆。”雷锋听这话不顺耳，当即回了一句：“请白主任放心，我不会让你当保姆的。”

车间主任走后，白明利和雷锋闲聊起来。

“你在农场开拖拉机，每月工资多少？”

“32元。”

“你知道在这里当学徒，每月工资多少？”

“我没问过，不晓得。”

“我告诉你，在这里学徒每月只有22元，比农场少拿10元，你不

① 李长义：原鞍钢化工总厂洗煤车间推土机手。

怕吃亏?”

“吃亏?不，我不是为钱来的。”

“那你大老远地到鞍钢来为什么?”

“为了炼钢嘛，为了1070嘛!”——1070万吨钢是当时中央为1958年确定的全国钢产量指标。

初次见面这段对话，给白明利留下的印象太深了。他没想到这个矮小的青年，思想觉悟可不低。只谈了这么几句话，他就有点喜欢雷锋了。

话没谈完，车间打来电话让他去开会。他领着雷锋出了办公室，指着煤场上停放的一台C-80说：

“看见没?今后你就学它。先去见见师傅，他姓李，是个好老头。回头我再找他谈。”

白明利说罢大步流星地开会去了。

雷锋东张西望来到C-80跟前。只见推土机，没见什么老师傅。雷锋绕着推土机走了一圈，估摸它比自己开过的拖拉机足足大出好几倍。他急不可耐地钻进了驾驶室。驾驶座前长短不同的操纵杆足有七八个!摸摸这个，动动那个，用他驾驶拖拉机的知识辨别这些操纵杆各自的用途。

我到车间办事回来，远远就看见车上有个人。按规定别人是不许随便上车的。

“喂，你是谁家孩子，不去上学念书，跑这儿来淘气。”

雷锋麻利地跳下车，用眼睛打量着我，同时说：

“我是新来的徒工，不是来淘气的。您就是李师傅吧?”

“徒工?”我明白了，领导早就说给我派个徒弟兼做助手。这不来了，来了这么个孩子。矮个子，娃娃脸，刘海头……

“多大啦?”

“快满18了。”

“骗人!你有18?”

“1940年冬天出生，您算算我多大。”

“我看你顶大不过 16 岁。”

“那是两年前……”

“谁派你来的?”

“车间于主任。”

“见过白主任啦?”

“见过。他开会去了，叫我先来会会师傅，过后他再找您谈。”

“你倒挺会说话。”我坐进驾驶室，敞着门说，“跟我当学徒，我得把丑话说在头里。这台 C－80 推土机是苏式重型机械，驾驶起来震动力大，劳动强度大，技术复杂。冬天顶风冒雪在这露天煤场作业，是又脏又累又冷，手脚冻得猫咬似的，你这南方小鬼受得了吗?”

“放心吧，师傅。什么苦我都吃过……”

就这样，我收了雷锋做徒弟。在白明利主持下签订了为期一年的“师徒包教保学合同”。雷锋从上班那天起，每班都早来晚走，勤勤恳恳，虚心求教，不过个把月就能单独驾车作业了，全工段的人都说：“这小鬼真行!”

那年冬天气候不正常，雪大风也大，推土机在冰雪覆盖的煤场上作业，对一个初到东北的南方小鬼来说，实在是够艰难的。每当风雪大，推土机在门型吊车下推煤时，雷锋总是跳下车来上下指挥，保证吊车司机和推土机手在能见度较差的情况下安全作业，避免吊车运行不慎碰在推土机身上，万一出了这种事故可不是闹着玩的。由于天气太冷，我坐在驾驶室开车，浑身都发冷，雷锋长时间露天在风雪中能不冷吗?你看他头上那顶蓝布棉帽子的两只帽耳紧系在下颏下面，嘴里呼出的热气在帽耳周围结成一圈白霜，漫天飞舞的煤粉和雪花混合起来飘落在他身上脸上，弄得他活像个黑脸小包公。每当工间休息时，我停下车来总是叫雷锋进屋烤烤火暖和暖和。可他却很少进屋去烤火。“师傅，你去吧，我到车上坐坐就行了。”我心里明白，雷锋是担心推土机停车以后，万一水箱或发动机冻了就麻烦了。我进屋稍稍暖和一下马上就回来替换他，这时候总是见他在驾驶室里忙这弄那的，保证机械正常转动。我常常感动地说：“人家休息你也不闲着，看把手冻成啥样了！快进屋烤烤

去。”我上了车，雷锋放心地走开了。我以为他进屋暖和去了，开动推土机刚要落铲推煤，只见雷锋又在门形吊车下扬起了手中的小红旗……

雷锋这种忘我的工作精神，深深感动了身边的伙伴们。有一次，车间于主任、白明利和我在一起开玩笑说：“当初我们都没看透这个小青年……”

于主任对白明利说：“当初你不想要他，现在我把他领走怎么样?”

白明利对我说：“当初你也不想收这个徒弟，我马上给你换一个如何?”

我对他们二位说：“我和雷锋订了师徒合同，你们敢撕毁合同，我就敢去告你们。”……

我开了半辈子推土机，前后带过不少徒弟，数雷锋年纪小，可也数他学得快学得好，善于闯过技术难关。推土机手冬天作业，最难做的事情莫过于检修、清洗发动机滑油泵。雷锋学会了检修就不让我这个师傅动手了。他说实践出真知，每次都争抢着钻到车盘底下，仰着身子打开检示器，把油槽里的水放出来，再仔细清洗滑油泵。干完了从车盘底下爬出来，您瞧吧，作业服准被冰水浸个透，浑身上下弄得泥猴儿似的。他从不在意这些。经过几次实践，他就把发动机的构造、性能和“脾气”全摸透了。

一天中班，翻车机接连卸下几列车煤，煤场上堆起了几座大煤山。我和雷锋驾机爬上一座煤山斜坡，便于把坡上的煤推下来。谁知爬坡不过几米，发动机突然熄火，十多吨重的推土机斜躺在煤坡上，怎么也开不走，推不动。机械出了什么毛病，一时判断不清，急得我们二人束手无策。雷锋急中生智想了个救急办法：先把车子拖下煤坡再说。征得白主任同意，他们找来一条牵引绳，一头拴在门形吊“大腿”上，另一头系在推土机牵引钩上，利用吊车动力总算把瘫痪的推土机拖了下来。推土机一放平，雷锋在里面一操纵，发动机又“嗵嗵”地发动起来。你说怪不。雷锋问这是什么原因？我告诉他说，C－80快老掉牙了，早就有这个毛病，爬四十几度坡容易熄火。可今天爬的坡不过三十几度也趴了窝，今后爬坡推煤可就难了。

“推土机不能爬坡，怎么推走这座煤山?”雷锋说，“这不是影响工作吗?”

“是要影响进度的。”我说着，感到似乎有点为难。“让我们想想办法吧。”

雷锋下班回到宿舍，大概一夜都没睡。第二天上班，眼睛都熬红了。他拿着“C-80说明书”见了我就说，推土机在坡度较大的地方作业，由于发动机超负荷运转，造成汽缸里进的油和空气比例失调——空气进的多，油进的少，起动机肯定要憋火的。

“没错，就是这么一回事。”我一拍大腿高兴地说，“你小子比师傅强!”

我们找到了C-80爬坡熄火的原因，当即改进了操作方法。设法调整汽缸里的油量，爬几十度的煤坡作业果然不熄火了。这一班，我们二人一鼓作气推平了半座煤山，把昨天爬坡熄火耽误的活儿今天全给补上了。在生产评比会上，白明利把雷锋好一通表扬……

那年春节，我请雷锋到家过年是提前约好的。结果雷锋还备下了礼物：一个笔记本，两瓶老白干。

这事说来也挺有意思……

我家五口人，老两口和三个孩子，加上雷锋六口。除夕晚上全家动手包饺子，雷锋不会包，大家也不让他包。可他非跟着凑热闹，争着抢着包了几个，全都七扭八歪不像个饺子样，逗得全家哈哈大笑。他说湖南人过节不吃饺子，他包不好才想学一学。他见我老伴把一枚硬币包在饺子里，觉得奇怪：“把钱包在饺子里干什么?”我老伴说，过年图个吉利，一会儿谁吃到这枚硬币谁就是有福人。收音机里除夕钟声一响，我领着孩子在门外放了一通鞭炮，老伴把刚出锅的饺子一盘盘摆在炕桌上，还特意给我们师徒二人摆上一壶酒，大家便围坐在一起吃起来。雷锋说他生来头一回吃饺子，觉得特别香。正说着话，我忽然吃到了那枚硬币，大家嘻嘻哈哈说我是个有福人。

“我是一家之主。我是有福人，全家都有福……”我高兴得又扬脖喝了一盅酒。老伴暗自捅了我一下，意思是说当着徒弟面莫说这种话。

我会意地说："雷锋不是外人，我说全家有福也有他。"

说笑之间，雷锋忽然也吃到了一个包着硬币的饺子。他吐出硬币看了看说：

"准是师母怕我没有福，多包了这分钱是不是？"

"没的事。我就包了一个。"我老伴说，"你吃到的这个莫非是从天上掉下来的。"

"美的你！天上会给你掉下钱来。"我盯着三个孩子问，"准是你们谁……"

小三噘着嘴说："是我包的，可我没有福，没吃到。"

雷锋拉过小三的手，把一分钱硬币还给他说：

"我有福，你有福，我们全家都有福……"

雷锋高高兴兴在我家过了这个除夕夜。初一早上，工人们互相串门拜年。雷锋被几个青年伙伴拉去拜年了。

春节期间，雷锋参加了厂工会组织的踩高跷秧歌队，装扮成个"小姑娘"，梳上假辫子，围上红头巾，穿上花衣服，踩上一尺多高的高跷扭起来满带劲的。有个退休老工人看花了眼，竟当众埋怨：不知这是谁家的闺女，爹妈舍得让她出来踩高跷，可真够大方的。这老头不知道，高跷队里根本没有女的……

在我和雷锋相处的日子里，我感到，雷锋能够做到勤奋好学，积极努力工作，助人为乐，其根本的是他心里没有忘记旧社会的血泪史。雷锋常说：他在解放前夕，因生活无着落，每天靠乞讨度日，生活处于极度困难之中。家乡解放后，他才重新得到新生。因此他总是把党和毛主席比做自己的亲人、救星、救命恩人。他非常热爱党、热爱社会主义，这使他在工作、学习方面总觉得有使不完的劲。他把自己的工作看成是党的工作，因此，他把自己的一生投入到党的事业之中去。

回忆在一起时除了以上一些外，还有几件具体事：

1. 雷锋开始碰到的是工资问题。

他在来鞍钢前，在湖南工作的工资是每月 32 元钱。可学习开推土机是 7 级工，雷锋是学徒工，起点是 22 元钱。为此事，雷锋当时也并不是一点想法都没有，但由于他具有崇高的共产主义信仰和理想，虽然在经济上的收入少了一些，但在精神上和工作上却没有受到丝毫的影响。

2. 在工作上积极肯干、任劳任怨，生活上有计划安排。

在工作上，雷锋坚持经常提前上班，在接班时严格遵守交接班制度。按日常规定维护、保养推土机，每次维修时，只要是师傅伸手，他早已将图表看完，按照图纸抢着干。有不会做的地方就边干边问，边做边学，直到把维修保养工作做完为止。在作业中，推土机天天都同煤打交道，由于行车不慎溅出润滑油，沾了满车身煤粉，确实很脏。有时零件松动，需要检查加固，雷锋就抢着干，从不怕脏、怕累。在操作上，他个子小，坐在驾驶室里看不见作业面情况，所以他操作时大部分时间是需要站着弯着腰干，有时累得满头大汗，也从不说句累的话。

在生活上，当时他只挣 22 元钱，再加上领班津贴、保健在内也就 30 元多点；但他生活安排得条条有序，月月有剩余。他从不无计划地乱花钱。每月开工资前，事先把钱计划好，先留出饭钱，一次电影钱，生活用品费用钱，剩下的全部存入银行。记得 1958 年冬，银行储蓄员深入工厂动员工人积极参加储蓄。当时我不同意雷锋储蓄，因他的收入和所用生活费用比，并不富裕。但雷锋坚持要储蓄。他说："我生活上虽然不富裕，每月工资收入低些，但我们每个人都储点，全国人民都这样做，这就是一笔大的数额，投入到国家建设上去，作用可就大了。"当时是每月存 4 元为一个户头，雷锋存几个户头，我记不清了，但不是一户。

3. 严格要求自己，正确对待批评。

一次，雷锋从煤场回库加油，在车通过运煤铁道时，虽做了瞭望，却疏忽了提铲，将铁轨推出挺远。我对雷锋的失误进行了严厉的批评。事后，我感到对待一个孩子过分的批评不太合适。于是利用工余时间，找雷锋谈心，说起这件事。可万万没有想到，雷锋不但没有任何怨言，而且还语重心长地对我说："李师傅，你批评得对，因为我工作有失误。您严要求的目的是为了我今后工作加强责任感，工作中不再出事故。"

这件事对我来说，是一次很大的启发，心想，应该像雷锋那样工作。打这儿以后，我再也没有发现雷锋犯过任何大小错误和责任事故。

4. 积极参加社会活动，只要为党的事业，他都积极参加。

为了宣传当时的形势，做到家喻户晓，车间组织了民间艺术高跷演出队。本来雷锋是南方人，不会扭东北秧歌，但他认真学，积极参加，在居民区的街道巷尾，他的表演博得许多群众的赞赏。

5. 靠近组织，政治上要求进步。

知道雷锋的人都能看到，雷锋经常向组织汇报思想，在组织的关怀和帮助下，不断提高政治水平。在文化学习上，坚持业余学习，并将所学的知识传授给文化低的同志。记得在厂内刚开始给职工授课的时候，由于他是南方口音，他讲课，大家听不懂，效果很不好。雷锋知道是自己的口音问题后，就下功夫学习北方方言，结果达到了预期的效果，大家很满意。

光阴多快啊，转眼已近三十年了。雷锋当时还是个孩子，能够在平凡的工作岗位上，做出这样的工作和事迹来实在不一般。看上去，雷锋所做的都是一般小事，似乎没有惊人之处，但实际做起来，确确实实不太容易。因此雷锋给我留下难忘的深刻印象，他永远活在我们的心中。

选自戴明章编著：《回忆雷锋》。

“我决心应召”的雷锋

金守成[①]

一辆解放牌汽车，满载进入体检的应征青年在苏家小市场徐徐开动了。一个圆脸膛矮个子青年，紧跟车尾奔跑着。他，就是弓长岭铁矿焦化车间工人，后来成为毛主席好战士的雷锋。

那是1959年11月末的一天，辽阳县兵役局来我矿征兵。我矿成立了征兵办公室，在全矿范围内开始征兵动员。12月3日，雷锋听到征兵动员报告后，心情久久不能平息，想起了家史，想起了苦难的童年，想起了现在的一切……他要当兵。

夜深了，一心想要报国参军的雷锋来到焦化车间办公室（也是宿舍），叫醒了熟睡的李钦荣总支书记。他问李书记：“我能不能入伍呀!”李书记笑着说：“能呀，像你这样身强力壮的小伙子，参加人民解放军是顶呱呱的哩。”他回到宿舍就写出了近1100字的《我决心应召》的入伍申请书。第二天一早，他就在焦化车间报了名，并向车间领导递交了申请书。在入伍簿上写下了“我坚决要参军”的誓言。焦化车间的领导把雷锋的申请书转交我们征兵办，我看了这份申请书后，感到雷锋吃的是黄连，吐的是蜂蜜，他要参军是为了报效祖国。对于这样的好青年，好工人雷锋，我这负责征兵政审工作的人，已经过了关。我们征兵办认为雷锋为应征适龄青年带了好头，就把这份申请书登载在1959年12月9日的矿报上。然而谁也未曾料到这份申请书竟是雷锋同志留给我矿的一份宝贵的精神财富。

---

① 金守成：原鞍钢弓长岭矿保卫科干事。

雷锋，真要参军了。这可急坏了李钦荣同志，他的本意是舍不得放雷锋走，想让征兵办设法把雷锋留下。雷锋从鞍钢化工总厂调到我矿焦化车间，才不足半年，就成为车间生产骨干，领导的得力助手，特别是11月份的一天夜里，突然下起大雨，工地上七千多袋水泥没有遮盖，他放下正阅读着的毛主席著作，冲出宿舍，招呼来二十多名同志一起抢救，芦席不够用，雷锋就把自己的棉被抱来盖在水泥袋上。这样的好工人，李书记怎么舍得让他走呢！

12月10日，我矿应征青年目测开始了，兵役局和接兵部队的同志看雷锋身材矮小就把他“淘汰”了。此时，他急着找我们征兵办的人“求情”。我对接兵的同志说：“就让他参加体检吧，如果他检查不上也就‘死心’了。”可是接兵的同志还是不同意。汽车开动了，雷锋跑呀，跑！硬从车尾爬上了汽车。

体检站设在辽阳小屯的一座小学校内。可以说雷锋是体检编外的人员，心情是很低落的。下车就找接兵的哀求：“我要当兵，让我参加体检吧。”等待体检的人，有的结伙上街游玩，有的三五成群闲谈，只有雷锋拿起扫帚扫院子，挨个扫教室的临时宿舍。这一天是12月22日，应征的新兵体检正式开始，接兵的一位戴同志经过和新兵连带新兵的同志商量总算同意了雷锋参加体检。雷锋在校院内，向三三两两的应征青年宣传为什么要当兵，同时，他总是拉着一位中尉军官的衣襟，苦苦哀求，非要批准他当兵不可……后来我们才知道这位军官就是接兵部队负责兵员工作的戴参谋。结果，人越来越多，集结了一大群，他以自己的家史、童年史控诉旧社会，歌颂伟大的党。他在入伍申请书中写道：“伟大的党啊！你就是我慈祥的母亲，要是没有您，我很难想象到自己的一切。今天您需要我，我一定挺身而出……我要把自己可爱的青春献给祖国最壮丽的事业。”

经过体检，雷锋没有合格。但是没有动摇他成为一名解放军战士的决心，他几次去找辽阳市兵役局政委余新元和接兵部队负责兵员工作的团军务参谋戴明章同志，对他们说：“如果不给我换军装，我就穿便衣去。”

雷锋坚决要当兵的迫切心情，深深打动了他们，在余新元、戴明章以及新兵营领导同志的帮助下，特殊接收了雷锋这个兵。

60年代，征兵是要经过严格政审的。我当时在对雷锋进行政审中，发现没有原始档案，因此这是不能给部队出具政审表的。为慎重起见，我给雷锋的家乡湖南省望城县安庆乡发了函调，由于路途遥远一时没有收到回函，政审无法进行了。我就与辽阳市兵役局联系，经过多次研究，特别是在取得接兵部队的同意后，采取了可以按特殊问题处理的办法，先参军后政审。

1960年1月2日，他与其他20名青年佩戴大红花被送到了辽阳市南林子工农干校新兵集结地，接受新兵复查。在新兵复查阶段刚刚开始，他生怕在复查中出现问题，集中的当天，雷锋就找到了余政委，并紧跟不离。无奈余政委把他送到了接兵部队新兵营，说让他暂时当一名“便衣通讯员”，他这时才放了心。

后来听说他在新兵营当“便衣通讯员”的短短几天里，表现得非常出色，很受接兵部队首长的喜爱……

1960年1月8日，雷锋参军报国的理想愿望终于实现了。

当雷锋参军要走的消息传开后，焦化车间不少干部、工人都到辽阳火车站为他送行。他高兴地笑了，这一笑，给人们留下了难以忘怀的回忆。

坚决要求当兵

余新元[①]

伟大的共产主义战士——雷锋的一生是革命的一生，是全心全意为人民服务的一生，他短暂的一生放射出不灭的光辉。雷锋同志是具有远大理想的共产主义战士。他具有崇高的思想，而他积极要求参军时的思想表现，正是他崇高思想体系的一个重要组成部分。

雷锋同志生前事事处处听党的话，坚定不移地跟党走，哪里艰苦，他到哪里去；哪里对党的贡献大，他就要求去哪里；哪里危险，他就冲向哪里。鞍钢在恢复生产建设时需要一大批骨干力量，当国家号召支援鞍钢时，他积极报名从遥远的湖南家乡来到鞍钢，支援鞍钢的建设。到了鞍钢以后，又积极要求到鞍钢最艰苦的化工总厂去工作。后来鞍钢为了开发矿山，抽调一批人到偏僻的弓长岭铁矿建设焦化厂，雷锋又积极报名到了弓长岭，任劳任怨地工作着。

1960～1962 年，我国处在最困难的时期，国际、国内形势相当紧张，蒋介石叫嚣反攻大陆，军队处在紧张战备状态，在这关键时刻，雷锋同志积极报名要求参加人民解放军。当时，他讲了这么一段话："我参军不是为了出名，不是为了个人利益，而是为了保卫我们的国家和人民的利益。"在参加体检的过程中，雷锋同志个头不够高（当时才 1.54 米），体重还不够 55 公斤，按征兵的要求是好中选好优中选优，本着这个原则去衡量，雷锋在身体条件方面是不合乎新兵标准的。当时在雷锋参军这个问题上有两种认识：一种认为，雷锋身体条件不够，不能担负

① 余新元：原辽阳市兵役局政委。

起保卫祖国的重任，所以他政治条件再好也不能被征入伍；而另一种认为，到部队后经过一番锻炼，是可以增强体质，达到新兵标准的。而且他在政治上有很多优越条件：一是他的家庭苦大仇深，受民族压迫最深，所有的亲人都被万恶的旧社会夺去了生命。在雷锋 5 岁时，爸爸被抓劳工遭日本人毒打而病死；爸爸死后，哥哥和弟弟又相继夭折；在他 7 岁时，妈妈也在沉重的灾难折磨中悬梁自尽，使他成了孤儿，到处流浪，直至 1949 年他的家乡解放。是党把他从水深火热中解放出来，使他获得了新生。雷锋在这个问题上认识最深刻。所以，他的入伍动机是纯的。二是雷锋同志是毛泽东思想哺育成长起来的。他在入伍前，曾对我说过这么一段话：“政委，我参军是按毛主席的教导来做的，人民最需要的地方就是我要去的地方，为了党和人民的利益，我就是赴汤蹈火也在所不辞。”后来他又来找我，这次他手里拎着一只小皮箱，里面装着他的一件棕褐色的皮夹克和其他衣物，放在最上面的是《毛泽东选集》一至三卷，他告诉我，他把这三卷的所有文章都看过了，其中他把《为人民服务》、《愚公移山》、《纪念白求恩》、《实践论》、《矛盾论》、《人的正确思想是从哪里来的》等文章看了数遍，有好多文章的主要内容他都能背下来。他对这些文章学得最深、最透，并且牢牢记在心中。从他的一言一行中可以看出，他每时每刻都是按毛主席说的去做，并且都是自觉地去做。雷锋同志在当时之所以能成为一个先进青年，是因为他孜孜不倦努力学习毛主席著作的结果。正如列宁所说：“没有革命的理论，就没有革命的行动。”雷锋是当时青年中先进思想的代表人物。他经常讲：“要读毛主席的书，听毛主席的话，照毛主席的指示办事，做毛主席的好战士。”他热爱党、热爱毛主席、热爱人民、热爱人民军队，诚心实意地想去当兵保卫祖国。他说：“我的家乡是解放军去解放的，我雷锋从一个孤儿能到今天成为一名共青团员，是毛主席他老人家给了我第二次生命，我从 16 岁就在我们县委当通讯员，后来我又支援鞍钢和矿山，这是党和人民给我的工作和为人民服务的机会，也是我报答人民的行动。我要珍惜今天的幸福生活，直接投身到保卫祖国的战斗中去。”当时我说：“保卫祖国，前方、后方不都一样吗？不都是为人民

服务吗?”他说:“如果前方、后方都一样,那为什么还有前方和后方呢?现在前方需要我,所以我要求到前方去,用我的实际行动捍卫祖国的大好河山。”我们送他当兵的另一个原因是:雷锋当时是各条战线的先进代表人物,他在农业战线上是个优秀的拖拉机手,在工业战线上历次被评为先进生产者,多次被评为标兵和红旗手。所以他要求参军,受到地方政府、县委,尤其是我们武装部门的支持,受到医护人员和广大群众的同情。而且他的实际行动也非常感人,他从征兵宣传一开始,就去报名,每天到我们当地武装部门打扫卫生,生炉子,常常是废寝忘食,他还到征集站生炉子,给医护人员打水,走到哪儿把好事干到哪儿,做的好事数不胜数。

根据以上情况,我们认为雷锋同志虽然身体条件差些,但他有优越的政治基础,一定要想方设法和部队接兵的同志做好协商工作,送他到部队去。

为雷锋同志参军的事,地方武装部门和接兵单位进行了多次协商,地方武装部门认为雷锋同志的政治条件符合好中选好、优中选优的标准。我们强调他政治思想好,尽管他身体条件稍差,但我们认为他到部队经过一段时间的锻炼,是可以达到身体素质的要求的。接兵单位也同意我们对雷锋在政治上的看法,但也强调雷锋身高不够,体重不够,怕到部队后承受不了部队的任务,在这种情况下他们不愿意接。当时雷锋当兵的心情非常迫切,他对我说:“政委,你不送我走,我就长期住你们这儿。”看到雷锋这么诚恳,我们对他参军的事情也都非常关心,我们同在辽阳接兵的营口驻军某部负责同志经过协商,最后他们答复我们说,他们向上级请示,把地方和武装部门的要求以及雷锋同志的实际情况向他的领导汇报,如果首长同意,他们就接。这时我们对雷锋同志也做了思想工作,让他做好两手准备,告诉他:如果批准你入伍,就高高兴兴地去;如果不批准你去,你就好好地工作。可雷锋非常坚决,说:“要不要我我都要去,不发我军装,我穿便衣也要去。”可见,雷锋要求参军的态度是很坚决的。当时我是征兵办公室主任,我召开了一次会议,内容是汇报征兵的工作情况,参加人员有征兵办公室全体工作人员和接兵单位负责同志。会议开完后，我们部分同志又和接兵部队专门研究了雷锋同志的入伍问题。当时我们把雷锋同志的情况以及我们的看法都向接兵的负责人作了简要介绍，负责人说："我们还是按照军委的好中选好、优中选优的命令办好。"我当时说："军委的命令并没有单纯指出是身体上好中选好，优中选优的，而是包括思想政治方面全面衡量来达到好中选好，优中选优的。"当时出现了僵持的局面。沉默片刻，我作了这样一个表态："我们地方和武装部门一致同意输送雷锋入伍。"后来接兵部队的负责人也表态说："既然地方党委、武装部门要求我们把雷锋带走的话，那我们可以考虑。"于是我们就把雷锋放到了预备数中，而且在新兵集中复查的第一天，我就把雷锋送给接兵部队的新兵营当了"便衣通讯员"。那年，我们辽阳征兵任务是 980 名，集中后经全面复查合格 842 人，后来我们又从农村重新调来 276 名预备数，经复查合格 138 人，其中就有雷锋一个，比较顺利地完成了征兵任务。当时接兵的负责人说："如果把雷锋带到部队，经过部队再复查不合格，那我们就做新兵退回处理。"以上就是雷锋入伍时经历的一番周折。雷锋向我表示："谢谢兵役局，我到部队一定要努力上进，为辽阳、为鞍钢、为余政委争光……"现在我还保存着雷锋送我的一张着色的 4 寸立势照片。雷锋在照片的后面写着赠言："赠给：敬爱的余政委留念。雷锋 60 年元月 3 日留言"。

经过上述各方面的工作和反复协商，终于使雷锋同志光荣地参加了中国人民解放军。在辽阳南林子新兵入伍的那天，从辽阳南林子到辽阳火车站，辽阳市民夹道欢送，有地方党、政、军的各级领导和人民团体及广大人民群众，还有新兵同志的父母、兄、弟、姐、妹、妻子和未婚妻……雷锋没有父母、兄、弟、姐、妹，也没有未婚妻。当时我的爱人拎着雷锋的那只装着全部家当的小皮箱，以雷锋亲人的身份出现在欢送新兵的人群中，她请假欢送雷锋，还特意按照雷锋的岁数给他煮了 20 个鸡蛋，像对待自己的亲儿子一样送他入伍并嘱咐雷锋说："到部队要好好学习，依靠首长和战友，好好锻炼，达到一个合乎标准的人民的好战士。但不要忘记照顾好自己的身体，你的体质不是太好……"

雷锋同志入伍后，在党和毛泽东思想的哺育下和部队的精心培养与教育下，真正成了一名伟大的共产主义战士，成为全国人民学习的榜样。我们要按毛泽东同志说的去做，"向雷锋同志学习"，让雷锋同志的精神永放光芒！

1993 年 5 月 16 日，于辽宁鞍山市

选自戴明章编著：《回忆雷锋》。

阅读链接 1－1

我决心应召

雷锋积极要求参军，1959年12月9日，鞍钢弓长岭矿党委会主办的《弓长岭报》上发表了他《我决心应召》的申请书：

12月3日，当我听到车间总支李书记的关于五九年征兵的报告后，我激动的一时一刻都没有平静。深夜了，我怎么也睡不着觉，便从床上爬起来，跑到了车间办公室，叫醒了已睡熟的李书记，我问他，我能不能入伍呀！李书记笑着回答说："能呀。像你这样身强力壮的小伙子，参加人民解放军是顶呱呱的哩。"他从头到脚仔细地看了我一下说："哎呀，小雷怎么没穿棉衣呀！下这么大的雪，不冷吗?"这时我才觉得穿一套单衣有点寒冷，李书记把棉衣披在了我的身上。回到了宿舍，我还是不想睡觉，坐在条桌旁边写我入伍的申请书和决心书。

第二天一早，我想到车间去报头一名，天还没亮，哪知道回收工段适令（龄）青年马守华同志比我更早，头一名让他得去了，真想不到我报的还是第二名。

参军！是我从小就有的愿望，人民解放军不仅是一个革命团结友爱的大家庭，而且还是个培养青年的革命大学校。现在我的愿望就要实现了，怎么叫我不高兴呢。

当我在入伍簿子上写到我要坚决"参军"二字时，一段辛酸的回忆涌上了我的心头：

我出身在一个很贫穷的农民家庭，父亲专靠给地主做长工来维持一家半饱的生活，终年辛勤的劳动，到了新年初一全家五口人有小米不到半升。抗日战争时期，我爸爸参加了革命，白天参加生产，到了夜晚就和村里的人大伙集合起来打鬼子，后来不幸被捕，被小日本鬼子活活地埋葬，（其父遭日本人毒打后，病死……这里"……活活地埋葬"显然

弓长岭報

出版　弓长岭矿党委会
编辑室　电话：三八八号
第199期　今日　共二版

一九五九年十二月大 5 星期六
农历己亥年十一月初六日

党委召开社会主义教育现场会議

大干今冬明春坚决实现无盲矿
——我矿召开扫盲工作会議

我决心应召

响应征召　踊跃报名
焦化車間召开动員大会

是一种夸张的比喻——编者注）全家无法生活，我哥只好去一个小小的机械厂当学徒，我和妈、弟三人只好上大街讨吃。一九四四年，我哥在工厂双手被机器轧断，脑袋被撞破，鲜血染红了里外的衣裳，不到两天而死。我那幼小的弟弟受不住那种生活的折磨，第二年活活地饿死在街头。我可怜的妈妈呀！逼迫投了江（实际是自缢身亡——编者注），剩下了孤孤单单六岁的我，只好给地主放猪，晚上和猪作伴，一旦到了冬天我冻得受不住，只好贴着肥猪的大肚子睡着，那大肥猪比我长得还高，它吃的比我还好哩，每天还有人伺候它，我呢？挨打挨骂是家常便饭，过着非人的生活。那时候我虽年纪小，对那些要命的野兽般的帝国主义和黑暗的社会是多么的入骨的痛恨。

那时我真想：要是有亲人来搭救我，我一定要拿起枪，粉碎那些狗豺狼！为爹妈报仇。

光明伟大的党啊！您挽救了我，给我吃的、穿的、还送我念书，高小毕了业，进入初中，戴上了红领巾，加入了光荣的共青团，参加到了祖国的工业建设，一天天地成长起来。

伟大的党啊！您是我慈祥的母亲，要是没有您我很难想象到自己的一切。今天您需要我，我一定挺身而出，不怕牺牲和一切困难，永远忠于党，忠于人民，继承长辈优良的革命传统，为建设现代化的强大的国防军，为保卫社会主义建设，保卫世界和平，我要把自己可爱的青春献给祖国最壮丽的事业！作一个真正的共产主义革命战士，粉碎帝国主义！早日解放台湾。

（焦化车间工人——雷锋）

阅读链接 1－2

抢救水泥

在十一月五日焦化厂工地进来十车水泥，其中有六车是没有棚的厂（“敞”编者注下同）车，还没有雨布盖。当地晚八点三十分钟的时候，天空布满着黑云，调度员开始东跑西颠地联系找人撒盖水泥，这个消息传到雷峰（“锋”）同志的耳朵里，他闻声似雷，抱着焦急的心情跑到各个宿舍找人盖水泥，回过来又跑到车皮上积极地进行找雨布盖车，当盖到最后一个车时，雨越下越大，且布又不够，这可怎么办呢？雷锋同志左思右想，雨布不够找又找不着，车不撒（盖）完，水泥就要受到损失，工程又非常紧张，这时他把他穿的衣服脱下来盖在被雨淋的水泥上，这还不行，他又跑回宿舍把自己的被拿来盖水泥。这样，在他的代

（带）动下很快地就把水泥撒（盖）完了，六车水泥没有受到任何损失。（群集）

据《弓长岭报》原文刊录

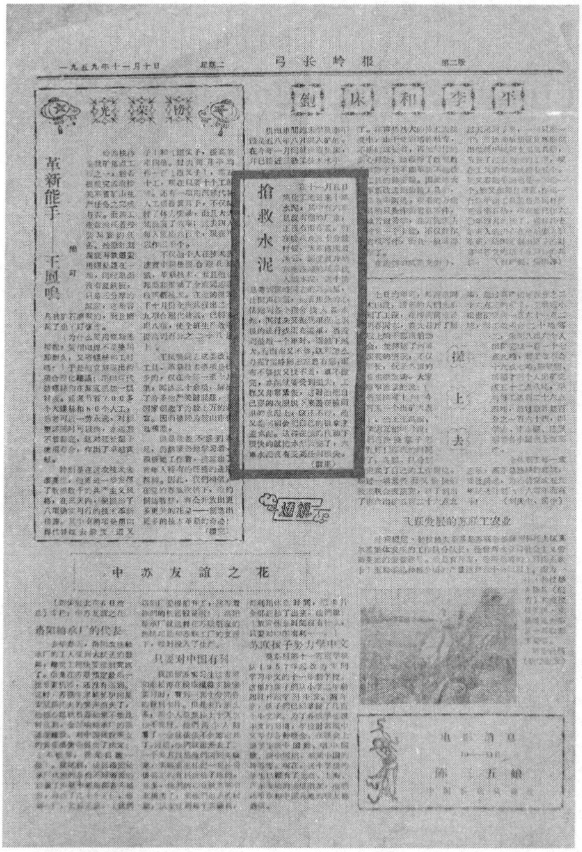
弓长岭报
抢救水泥
中苏友谊之花

阅读链接 1－3

雷锋 1959 年 10 月×日的一篇日记

10 月×日

1958 年入厂的时候，我只是一个抱着感恩的思想埋头苦干的工人，在生产上只能做到完成自己的任务和达到每天的定额。

后来，在党的教育下，特别是受到党的社会主义建设总路线和全国人民冲天干劲的鼓舞，才使我的思想和眼界变得更加开朗和远大，才使我的干劲越来越高涨。

由于党的教育，我懂得了这个道理：一朵鲜花打扮不出美丽的春天，一个人先进总是单枪匹马，众人先进才能移山填海。

第二章

好事多磨　如愿参军
新兵即露头角

雷锋

（1960 年 1 月 8 日～1960 年 1 月 19 日）

回过头来看，或许“天降大任于斯人也，必先苦其心志，劳其筋骨，饿其体肤”的古训，非常适合于雷锋应征入伍的经历。

自1959年12月3日，雷锋听了车间党总支李钦荣书记的征兵动员报告之后，到12月9日弓长岭矿《弓长岭报》刊登他《我决心应召》的申请书，再到12月27日他领到《入伍通知书》，再到他比别的新战友晚了6天才领到军装，终于在1960年1月7日深夜才得令穿上他昼思夜盼的绿军装，整个应征入伍的过程，简直充满传奇色彩。

满怀献身报国之志的雷锋，以急切的心情报名应召，却完全没有想到竟遇到那么多不大不小的曲折，硬件上看，是身高和体重确实有些不够标准，其实，主要还是他在工厂的表现太好了，鞍钢弓长岭矿焦化厂的领导不舍得放，但最终因为雷锋矢志不渝，深深感动了几乎他接触过的所有的人，虽于1959年12月27日就领到了《入伍通知书》，但直到装载新兵的军列驶离辽阳前8小时，他才得到绿军装。——雷锋为此写下了充满激情的日记：“这天是我永远不能忘记的日子，这天是我最大的荣幸和光荣的日子。……我一定不辜负党对我的教育和期望，我决心保持和发扬我们弓长岭矿全体职工的光荣，军政学习争优秀，全心全意保卫国防，成为一个优秀的国防军战士。”他腾飞的羽毛，从此愈发丰满起来，他要展翅高飞了！——从雷锋在新兵连的首次发言亮相，被全团从战士到团首长们的关注和喜爱，到“隐姓埋名”做好事，到苦学苦练军政素质终过关……终被军务参谋初定“将来团首长小车司机人选”，那怕违反“照顾入伍新兵本人原有的技术专长”的“新兵分配原则”。可见，雷锋一到部队就成了各单位争抢的好苗子。

请读者循着“参加体检，初战即遇小难题”——“新兵集中，待审未得绿军装”——“政委说情，暂做便衣通讯员”——“经过复查，终于穿上新军装”——“市民欢送，军车驶离辽阳城”——“新兵亮相，发言风趣惹人爱”——“披星戴月，苦练投弹胳膊肿”——“隐姓埋名，做了好事被‘跟踪’”——“新兵分配，雷锋下到运输连”的大致脉络，来读戴明章、李恒基、吴海山、薛三元的回忆录，就能对雷锋这段经百折而不悔的经历，留下深刻的记忆和由衷的感动。

忆雷锋参军

戴明章①

雷锋参军正式入伍是 1960 年 1 月 8 日。自他入伍后，到 1962 年 8 月 15 日因公牺牲，作为解放军中一位普通而又伟大的战士，只不过是两年又 8 个月的时间；精确的计算仅仅是 951 天。雷锋牺牲虽然已经是 30 多年了，但是雷锋始终并没有离开我们，他的伟大的共产主义精神，已深深扎根在亿万人民的心中。

有关“雷锋参军”的这一段重要史实，在诸多著作中却都没有很好地完整地进行记述。有鉴于此，我认为，把他参军和参军入伍后为什么分配到运输连让他学当汽车驾驶员的全部经过，本着历史再现的写法，如实地加以记述，从而补充在雷锋个人的全部历史中，不论从哪方面来说，都是有意义和非常必要的。所以，我不能不深刻地意识到，这件事对于我则确实有着与众极为不同的特殊意义。这就是因为：雷锋作为一名解放军的战士，解放军中或确切地说，他所在的部队中，最早也是第一个接触他的人，是我；在他参军当时的历史情况下，作为接兵部队的军务参谋可以工作职务权限确定他能否入伍的人，是我；当他入伍到部队后，在进行新兵分配时，向首长建议决定把他分配在运输连学习汽车驾驶技术的人，也是我。简而言之，作为当年部队的一名军务参谋，曾是亲自接雷锋同志参军入伍者的一员；是雷锋参军过程中的一个历史见证人。今天，让我把雷锋参军时的这段历史的真实情况进行一次全面、细致介绍，而且丝毫也不添枝加

① 戴明章：原雷锋生前所在团军务参谋。

叶，甚至用我当时个人无意专门为此记下的日记证明，从中可以看到，当时雷锋要求参军的迫切心情以及他参军是为了保卫祖国的言语行为，无不给我们留下了深刻而又难忘的印象。所有这些，不论对反映雷锋的生平史——特别是他从一位工人成为一名解放军战士的个人历史转折；还是对深入了解雷锋在各个历史阶段中，他的平凡但又不能不令人敬羡的思想品德、光辉事迹，都将对我们有着鼓舞和激励作用。因为我们向雷锋同志学习，很主要的一个方面，就是要学习他在平凡的岗位上，在平凡的工作中，以及在大大小小看来是极为平凡的事情上，雷锋却能做出不平凡的事迹来。从雷锋应征入伍时的种种表现，就充分说明，他对于我们党，对于我们人民军队，是那样无比地热爱，又是那样无限地忠诚。

每当提起雷锋，就会不由得使我颇不平静。特别是一提到雷锋参军，则更使我浮想联翩。因为它把我带回到了 38 年前。有多少往事每每沉浸在幸福的回忆之中，而接雷锋同志入伍又何尝不是我幸福回忆中最荣幸最难忘的一个片断。那是 1959 年冬的 12 月 22 日，当雷锋在走完他人生最后一段光荣历史之初——参军时，于辽阳的小屯征兵体检站参加新兵体检，我第一次见到了他……迄今，已是整整 38 年过去了。然而 30 多年来，雷锋参军时的情景，却一直深藏在我的记忆里，好像就发生在昨天一样，历历在目，终生难忘。

在这篇《忆雷锋参军》中，为了全面反映雷锋参军时的历史背景，除着重描写雷锋在新兵体检站和新兵集中时一些鲜为人知的突出表现外，特将与之有关的一些历史事件按时间发展顺序，作一简明扼要的叙述。我认为，这对研究雷锋则更有其重要的史料价值。

参加上级会议，接受补充兵员

1960 年度的补兵工作，遵照国防部的指示，沈阳军区于 1959 年 11 月中旬即开始向各市、县兵役局（即后来的武装部）以及各部队作了任务下达和工作部署。沈阳军区工程兵司令部在 1959 年 12 月 3～4 两日，专门召集了补充新兵工作会议。我当时是 7343 部队司令部的军务参谋，随同团长吴海山同志一起参加了那次会议。按会上确定，给我们部队补充的新兵数是 358 名。兵员区即接兵地点在辽阳市及其管辖地区。遵照会议所布置的有关征兵工作的各项政策规定和指示精神，我们返回部队后，遂立即进行了各方面的准备工作和组织动员。根据上级会议精神并结合部队的实际情况，由我首先拟定了“7343 部队 1960 年度补兵工作计划”。紧接着，在 12 月 6 日，也就是上级会议结束后的第二天，利用本来是星期天的休息日，于当天下午司令部召开全体军官会议就下达了这个计划指示。在计划安排中，具体地提出了组建一个接新兵的临时建制——新兵营。并确定新兵营营长由技术营参谋长荆悟先同志担任；新兵营的教导员为工兵三营副教导员李恒基同志；同时并建立临时党的组织——营党委会。委员由两名营级干部和团司令部军务参谋以及三个新兵连的指导员组成。按团首长指示，由我代表团领导对接新兵工作负全面责任，临时为新兵营的参谋、营党委委员，并指派了见习参谋龚耀明同志协助工作，军医是由团卫生连的医助伍哲明同志担任。新兵营下分三个新兵连……

在司令部会议后的第二天，即 1959 年 12 月 7 日，就把确定参加新兵营工作的所有官兵，召集到司令部，在一起开了第一次新兵营工作会议。会上，由团首长宣布了新兵营临时组建的人事命令并讲了话，对接新兵工作提出了一些要求；由司令部具体传达了上级征兵工作的会议精神以及我们部队的具体实施计划。同时，责成刚组织起来的新兵营领导，对各新兵连进行了人员编队、任务区分和组织讨论，提出保证计划的实施、圆满完成任务的措施、表决心等活动。从而提高了认识，统一了思想，明确了任务，坚定了信心。为圆满顺利地完成好接新兵工作，进行了充分的组织准备，打下了良好的思想基础。于 1959 年 12 月 8 日，我们的接兵人员一共 59 人就到达了接兵地点——辽阳。

我们到达辽阳后，经与辽阳市兵役局取得联系，暂时被安顿在辽阳市第一招待所。兵役局的王局长和余政委于当天下午特地接见了我们全体接兵人员。并介绍了辽阳市征兵工作进展的情况。因为时间紧、任务重，所以，到辽阳的第二天，我们三个新兵连就按任务区分进驻了各个征兵站。

在征兵工作阶段时间是非常紧张的。正因为工作十分忙碌，在那些日子里，我个人的日记虽未中断，可是却十分简单。有的只是写上几句话就完。如在 1959 年 12 月 21 日，星期一，我的一篇日记：

“这是我在刘二堡顺手写下的日记片断。为了掌握新兵体检的情况，今天特地来到刘二堡。召集新兵连的干部座谈了一下情况。总的看没什么问题。因受时间限制，我不打算住在这里，决定晚上返回辽阳。以便明天去小屯体检站了解情况。”

就是这样寥寥几行，充其量不到一百个字。但它却如实真切地反映了我在当天里的活动。从这个意义上讲，我几十年如一日地坚持写生活日记，它不仅记录了我的生平，也实实在在地成为了我的良师益友、忠实侣伴。今天，当我写起《忆雷锋参军》时，是用当年所写下的日记，历史再现地反映雷锋参军时的真实情景。用雄辩的事实来证明，他的优良品质不仅在参军后，即在参军前、参军时就有突出的表现。我们可以这样说，有什么能比这当时的历史记载更具有说服力呢？

深入小屯体验，初次见到雷锋

1959 年 12 月 22 日，星期二，辽阳小屯的上空是那样晴朗。虽然已是隆冬季节，但这一天并不让人感到寒冷。从四面八方集聚到这里来参加体检的应征青年，个个精神焕发，充满着年轻人特有的活力。尤其每个应征青年，要求参军的迫切心情，有如热血沸腾。真是在冬天里不知冷，一片热心想参军。这一天，对我来说是一个颇不寻常的一天。就在这一天，由于工作的需要，我有幸第一次接触了雷锋。

这是在辽阳小屯新兵体检站写下的日记：

12－22（2）

昨晚从刘二堡返回到辽阳，今天又来到了小屯体检站。负责这个体检站的医护人员有的是市医院的医生，也有华子矿的医务人员。

今天进行体检的新兵除邻近农村的外，主要是弓长岭铁矿的应征青年。

在体检过程中，应征青年在小学校的窗外、操场上三五成群，怀着一种不安的心理，向被体检完的人问东问西。尤其一大伙人围着一个不太高的小伙子，听他挥舞着小拳头大讲家庭如何贫困，怎样受日本帝国主义压迫，表示参军是为了保卫祖国，为阶级弟兄报仇……等等，慷慨激昂。当他见我凑拢过去之后，便靠近我，并用手拉着我的衣襟，死命地纠缠住我，非要我批准他当兵不可，逗得周围的人们好笑。经我询问体检组的护士华子矿的小韩这个青年的名字时，她告诉我叫雷锋。可以看得出来，他是一个好青年。

这件事，让我看到广大青年对于解放军是无限热爱的。

这就是在当天，我本人有感而发，随意中所写下的日记。毫无疑问，它对雷锋在参加新兵体检时的时间、地点及其思想表现，则是很好的历史见证。

每当我翻开这篇日记，常常是手捧着它，久久地陷入追忆之中。那30多年前雷锋在辽阳小屯体检站参加新兵体检时的情形，就会浮现在我的脑际。像一幕电影似的仿佛就发生在昨天。如果说那时候的雷锋，本来早已就有很高的阶级觉悟和优秀品质，可惜的是我当时并没有深刻的认识。只是一般地认为，他是一个好青年。他要求当兵的心切，无疑是应征青年中的积极分子，是他们当中的好榜样。而像雷锋在应征时的这种表现，对一个担负接新兵任务的军务参谋来说，是极为欢迎的，是求之不得的。正因为这样，我当时的心态，可以从我的另一篇日记中得到证明。

即在1959年12月25日，星期五这天的日记中，曾把雷锋在应征入伍时所表现的积极热情作为典型事例，在电话上向沈阳军区工程兵司令部作了口头汇报。说明雷锋在要求参军时的言语和行为赢得了他周围的人们，感染了广大的应征青年。自然给我留下了深刻的印象。附当天日记：

12－25（5）

前天（23日）从小屯体检站回到辽阳来。

今天，在正常工作之外，将这一时期征集工作的情况进行了汇总，并用电话向沈阳工程兵司令部作了一次口头汇报。在汇报中，对于刘二堡地方干部对征兵工作的重视；对在小屯体检站看到的像雷锋那样应征入伍的积极热情以及体检组医务人员的认真负责和军地医务工作者的相互密切配合……都作为例子进行了如实的反映。

在新兵营的党委会议上，充分肯定了这一阶段的工作，尤其对我本人的工作，都表示颇为满意。

新兵集中南林子，进行复查换装

自1959年12月8日，我们组成的新兵营从部队驻防的营口到辽阳，经过紧张工作的20多天，大家忘却了是不是过年，始终坚守在接新兵的工作岗位上。

时值1960年1月2日，新年伊始，人们都在自己温暖的家庭里，幸福欢快地过着新年。可是我们，只有我们这一伙担负接新兵任务的军人，一大早就冒着严寒由原住在市里第一招待所搬迁到了辽阳的南林子。我们工程兵接兵分队是被分配住在南林子的工农干校。其他还有海军旅顺口基地海岸大队的接兵人员是住在商干校。就在这一天的上午，各地初检合格的新兵陆续来到了南林子报到、集中。各公社（乡）敲锣打鼓、穿红挂绿地前来欢送。一时间南林子这块本来僻静的地方沸腾起来啦。

大约是上午 10 时左右，在我们安排了几伙新兵就绪之后，忽报分拨给我部的弓长岭矿的新兵正在大门外刚下汽车，列队等候给予安排。于是我们出外进行了欢迎。该矿应征青年初检合格分配给我部的是 21 名，他们排成两路纵队，雷锋走在最前头单人成行。因为年前在小屯体检站，我们之间已打过照面有过接触，所以，这次彼此一见不由得都会心地一笑。可以看得出来，他的精神饱满，显得非常神气，充满着幸福欢乐的笑颜。他上身穿的是黑色皮夹克，左肩右胁系着红绸，胸前挂着一朵很大很大的大红花，下着一条可体的蓝色料裤，右手提着一个棕色小皮箱，脚穿一双黑色高腰皮鞋，走起路来步伐雄健。特别是他头戴一顶黑皮火车头式的棉帽，额前露出一绺刘海，显得格外稚气而又天真，特别惹人注目，十分讨人喜爱。

欢迎新兵集中，整整进行了一个上午才算结束。因为新兵集中，来了不少男女老幼的家属送行。人多，自然秩序混乱。不论马路上，庭院里，还是干校大楼的上下楼梯走廊，到处是人的海洋。这使我们在进行工作上更觉得忙乱。有多少接新兵的同志喊破了喉咙，嗓子嘶哑了；又有多少同志连续日日夜夜不得安眠，为工作而熬红了眼。但是一切为了做好接兵工作，为了确保新兵质量。我们的同志，面对着艰苦的工作，克服种种困难，却丝毫没有任何怨言。

新兵集中后的第二天，就都陆陆续续地换发了新军装。但其中的另一部分，有的是身体条件一般合格，有的是政审方面还缺乏必要的手续。因此，这些人统被编入预备队，列为复查的对象。对他们在未作最后确定之前，则不能换穿军装。由于这一原因，更给工作增添了许多麻烦。有找兵役局吵吵闹闹坚决要求入伍的，也有找我们接兵人员求情的。就在这些人中，雷锋比任何人都显得紧张，急得他团团转，因为他也是被列入了复查的对象中。可是，不得不承认，毕竟还是由于雷锋的聪明，他紧跟着兵役局的余政委一步也不离开，采取“抓住不放”的对策，致使老领导无可奈何只好给他临时选定了一个合适的用场。

政委领来雷锋，暂做小通讯员

1960年1月2日，新兵集中的当天下午，快要开晚饭的时候，我当时正聚精会神地忙于核对新兵名册、清理入伍新兵的各项手续及档案，突然，辽阳市兵役局余政委（中校）手拉着雷锋进到屋里走近跟前对我说："戴参谋，你正忙哪，我给你送来一个小便衣通讯员。这个小雷锋老是跟着我不放，非要闹着当兵不可。你看怎么办？我看你先收下，完了再说……"就这样，老政委把小雷锋交给我，转身走出了房门。

政委转身走后，我看了看雷锋，他用一种期盼的眼神望着我，直盯着我，也许不知道该说什么才好，而我却完全能够从眼神里窥探出他的心理活动，无非是巴望着要我同情他、理解他、支持他，尽力帮助允许他穿上军装、当上兵。因为年前在小屯体检站时，他不已经向我袒露要求当兵的急切心情了吗？现在，此时此刻，这个比任何一个应征青年都渴望当兵的人，就站在我的眼前。我对其安慰还是劝解？如果我向他贸然许诺，他将会怎么样呢？我自己默默地想，也在想他之所想。沉默了一会儿……终于，还是雷锋机灵，他像一个训练有素的小通讯员似的，首先开口："戴参谋，已经开晚饭了，走，'喫'饭去吧，我给您拿碗。"他用还没有完全改变的湖南长沙一带口音把"吃"说成"喫"对我说（我曾在长沙军委高级工程兵学校学习、工作过4年，很习惯他的口音）。于是，我们一起去食堂就餐。在往食堂去的路上，他紧跟着我，不时地用手拉着我的衣服，央求着说："戴参谋，这回可以确定我当兵了吧？老首长余政委叫我给您当便衣通讯员，若是您一让我换上军装不就是部队的正式通讯员了吗？对吧？我行，我当过通讯员，还在家乡的县委会当过公务员哩……"我侧脸看了他一眼，他是那样的天真活泼，两眼不住地盯着我，好像充满着一股自信的心理。虽然没再往下继续说什么，但从他的神情表现，似乎在向我说："反正余政委把我交给您了，怎么的您也得让我当上兵。”

吃过饭后，我们一起往回走的时候，荆营长和李教导员从新兵连检查工作回来，也刚吃过饭。走在路上我向他俩简短地说了一下晚饭前余政委送来雷锋的情况。教导员李恒基同志，一向是一个好说好笑、比较活跃的人物，他看看身旁并肩而行的雷锋，用地道的山西口音说了一句：“这个娃还怪机灵的哩！”并向着雷锋问：“你为啥要当兵哪？”。这一下子引起了话题，像打开的话匣子似的，雷锋滔滔不绝地讲了一番他的家庭如何受尽了旧社会的苦难，是共产党解放了他的家乡，他才有今天这样幸福的生活，他参军就是为了打倒帝国主义，给阶级弟兄报仇，为人类解放而献身……就在讲这番话的当中，他让人不知不觉地、非常巧妙地、可以说是“见缝插针”地急转了话题：“营长、教导员、戴参谋，你们不知道吧？我为了要当兵，连什么东西都不要了。厂里的李书记不愿让我走，我就找辽阳市兵役局。讲给你们听吧，余政委的家我都去找过，反正我就是一心要当兵。连老政委的家属都很同情我当兵的请求，可是她说了不算。”说完这句话，他“嘿嘿”一笑。接着又说：“不然能让我给你们当便衣通讯员吗？现在我知道了，你们三位就是接新兵说了算的首长，你们就批准我当兵吧，行不？”他的话像连珠炮似的，简直使你没办法插话，逗得我们三个人直笑。后来荆营长漫不经心地带有试探性用玩笑的口吻说了一句：“我们都不同意接你当兵，那怎么办？”雷锋骤然一紧张，看样子是信以为真地紧接着说：“你们不接我自己去，你们带新兵回部队我就跟到部队去。”他的话，是那样单纯、天真无邪，他的表情又是那样惹人喜爱，可见雷锋想当兵确确实实是早已铁了心。

自从余政委把雷锋交给了我们之后，在南林子工农干校新兵集结点的六七天里，尽管我们的工作十分忙碌，但他始终和我们朝夕相伴，从未离开过。我们新兵营营部是住在工农干校一楼的一个教室里。用学生书桌拼凑起来当床。我和李教导员一起。雷锋来了以后，就让他睡在了我的身边。因为新兵复查阶段大量的工作都必须我这个军务参谋亲自去做，当然还有见习参谋龚耀明同志协助，而营长、教导员则要不断去各新兵连了解和掌握情况。所以，不仅晚上睡觉时雷锋紧挨着我，就是工作起来，一日三餐乃至午休活动他也都是形影不离地始终跟随在我的身边。因此，六七天的时间虽然不算长，但他给我留下的印象却非常深刻，永远难忘。

从几件平凡的小事中，也可以让我们看到雷锋的行为处处都闪光。

在那些日子里，我们的工作紧张，有时彻夜不眠。即便是实在太困倦，也只能是很晚很晚才合上眼。自从雷锋和我们相处的第一个晚上，他的表现就使我们深受感动。1 月 2 日的夜里，当我们开完会，都拖着疲惫不堪的身躯，正欲歇息时，一进屋便发现，我们几个人的临时睡铺前，都摆着一盆冒着热气的水。正在我们为之诧异时，雷锋冲着我们说："你们辛苦了，请首长洗脸、烫脚吧。"原来这么晚了，他还没有睡。他这简洁的话语，是那样亲切，让人感到温暖和芳甜。我们几个人对看着，无不产生一种得到安慰而难言的情感！龚耀明同志用他那贵州的普通话，首先开腔说了一句："嘿，雷锋这个小鬼还行啊！还真是一个挺勤快的小通讯员哩。"

这虽然是一件微不足道的平平常常的小事，但他让我久久不能入睡。心想着躺在自己身边的这位有志青年，他为什么恳求当兵是这样的心切，他为什么小小的年纪却在这些日常的生活方面尽想着别人……我想着想着，从认识上深刻地意识到，他为我们打了几盆洗脸水的这一行动，也可以说并不单单是为了我们几个人，那实际是用他一颗赤诚的心表示了对人民军队的一份爱，是奉献！今天，我们回忆起当年雷锋这一可贵的精神时，对于我们提倡加强精神文明建设，树立尊老爱幼具有道德风尚的时代人的形象，不是一个很好的启迪吗？

更使我难忘的是，第二天一清早，我们还都没有睡醒，可是不知道什么时候，雷锋却早已悄悄地起了床。在我们睁开眼睛起床时，只见床边洗脸盆里盛着温水，毛巾折成双叠搭在脸盆的边沿上，旁边的杯子已装好漱口用水，杯沿上横放着牙刷，牙膏已经挤在刷毛上。面对此情此景，谁能不为之深受感动！这还不算，自从有了雷锋，我们的内务整理（军语，指叠被褥整理床铺等），打扫室内及走廊卫生等一些需要付出劳动的活，全部都被他包了下来，成天里里外外忙碌，从不一时半晌偷闲。连续几天他都是一个劲地这样去干。

我是一个爱好文艺又特别喜欢体育活动的人。吹拉弹唱无所不会，跑跳骑舞无所不好，尤其在冬季里滑冰是我最为喜爱的一项户外运动。尽管在南林子的那些日子里，见天价工作忙得不可开交，但每天中午我总是要挤出一点时间在干校的冰场上进行溜冰。这个时候，雷锋就像是我的一位小弟弟似的，肩膀上替我背着一双冰鞋，紧跟在身旁。当我换上冰鞋做滑冰运动时，他就给我看着脱下的上衣和鞋站在冰场的边沿上。这里值得称道的是，每当我在冰场上尽情地滑冰时，他站在冰场边上总是有许多的人围拢着，听他用激昂的语调，进行为保卫祖国而应征参军的宣传。不仅如此，只要他每到一处都无例外地会招引着许多人，听凭他进行演讲。可以说，他称得上是一个很好的政治宣传员。

如果说，雷锋当了六七天的便衣通讯员，表现突出，工作很有成绩，那么应该说，他真正的收获乃在于赢得了信任，博得了我们的好感，终于实现了他的理想愿望——被批准参军。

经过新兵复查，批准雷锋参军

有关雷锋参军的所有报道，一向都提到他身材矮小，才 1.54 米，而体重还不够 55 公斤。因受身体条件影响他参军，却似乎是很勉强。

为了如实地反映历史的本来面目，也不致于让后人“望风捕影”地对待雷锋，我愿意也非常有必要以一个亲身经历的当事者身份，把雷锋当年终于被批准参军前后的真实过程讲清。

事实上，所说的雷锋瘦小，那只能是同比他高大者相对而言。我认为，即使是大多数人未能当面见过雷锋，可是大家几乎都看到过他留给人们的许多照片。在照片上，他那圆圆的脸庞，炯炯有神的双眼，不论是擦拭解放牌汽车还是练习投弹和双杠，特别是在他的战友中间，我们很难看得出来，他是多么多么的瘦小。个子固然不高，但他的身材长得结实而匀称。所以说，人们自然不可能知道，雷锋差点没能参军，这是事实，但真正的原因并不是他的身体条件影响，而是另有原因。

为了讲清这一历史真实，只得把话题稍微作一展开。雷锋，是在大跃进的年代——1958 年秋天，从湖南家乡来到鞍山的。由于他在工作岗位上，吃苦耐劳，埋头苦干，表现突出，曾被评为“红旗手”、“劳动模范”、“先进生产者”和“社会主义建设积极分子”。在我们挨着同住在一个房间的时候，有一天，他从背包里掏出一个小笔记本子给我看。里面贴了好几份从《鞍山日报》、《矿报》上剪辑下来的关于对他模范事迹进行报道的通讯文章。雷锋一贯表现出色，很自然，领导者对他是无不喜欢。正因为这样，所以不管他要求当兵的心情是多么迫切，他所在厂的一位李书记完全出于好意根本不想让他走，这才是他参军受到阻力，产生一些困难的基本原因。

按征兵政策规定，有两条是绝对严格不得违反的。一个是年龄限制，前后差一天不准接；一个是政审表，盖章不全不能征。而雷锋，虽然跟同初检合格的青年一起在南林子新兵集结地点集中，可是，经陆海军复查合格后，几乎所有新兵都换上新军装的第 6 天，他依然是我们的“便衣”通讯员。当时的雷锋，只能用“急得像热锅上的蚂蚁”来形容。当时的我们，也确实为他出力说情。但是，经我几次同兵役局的一位纪助理员联系，他答复说：“厂里保卫部门不给出具政审表。原因是 1958 年雷锋进厂时没有原始档案……”这是一个非常至关重要的问题。在那时候，正是“左”的政治思想影响下，谁敢胆大包天地冒天下之大不韪，不顾政策规定而接收一名未经严格政治审查的新兵呢？实际上，雷锋本应该参加海军，可是就因为这个问题，旅顺口海军基地的大队长坚决不接受他参军。然而，既然把事情说得如此严重，那么到底为什么雷锋终于还是参了军呢？我认为，首先是因为雷锋在新兵集中时的那六七天里，确实表现出众，加上和我们也真正结下了较深厚的感情，很自然我们是特别喜欢的，也愿意为他能当上兵而出力。其次，我确实感到，对这件事情的处理自己是采取了一次较为勇敢的行动。这里很主要的一点，是因为我这个军务参谋本人有一种“特权”思想。自认为，参谋参

谋，即“参”又“谋”，光“参”不“谋”或“参”而无“谋”，那怎么能称得起是一个参谋。我以为，只要处处事事对任何工作不违犯原则，认真遵照领导意图去做，自己也就不怕负责。所以，我对自己在执行接新兵任务中的使命，感到不仅要负责掌握接兵工作的全部情况，确保新兵质量，而且对在接兵过程中发生的问题及对问题的处理也负有一定的责任，必须当机立断。对待像雷锋这样要求当兵心切，表现又好，但应征手续不全的问题，应当如何解决？经我多方面的考虑，后来我想出了一个办法，也可以说是发挥自己仅有的一点“特权”的办法。那就是，经手接过的新兵，带回部队后，要进行适当时间的检疫隔离和新兵训练。在此期间，一旦发现某一个新兵因身体条件或其他政治原因不适合留在部队，允许按照国防部关于非战斗减员的规定办法，作新兵退回处理。但这样退回新兵的缺编人数，上级不再给予补充。这就是说，借助于这一规定，我们就可以把雷锋留下带回部队去。万一不行再说。正是基于以上的考虑和打算，在 1960 年 1 月 7 日傍晚，我通过军用长途电话接通营口，向老团长吴海山同志直接报告了有关雷锋的情况。并请示说我已决定带回雷锋。他听了之后在电话里果断地回答说：“一切由你军务参谋看着办好了。”就这样，我向荆营长、李教导员通报了与团首长通话的这一情况。遂从我亲自掌握的留有新兵机动数中在名册上填进了雷锋，并最后向市兵役局递交了共 358 名全体新兵名册。在当天深夜，也就是第二天即将出发的前 8 个小时，才通知雷锋本人和令其换上新军装。这便是雷锋被批准参军时的真实过程。

1 月 7 日之夜，我们因工作忙碌未得安睡，而雷锋，由于个人的理想愿望终于实现，他的心情无比激动，和我们同样是彻夜未眠。他那高高兴兴的样子，乐得满脸堆笑连嘴都合不拢。他手舞足蹈，那种欢快劲，简直是发了狂。

批准雷锋参军，辽阳市兵役局没提出任何异议，而且可以看得出来，余政委等对此所持的态度，似乎早就在他们的希望和预料之中。惟有弓长岭矿嗣后向兵役局提出了反映，认为在政审手续不全的情况下，不应该这样简单地同意雷锋参军。但毕竟由于接兵部队同兵役局领导沟

通已经决定，而雷锋本人志愿参军又非常坚决，他们也就只好无可奈何。诚然，不论怎么说，当时对于我们确实是未按政策规定接了一名特殊的兵。

为了弥补雷锋参军政审手续之不全和清理补办几名新兵团员接转组织关系，在新兵入伍后的第5天，即1960年1月13日，我曾特地从营口出发到了辽阳。在市兵役局纪助理员的帮助下，各项手续终算补办齐全。就是这次在兵役局，他们才对我说："戴参谋，你真敢干。不是你大胆地确定，雷锋这个兵就当不成啦！他一心想当兵真得感谢你呀。你知道不？原来弓长岭矿不出具政审表，并不是因为雷锋没有档案，而是因为他们李书记舍不得放他走。通过说他没有档案的这一办法认为你们也许不会接，以便达到他们的目的，留下雷锋继续在工厂。"这才使我恍然大悟。

市民夹道欢送，军列驶离辽阳

1960年1月8日这一天，是雷锋同志和他一起的新战友入伍的一天。在这天，我的日记写下了辽阳人民欢送新兵的热烈场面。

1－8：（5）营口部队驻地

假如可以把我们接兵的整个工作分做若干段落的话，那么今天可以说我们已经完成了第一个重要的阶段。

中午12点半钟，我们的新兵由辽阳车站登上了专用列车。在登车前，新兵自辽阳南林子出发，沿途将近4华里的街道上，站满了欢送的人群，夹道载歌载舞，男女老少，红红绿绿，有如节日一般！……

欢送场面的热烈气氛驱散了新兵们对家乡依留的狭隘心情。

我因为几天来的夜晚休息得都很不好，特别是昨晚上，下两点才合眼睡了一会儿，所以上车之后十分困倦。和车长联系在寝车睡了一大觉，如果不是列车员同志将我叫醒恐怕还可以睡上几个小时。当我醒来的时候火车已过了老边车站快到营口了。

火车很快，历时不到3个钟点就由辽阳到营口来了，一路无任何事故，安全到达。

晚上向首长汇报了接兵工作的全部情况。

今天，当我展现这篇日记时，除了有力地证明在雷锋参军的第一天，与之相关的一些活动外，感到起码还有两点有关雷锋的事迹，必须加以补充：

其一是，作为军用列车梯队，我们的指挥车（其中也坐一部分新兵）是位于从尾部倒数第二节车厢。当军用列车一声吼叫刚徐徐驶离辽阳站以后，顿时，车厢内的气氛显得有些沉闷，除了可以听到个别新兵与乡亲、家人惜别而发出微弱的抽泣声之外，呈现出一片寂静，鸦雀无声。是因为我们这些佩有军衔肩章的军官和他们同坐在一节车厢使他们感到拘谨？还是因为初离家乡、分别亲人、难免百感交集、若有所思？一时，我们这些带兵人谁也猜不透究竟的原因。谁会料到这个时候的小雷锋，他挨个座位地去同大家拉起了家常，及至后来他干脆指挥起大家进行歌唱，那“没有共产党就没有新中国”和“社会主义好”的歌声，是那样的嘹亮和令人精神振奋，一下子把全车厢的紧张空气活跃了起来。面对眼前的情景，我们默默地赞叹，真是一个好兵啊！

其二是，连续几天来我们都未能得到很好的睡眠。大概雷锋发现了我们困倦的狼狈相，不知什么时候他和列车长取得了联系（在我上面日记中未提他的名字），告诉我们已经得到车长允许，请首长到最后一节卧铺车厢去休息吧。我们真没想到，仅仅穿上一天新军装的雷锋竟成了一名颇有教养、非常机敏的小通讯员。他这种尊敬上级、处处为别人着想的品德，的确难能可贵。如果说雷锋好事做了一火车，那么我认为应该把他参军第一天在军列上所做的好事，也补充进去，载入他光辉事迹的材料中。

首长车站迎接，部队欢迎新兵

当我们的新兵专用列车于当天下午 3 点 30 分，缓慢地开进营口站时，早有团首长及部队老战士按军列预先通报的时间，提前排列整齐的队伍等候在月台上。车一进站，月台上的敲锣打鼓声响彻云霄，高呼“热烈欢迎新战友”的口号此起彼伏。列车刚一停稳，我便第一个从车梯跳上站台，向前来迎接的部队首长吴海山团长、韩万金政委等行了举手礼，同时，按军队《内务条令》要求向两位首长作了报告：“团长、政委同志，新兵专列已安全到达，沿途未发生任何事故，报告完毕。请指示。”这时，荆营长和李教导员也相继跳下了车厢。吴团长非常亲切而笑容可掬地一边同我拉手，一边冲着我们说：“同志们辛苦了！”就在这一同时，趁政委及其他首长同身旁接兵军官寒暄时，我单独向吴团长说了一句：“团长，我在接兵上犯了一个错误……”还没等我说完，团长当即以十分诧异的口气打断了我的话说：“什么事？”“我接了一个没有政审表的兵——叫雷锋。”团长听完我的话，他才松了一口气，这时，好像安慰我似地说：“不就是你昨天傍晚打电话向我报告的那件事吗？不要紧，我知道了，由我负责。”就是这样，我的老团长，斩钉截铁对下级军官在工作上给撑了腰。老团长向来就是关心爱护下级，体贴下情，平易近人，以身作则，处事果断，主动承担责任。所以，他在大家的心目中，是一位最受敬仰的好领导。

各节车厢的新兵陆续下车后，在站台上各新兵连整理好队伍，随即由团值班员指挥，按新兵队伍在前，老战士连队在后的顺序鱼贯地走出车站，径直到了部队大操场，在那里举行了“热烈欢迎新战友大会”……

至此，我们全部接新兵工作的过程，自 1959 年 12 月 8 日，接新兵人员从部队驻地出发，到 1960 年 1 月 8 日，带领 358 名新战友返回部队。历经虽然是跨了两个年度，而实际仅仅是一个整月的时间。

进行新兵分配，让雷锋学驾驶员

接新兵入伍和对新兵进行分配工作，这是军务参谋职责范围中责无旁贷、义不容辞的责任。对于1960年入伍这批新兵的分配工作，经过七八天认真细致地分类、排队、清理及分发档案、造册，直到1月18日才基本完成。这一天，在我的日记里写道：

对新兵的分配工作已大体完成。对分配各单位的新兵名册、档案及组织手续均已一一办好，拟在明天进行点名并正式分配给各个单位。姑且说这是接兵工作第二个阶段的结束吧。

对新兵的分配，据了解好像只有我们这个单位才这样的麻烦。什么照顾原有各该本人的技术专长啦，文化程度和政治质量以及身体条件的均衡啦……等等。我认真地想了一下，这是不是我的多事或者独出心裁呢？可是我又回答了自己，只要确实做得正确，干嘛不全面照顾呢！新兵的分配工作好与坏，不只是关系到部队的建设，而且对每个入伍新兵的前途发展将会有重要影响。我看到自己的做法是对的。这是对党而首先是对“人”负责。因此，再麻烦一些我也高兴！

晚间的补兵会议上，首长们表示满意这种新兵分配的方法。

当时的这篇日记，今天无可置辩地证实了雷锋入伍后被分配的确切日期和当时新兵分配工作的一些情况。

经我提出的新兵分配原则，其中第一条，就是照顾入伍新兵各该本人原有的技术专长。而雷锋，曾在湖南望城县和鞍山钢铁公司化工总厂、弓长岭矿当过拖拉机手和推土机手。据此，对他理所当然地应该分配给我团技术营的技术一连。因为技术一连的技术装备，都是推土机、刮运机、挖壕犁……等活动机械。像雷锋这样已熟练掌握推土机操作技术的新兵，只要分配给技术一连，可以不经专门培训就是一名熟练的机械操作手，能直接顶岗位当一名老战士使用。对于这一点，我明明白白、一清二楚。但是为什么竟然置自身确定的分配原则于不顾，偏偏把雷锋分配给了运输连，让他学当汽车驾驶员呢？那是因为，我团仅有的一台首长用的指挥车——苏式嘎嘶67吉普车，已年久失修，勉强维持使用。而驾驶该车的司机是1955年入伍，贵州天柱县的老兵龙远才同志。从一个军务参谋的“职业病”出发，我不能不考虑到，龙远才同志已经是一个入伍5年多的超期服役的老兵，随时都有可能令其退伍。他多年一直表现很好，在各种复杂困难的条件下，保证了首长的安全用车，领导都很满意。如果一旦他退伍，那么接替他的将是谁？选择一个政治上确实可靠，驾驶技术熟练，能随时保证首长用车，确保首长安全，非常机敏而又灵活的小车驾驶员，谈何容易！而选择这样司机的任务，无疑只有落在我的头上。基于这些考虑，我便选准了雷锋。目的是，让他参加运输连新驾驶员训练（因为内燃机构造原理、机械常识、维修保养……他都有基础），只要学好路面驾驶，很快就可以当汽车司机。经过短期培训后，对他审查没有什么问题，就可以决定接替龙远才给团首长当小车驾驶员。这也就是为什么让雷锋学当汽车兵的真实原因。

对待所有这些想法和打算，我已事先向司令部参谋长和团长直接汇报了情况，首长均表赞同。当分配名单业经确定被荆悟先营长知道后，他当即找我并发了脾气。质问我为什么不按既定的新兵分配原则办事？还说：“作为一个司令部的参谋人员连自己定的事情都不执行，今后代替首长向部队下达命令谁还能听……”他又气又发火，向我一股脑地发泄了一通。他为什么这样气恼？其实我很明白，也十分理解。因为新兵营一解散，他就得回原单位当他的技术营参谋长。像雷锋这样的好兵，现成的技术兵，难道他能不喜欢？又何况在辽阳南林子的日子里，已经建立了深厚的感情！老实说，他的抗议是对的。然而不管怎样，终归还只有按领导的意图去办。这里我不得不虚心诚恳地和老老实实地承认，仍然是我本人作为军务参谋的一种“特权思想”起了作用。

总括以上，就是雷锋参军前后及被分配到运输连当汽车兵的全部过

程，可作为我的《忆雷锋参军》。

当年沈阳相见，不料彼此永别

自 1959 年 12 月 22 日，在辽阳小屯新兵体检站初次见到雷锋，到 1960 年 1 月 2 日，他给我们当“便衣通讯员”，到 1 月 8 日他入伍后于 1 月 19 日，星期二上午，由我宣布新兵分配名单为止的这段时间里，特别是在辽阳南林子的日子里，和雷锋朝夕相处，结下了深厚的情谊。在他被分配到连队以后，利用星期天，曾多次到团司令部去看过我。

我于 1960 年 6 月 25 日，受命从老团队调入沈阳军区工程兵司令部任军务处参谋（分管全军区工程兵部队的兵员工作）。我虽然调离了老团队，但对部队执行任务以及活动情况，我还是极为关心，有时常回部队看看。特别是当总政发出“两忆三查”的教育运动指示后，雷锋在运输连忆苦大会上回忆了他家庭所遭遇的苦难史，不久，被评为了“节约标兵”，他的事迹在沈阳军区的《前进报》上发表。同时，军区杜平副政委还为其题词：“雷锋同志的苦难是整个阶级的苦难。在解放前受到像雷锋同志那样遭遇的人比比皆是，他只是千千万万受苦受难中的一个……”所有这些，我都非常留心。而且默默地心中暗喜，雷锋到底没有辜负弓长岭矿领导、辽阳市兵役局首长和辽阳市人民的希望，也没有辜负党和人民军队对他的培养。

1961 年春，新年和春节过后不久的一天，他被接到沈阳作忆苦报告，特地到沈阳市和平区中兴街 2 段 3 里 13 号，原军区工程兵司令部机关办公大楼去看望了我。中午留他在军官食堂吃的饭。就在这一次，他兴高采烈地对我说：“戴参谋，不，首长，我得感激您呀，若不是多亏了您，我就不一定当上兵啦。”接着，他显得不好意思似的，低声细语地告诉我说：“我向您报告一个好消息，我已经在去年的 11 月 8 日，光荣地被批准为共产党员了唉。”同时还问了一句：“您替我高兴吗?”说话间，他是那样充满着快慰和幸福感！我也为他感到无比的高兴！

在他离开我们军务处的办公室时，一直是手拉手地把他送下楼，走到大门外，他向我行了举手礼，道声“再见”，我也连声说了一句“再见”。我们就此分别了。万万没有料到，由于我们之间工作不在一起，这次离别，竟成了我与雷锋同志的永别！因此，在一年后的1962年8月15日，当听到雷锋同志牺牲的噩耗，百感交集，很长一个时期，我都在怀念1961年春同雷锋最后分别的情景。

雷锋只活了22岁，精确地计算仅仅是7910天，但他却为人类留下了宝贵的精神遗产。我要坚决向雷锋同志学习，以雷锋为榜样，处处用他的思想品德、精神风貌规范自己，争取为党和人民多做些贡献！

学习雷锋同志，雷锋永远活在我的心中。

1993年3月，于辽宁抚顺市

选自戴明章编著：《回忆雷锋》。

雷锋参军入伍的经过

李恒基①

1959年12月，我们工兵十团驻在辽宁省营口市，正值严冬季节，天气十分寒冷，团司令部组成接新兵的新兵营建制。并成立临时营党委，党委委员由两个营级干部和司令部军务参谋、三个连的指导员组成，准备赴本省辽阳市去接新兵。当时我被抽调担任营政治教导员、党委书记，荆悟先同志为新兵营营长，营部参谋是由团司令部的军务参谋戴明章同志担任并具体负责接新兵的各项工作。下设三个连。我们到辽阳市后，得到市委、市兵役局领导同志的热情接待，被安置在市第一招待所。于是我们和市兵役局积极配合，同兄弟部队接新兵的人员一起深入向广大人民群众宣传兵役法，经过充分宣传发动，不几天功夫，许多适龄青年纷纷前来报名应征。就在征兵开始没过上几天，市兵役局的余政委向我们推荐了一名应征青年。余政委是个老红军，我们对他是很尊敬的，他向我们说："咱辽阳有个好苗子，几次找过我他要当兵，这位小青年叫雷锋，是弓长岭矿的一名推土机手，因工作积极，曾好几次被评为红旗手。"说着，余政委拿出辽阳日报给我们看，上面登载有雷锋"决心应征"的文章，还有一篇他的工作事迹。余政委建议说："这个青年入伍动机端正，政治条件好，到部队一定会是好样的。"当时我们没答应，只是说，原则上合乎条件就行。

在征兵过程中，新兵一连在弓长岭公社，余政委介绍的那位小青年雷锋就在这个连驻地的弓长岭矿。他也向这个连报了名。新兵营参谋戴

---

① 李恒基：原雷锋所在团三营副教导员、临时新兵营教导员。

明章（中尉）深入到这个连了解征兵情况，正好碰到雷锋参加新兵体检。雷锋听说戴参谋是营部来的，便在辽阳小屯体检站的小学校操场上，紧跟着戴参谋表示他入伍的决心，并说："是共产党和毛主席把我从九死一生中拯救出来给了我第二次生命，我要以实际行动报答党对我的恩情，参加中国人民解放军是我从小的愿望。"再三恳求戴参谋同意他入伍批准他当兵。戴参谋听了雷锋一番叙述，很受感动，感到雷锋这个小青年，虽然个头不高，体重差点，但很精灵，思想根底好，政治条件优越，入伍动机端正。而且听连里干部讲，雷锋为了实现自己的入伍愿望，每天清早到新兵连帮助打扫卫生，打开水，忙个不停，把我们连长、指导员都感动了，都夸奖雷锋是个好青年。

戴明章同志从新兵一连回到营部后，向我们汇报说："新兵一连有个积极要求入伍的青年叫雷锋，入伍的决心很大。他是弓长岭矿的一名推土机手，在地方工作很积极，还出席过鞍山市青年积极分子代表大会，是个先进工作者，还多次评为红旗手，他的事迹在辽阳日报上刊登过，这次入伍他又在辽阳日报上发表了自己入伍的决心，但就是身高1.54米，体重差点，依我看青年人正是长身体的时候，到部队后经过锻炼，很快就会发育成长，虽说咱们工程兵劳动强度大，分配时可以考虑不到施工连队，让雷锋干别的工作也满可以。"听了戴明章同志的汇报和他同意接收雷锋的意见，我心里想：你是司令部的军务参谋，对兵员和新兵质量负有重要责任，你要同意，我也没有意见。可是又想起接兵前吴海山团长的嘱托，我们是工程兵，一定要身强力壮，政治素质好的青年；而雷锋政治条件没大问题，但身体条件只是基本合格，这怎么能行，回去后怎么向团首长交待……所以，我没有表态。

就在征兵快要结束的时候，军务参谋戴明章同志又一次到新兵一连核查征兵有多少合格的，一连的同志又提到雷锋，但不敢决定，只好和戴参谋商量，最后确定，连长、指导员和戴参谋一同回营部向营党委汇报。他们回来后，向我和荆营长汇报说，我们的意见是把雷锋列为入伍对象，接收下来，理由是雷锋苦大仇深，有一定思想觉悟，政治条件优越、入伍决心大、动机端正，我听后还是没有表态，经过和荆营长商量，同意把雷锋作为预备兵员定了下来。

虽然雷锋没列入正式入伍对象，可他还是跟随接兵一连一起于1960年1月2日到辽阳市集中，住在南林子工农干校，被编入了预备队。雷锋一再恳求余政委批准他当兵，只要有一线希望，他都决心实现自己的愿望。紧跟着余政委“抓住不放”。无可奈何，在集中的当天傍晚，老政委把雷锋交给戴参谋，让他当个临时的便衣通信员。一天晚上市兵役局给我们应征入伍的新战士组织了一场电影晚会，雷锋跟着我们去看电影，正好余政委也来了，他坐在余政委身旁，我在余政委另一旁入座，电影的名字《三个母亲》，自始至终非常苦。电影开始不久，当看到电影影片里的苦孩子，童年的不幸遭遇这些情节时，雷锋便抑制不住内心的同情，感动得泪流满面。我见他一直哭到电影演完。我也被感动得想起自己童年时当放牛娃的苦难生活而热泪盈眶。电影结束后，回到营部，我的心情久久难以平静，一种阶级同情感在我脑海里萌发了，我把雷锋的哭与我小时的苦紧紧联系在一起，躺在床上怎么也睡不着。第二天我向荆营长说了看《三个母亲》的情景，并表示我理解雷锋坚决要求参军的一颗火热的心。

至于雷锋到底能不能应征入伍这件事，因为我们每天很忙，也不能光顾他一个人而影响我们的工作，所以搁了四五天。由于雷锋在新兵营部当起了便衣通讯员，和我们营部的几个人朝夕相处，尤其和戴参谋几乎形影不离，雷锋那种勤快劲，思想要求进步，尊重长者，对我们的生活起居给予了无微不至的照顾，使我们颇受感动。他似乎也感觉到我们都对他产生了良好的印象。但是究竟能否批准他入伍，从雷锋的急切心情，从他看到别人都已穿上了新军装，而自己还没穿上军装的焦灼心理表现，说明他的内心活动是很矛盾的。他不偷闲地忙于打扫室内及走廊卫生，可是稍一有空便找兵役局余政委和我们接新兵的干部交谈，实际是“纠缠”不放。一个目的，就是要当兵。

直到辽阳市决定于1960年1月8日欢送新兵入伍离开家乡的头一天傍晚，戴参谋才对我和荆营长说：“刚才已通过军用长途电话向吴团长汇报了有关雷锋的情况并请示可否批准入伍。团长同意要我们来看着办。”就这样，我们作为接兵部队，同意接雷锋参军始成定局。至于辽阳市兵役局当然表示完全赞同。

当雷锋听到自己被批准入伍的消息时，高兴得跳了起来，他的心情万分激动！急急忙忙换上了司务长发给他的新军装，对着一个小小的镜子照啊照啊，心里充满了无比的喜悦，看他那样子，好像只有他才是最幸福的人……

1月8日这一天，从辽阳南林子到辽阳火车站，沿途将近4华里的街道上站满了欢送的人群。雷锋和新战友一起乘军用专列从辽阳12点半发车，午后3点多到达了部队驻地营口。一路上车厢内欢声笑语，歌声此起彼伏，这时我才想起回团后，在欢迎新战友的大会上，新战士代表让雷锋讲话，不知准备好了没有，我连忙问参谋戴明章同志，戴参谋说：“雷锋的讲话稿早已准备好了，内容挺好，我看过了，你是不是再看看?”我说：“你看过就行了，告诉雷锋讲话沉住气、别慌。”火车进入营口车站，到达目的地，列车徐徐进站，我们从车窗内看到，车站早已集合好全体指战员，天气虽然寒冷，刮着凛冽的西北风，但指战员们不畏严寒精神饱满，拉拉队拉着唱歌，十分活跃，等待着新战友的到来。火车一进站，戴参谋第一个跳下车，我和荆营长紧跟在后，戴参谋按内务条令规定向团首长作了报告，接着，吴团长拉着我们的手说：“你们辛苦了。”我回答：“为人民服务。”这时雷锋紧跟在荆营长后边，我们把雷锋介绍给吴团长和韩政委，并说：“他叫雷锋，代表新战友讲话。”两位首长笑容满面地说：“欢迎，欢迎！”新战友整队出站，这时车站上，锣鼓喧天，欢迎新战友到来的口号响彻云霄，队伍整顿好后，欢迎大会在部队操场开始，团政治处主任张国民主持大会并致欢迎词，接着吴团长讲话，老战士代表任佐芝讲话，最后新战士的代表雷锋讲话。他不慌不忙地走向主席台，拿出讲话稿，他代表全体新战士表示入伍后的决心。他的讲话，博得全场一阵阵热烈掌声。吴团长高兴地说：“这个小战士个头不高，讲起话来满有精神。”一再夸奖说：“好，讲得好。”团政委韩万金也对雷锋十分称赞。

雷锋在部队生活工作了两年零八个月。在这两年多的时间里，他已有了很大名气，工作学习样样出色，而且获得了不少荣誉，成为大家学习的榜样。没料到，雷锋同志因公过早地殉职，当我知道后，心情十分难过，团党委和政治机关在宣传雷锋过程中，我才得知雷锋生前写了许多日记，其中有一篇日记是他被批准入伍的当天晚上写的，他这样写道："今天是我永远不能忘记的日子，这天是我最大的荣幸和光荣的日子。我走上了新的战斗岗位，今天我穿上了黄军服，光荣的参加了中国人民解放军。我好几年来的愿望在今天已实现了。我真感到万分的高兴和喜悦，这是我一生最大的幸福。"他继续写道："我渴望已久的参加中国人民解放军的理想实现了，怎么叫我不高兴呢！我恨不得把我的心掏出来献给党才好。"

我含着热泪一次又一次地读着雷锋日记，想到雷锋积极要求参军时的情景，想到余政委向我们推荐雷锋是个好苗子，戴参谋几次说服我接收雷锋入伍，我始终没有表态，想到看电影《三个母亲》雷锋感动得淌着热泪，我才憣然醒悟，他是个苦孩子、好苗子。我为有雷锋这样的好战友感到光荣和自豪。他在入伍后短短的二年零八个月的时间里，为人民做了大量的好事，实现了他自己入伍的誓言，不愧为伟大的共产主义战士。

1993年6月12日，于山西临汾市

选自戴明章编著：《回忆雷锋》。

雷锋——我们团的突出典型

吴海山[1]

我于1954年2月20日奉命到长沙中央军委高级工程兵学校学习，期满毕业后，在1956年5月28日被分配到当时驻防在旅大长海县的獐子岛，正式任命为工程兵工程第10团团长。这个团即是后来的雷锋所在团。多年来，这个团不仅因为涌现出雷锋这位伟大的共产主义战士而闻名全国，从她在1947年9月建团起，就有着光辉的战斗历史。在解放战争中是一支屡建战功的英雄部队。在参加解放山西运城、临汾、太原的战斗中，作战勇敢，被62军授予“越战越强”锦旗一面。全国解放前夕，这个团奉命进军西南剿匪，以勇敢顽强、吃苦耐劳著称，川西各界民众赠送了“英勇顽强、全歼匪帮”的锦旗。16兵团领导也赠给该团“英勇艰苦”锦旗一面。1952年，这个团从西南撤回内地并改编为62军185师554团，正式归东北军区管辖。参加了石家庄杜村、辽宁阜新两机场的修建任务。由于全团干部战士以忘我的劳动热情修建自己的机场，全团首次荣立集体三等功。1953年6月，这个团被改编为工兵第27团。时隔两年又被编成工程兵工程第10团。从1955年起，这个团作为实力最强的一支工程兵部队，所担负的构筑国防工事等施工任务，无不同国家、军队的重点工程相关联。以至后来从东北又到西南，从国内到国外到处都留下了他们的功绩和美名。

由于这个团有着光辉的战斗历史，上级调我任这个独立工兵团的团长，在自己感到光荣的同时确实深感责任的重大。所以接任这个团的团

① 吴海山：原雷锋所在团团长。

长职务之后，我暗下决心：一定要带领全体官兵保持和发扬这个团英勇善战、艰苦顽强的光荣传统，同时必须善于抓好先进典型，带动和鼓舞广大官兵的士气，以确保各项任务的圆满完成。这里不能不提到的是，团政委韩万金同志，在抗战中 17 岁参加革命，很快就担任了领导职务，有较丰富的政治工作经验，作风艰苦深入，善于培养典型。由于政委在工作上的密切配合，形成了党委一班人中的核心力量。

从这个团的历史上来看，虽不能说是英雄辈出，但在雷锋出现之前也确实涌现出不少功臣、模范和先进人物。像第一任老团长兼政委姚登山，第二任团长杨清魁和前几任老政委苏志千、程普泽、张天等，他们的优良作风一直被部队官兵传诵着，深受群众的拥戴。我调到这个团是第三任团长。我到这个团时，当时的工兵一营营长王德玉同志是出席过全国第一次英模代表大会的代表，解放战争时的战斗英雄。当时一营营部的见习参谋许以文同志在这个部队得到了锻炼成长，曾担任过这个团的第八任团长，后来升任沈阳军区工程兵部大校部长。还有后起之秀，如 1957 年入伍的冷宽同志，从入伍到部队后一直表现很好，现在已是海军东海舰队的副政委，少将军衔。在这个团担任过排长、营部参谋的赵惠丰同志，现在于国防大学工作，也已成了将军……仅从我到这个团以后，每年涌现出立功、授奖和获得各种荣誉称号的个人均在 500 人左右。以 1958 年为例，部队在旅大长海县广鹿岛时，于 8 月 1 日和 10 月 1 日以司队通字第 006 和 010 号两次通令表彰的先进模范人物就有记二等功的杨秀德、林顺时、蔡先顺 3 名。军官记三等功的有戴明章、蔡起适等 20 名；士兵记三等功的有龙远才等 40 名；对军官进行书面嘉奖的有郎营等 19 名；共 82 人。集体记三等功的有 4 个单位。同时，在全年总结时还涌现了 5 个“标兵连”，7 个“标兵排”，22 个“全优班”和上千名“五好战士”、“技术能手”。这些可以说明，雷锋参军入伍后成长进步得很快，固然由于雷锋从小就遭受家境贫寒沦落为孤儿之苦，而解放后亲身感受到新社会给他求学、工作和生活上的幸福，这新旧社会的鲜明对比，使他对共产党、毛主席、解放军产生了无比热爱的真挚感情，因而具有强烈的阶级观念，较高的政治觉悟，首先是他的这些政治思想基础好，决定的因素在于他主观上处处事事严格要求自己，牢固地树立了正确的人生观；但我们也必须历史地实事求是地看待他，从他在望城县委参加工作以及部队的优良传统，各级党组织、领导干部和一些先进模范人物的优良作风对他所起到的潜移默化的影响作用。他生活的年代、他周围的环境对他的成长、进步确实有着重大的影响。

为了反映雷锋入伍时的历史背景，我对当时的情况进行了认真的回忆。1960 年的补兵工作，沈阳军区遵照国防部的指示，于 1959 年 11 月中旬即开始向下作了任务下达和工作部署。军区工程兵司令部在 1959 年 12 月初专门召开了补充新兵工作会议。我和团司令部的军务参谋戴明章同志参加了会议。按会上确定，给我们部队补充的新兵数是 358 名；兵员地区在辽阳市及其管辖地区。会后回团，即责成戴参谋根据上级会议精神制定了“补兵工作计划”，进行了接新兵的人员组织……所有这些工作仅仅用了三天的时间，12 月 8 日组织起来的新兵营就顺利地到达了接兵地区辽阳。这次的接兵任务重担放在了新兵营的党委，而事实上负实际责任的则是司令部的军务参谋。对于每年一度组织接新兵的任务，我们确实感到团司令部负责兵员工作的参谋人员是积累了很多宝贵经验的，而且取得了很大的成绩。如在 1959 年的补兵工作中，他们远离部队去四川重庆的綦江、南充的蓬安接兵，前后历时三个多月，在农村进行征兵宣传动员期间，他们与农民同吃同住，发挥了独立作战的能力，发扬了部队的优良作风。他们还利用征集工作的空隙时间，组织全体接新兵人员帮助綦江县兵役局训练了綦江中学基干民兵和红色少年近卫军共 24 个班级达 1300 余人。同时，由于接兵人员在其他各项群众工作方面也做得出色，重庆市征集办公室为表扬我接兵分队的良好作风，曾以（59）征兵字第 01 号文件通报四川省各市、县委，各市、县兵役局及在四川接兵的各兄弟部队，为我们部队赢得了荣誉。最后，带领 649 名新战友胜利地回到了部队。为此，在总结接兵工作时，团里曾专门下发（59）司队通字第 004 号通令表彰了在接兵工作中做出突出成绩的同志，如司令部参谋戴明章、三营营部通讯排长王基盛给予记三等功的奖励。技术营副教导员姜洪贵、运输连副指导员易绍炎、九连副指导员马保民、七连司务长张善基给予书面嘉奖。后来“雷锋班”的第一任班长张兴吉就是那次入伍的新兵。通过上述是想说明，我们团对历年的补兵工作是极为重视的，而尤其注重新兵的质量。像雷锋这样的新兵能够补充到我们团，可以说就是一个突出的例子。

雷锋参军入伍来到我们团是 1960 年 1 月 8 日。其实在头一天也就是 1 月 7 日的晚上，我就知道了“雷锋”这个名字。当天晚上我在家刚刚吃过饭，忽然电话铃响，我拿起话机，通讯连总机的电话员说：“是一号首长吗？请接辽阳长途，戴参谋同您讲话。”紧接着话筒里传来非常熟悉的声音，戴明章同志用标准军人的请示报告语气说：“团长同志，您好！下面向您报告一下接新兵中的一个情况：全部接兵工作已基本结束，定于明天上午从辽阳出发，午后可抵达营口。现在有一个问题特向您请示，在新兵复查中有一个应征青年叫雷锋，他的身体条件体重和身高都差点；但按新兵体检要求基本合格。唯政审手续不全。可是他在地方上的表现突出，多次被评为模范，是先进生产者，推土机手。因他要求当兵心切，在新兵一集中时，兵役局便把他交给了我们，已给我们当了六天便衣通讯员，因此，我与荆营长、李教导员商量，决定收下带回部队。如果到部队后在检疫隔离和新兵训练期发现什么新问题，还可以作新兵退回处理嘛，这样做是否可以？请指示。”我这个人历来处事希望果断，从不犹犹豫豫、“拖泥带水”，尤其对待机关干部特别是司令部的参谋人员，他们的工作一向是让我放心的。因为这些参谋可以说都是经过军校培养，训练有素，能文能武，工作上经验丰富，在全团军官中是经过选拔到机关的。至于戴参谋曾经是司令部的作战参谋、军训参谋，为了加强部队平时的正规化建设又任命他担任了军务参谋。自 1956 年起，他已经是第 5 次担负接新兵的任务了。对他的工作我们从来都是满意的。所以，听了他在电话里的汇报之后，我当即答复：“一切由你军务参谋看着办好了。”当撂下电话时，我家属钱莉在一旁还说了一句：“戴参谋工作那么细致，敢于负责，怎么只为了一个新兵什么雷锋还值得向你打个长途电话作请示……”对于这件事，记得在 1990 年“八一”建军节那天，戴明章同志来南京在我家吃饭，当谈到雷锋时，他还说了一句："如果那次在电话上您这位老首长不同意的话，我这个军务参谋也不敢带他，那雷锋可就当不上兵了……"我当即插话说："那我这个雷锋所在团团长是天意啰！"我俩的对话说得在场的人都哈哈大笑。

1960年1月8日下午，我们按新兵营从辽阳火车站预报的军用专列到达营口的时间，组织全团官兵，打着"热烈欢迎新战友"的巨幅横幅，敲锣打鼓到营口车站上欢迎。对于那天欢迎新兵的场面和情景，直到今天我还记忆犹新。记得是午后三点半钟，满载入伍新兵的军用专列徐徐地开进了营口车站。这时站台上的敲锣打鼓声响彻云霄；"热烈欢迎新战友"的口号声此起彼伏。我和政委韩万金、副团长吉玉贵、副团长兼司令部参谋长李俊荣、政治处主任张国民等领导同志以及团机关的干部等候在站台上。列车刚一停稳，首先第一个从车梯跳下站台的是负责接兵工作的团司令部军务参谋戴明章同志，紧接着新兵营长荆悟先、教导员李恒基等也都下了车，向我们行举手礼，同时戴参谋还按军队《内务条令》的要求向我和政委作了报告："团长，政委同志，新兵专列已安全到达，沿途未发生任何事故，报告完毕，请指示。"随即，我们走上前去同他们一一握手，并对他们致以问候："同志们辛苦了！"就在这个时候，戴参谋单独向我低声地说了一句："团长，我在接兵上犯了一个错误……"没等他把话说完，我当即以十分惊诧的口气打断了他的话，忙问："什么事？"他接着说："我接了一个没有政审表的兵——叫雷锋。"这时我才松了一口气，并对他说："不就是你昨天傍晚打电话向我报告的那个新兵吗？不要紧，我知道了，由我负责。"从这件事可以看得出来，我们团的参谋人员，也可以说是机关所有人员，办事都很认真，组织纪律观念很强，他们对领导都是无比的尊重，工作中的大事小情都是随时请示报告，这方面，可以说是我们团机关的一贯作风。当各节车厢的新兵陆续下车后，在站台上三个新兵连整顿好队伍，随即由团值班员指挥，按新兵队伍在前，老战士连队在后的顺序鱼贯地走出车站，径直到了部队大操场，在那里举行了"热烈欢迎新战友大会"。大会是由团政治处主任张国民同志（少校）主持并致欢迎词，接着我代表团党委、团领导及全团官兵讲了话。主要对新战友表示了热烈欢迎他们入伍来到我们团的诚挚心情，并简要向新兵们介绍了我团的光荣战斗历程以及当前的任务，同时，对新战友提出了一些希望和要求……老战士代表、全团学习毛主席著作的积极分子、四连班长任佐芝在欢迎大会上讲话时，表示决心要和新战友一道，团结奋斗，为创造更多的“四好连队”、“五好战士”、为完成团的各项任务而作出最大的努力……最后是新战士代表讲话，只见雷锋从新兵队列中不慌不忙、非常沉着地走出来，上了主席台，先面向我们几位领导同志，又面向大家恭恭敬敬地行了未经过训练的不太正规的举手礼，接着代表全体新战友在欢迎大会上表示了决心。特别是当他讲道：“……只要我们学好毛主席著作，听党的话，听从各位首长的教导，团结一致，什么‘四好’、‘五好’，我看多几个好也能做到（因为他不懂得部队中创“四好”、“五好”的概念，误以为多几好更好），反正我们就是一个心眼儿，为了保卫祖国一定要当个像样的兵，绝不辜负首长和大家的期望……”讲话声音洪亮、有力，博得一阵又一阵的掌声。在他讲完话，散会后，韩政委对我说：“这个新兵小雷锋讲话很有力量嘛！年纪不大可是政治觉悟比较高，是个好兵。我看让政治处注意一下，不管分配到哪个连队，看他今后的发展怎么样……”我也暗自在想：难怪戴参谋把雷锋作为个别问题向领导进行请示，他可能原来早已认准了雷锋会是个好兵啊！在回团部的路上，我把头一天晚上接到戴参谋从辽阳打来长途电话，报告了关于雷锋的情况，向政委简要地说了一遍。他听后当即表示了对接新兵工作的认真负责感到非常满意。

雷锋同志入伍的第一天，从他在欢迎新战友大会上的讲话，就使我们团的几位领导同志对他产生了很好的印象。但是，他入伍时的政审手续不全，这在当时来说，无论如何是一个不可轻视的问题。对于这一点，司令部军务部门，尤其当事者戴参谋可能一直挂在心上，因此，记得是在新兵入伍后的四五天，戴参谋向领导提出，需要去辽阳为几名入伍的新兵团员办理组织关系的转换手续；后来知道，实际上他是特为雷锋的政审材料而去的。他从辽阳回来之后，通过参谋长建议召开了有我和政治处主任以及宣传、保卫部门参加的专门汇报会。他把有关雷锋档案以及当初弓长岭矿为什么不出具政审表的过程，原来是他们一位李书记舍不得让雷锋走……等等，一五一十作了详细的介绍，这才解除了我们的疑虑。在戴明章同志汇报过后，会上的同志们都感到雷锋是个“好苗子”。从他参军前在鞍钢化工总厂和弓长岭矿的一贯表现，就证明了他的政治思想基础好，经过党的培养教育，肯定会是个优秀的战士。

新兵入伍后，对新兵的分配工作全是由军务参谋戴明章同志一手经办的。戴参谋这个人在工作上有干劲，雷厉风行，不论做什么事他向来是善于动脑筋，考虑问题周到细致。记得在那次进行新兵分配时，他拟订了四条分配原则，其中第一条是照顾入伍新兵原有的技术专长，其次是按党、团员、文化程度、身体条件等均衡分配给工兵一二三营。而且首先选好文书、给养员、军械员、卫生员……等等。对他提出的分配方案，司令部的参谋长和我都没提出任何意见，表示赞同。在对雷锋这个新兵的分配上，按分配原则理应给技术一连。可是戴参谋毅然决定将其分配给运输连，让学汽车驾驶。他提出的理由是：原有给团首长开小车的龙远才同志是1955年从贵州入伍的，已经是超期服役的老兵，随时都有被确定退伍的可能；因此，接替龙远才给首长开小车的司机必须提前选好对象。他说这是作为军务参谋必须考虑到而且是不可推卸的工作职责，所以他认为雷锋最为合适。当他向我们提出这一问题，表明了他的想法之后，我们听了认为他的安排有道理。无不为他这种在工作上的深谋远虑而感到满意，所以批准了他拟订的新兵分配方案。可是这件事，当时的新兵营营长，因为不了解意图，对此提出了异议，认为不把雷锋这个现成的推土机手分配给技术营技术一连是不符合团的新兵分配原则的，很有意见。为此，我还在补兵工作会议上不指名地进行了批评。这里不难看出，一个刚入伍的新兵，小小的雷锋，自他参军入伍时就是一个被人们注目和仰望的人物。雷锋处处都表现出了他那平凡而又不平凡的身影。

雷锋同志入伍后，不论是在新兵连还是正式分配到运输连，他的表现都是特别突出的。在团里组织战士业余文艺演出队时，他积极踊跃地参加了演出队；在冬训期间，部队开展练兵比武活动，他起早贪黑积极苦练投弹，增加本领；为了提高自己的身体素质，他积极参加军事体育活动，经常利用时间练习单、双杠和跳“木马”、“山羊”。在到部队很短的时间里，由于他处处事事严格要求自己，好学上进，所以他的言行很快就赢得了周围同志的好评。

发现雷锋，了解雷锋，并进而从组织角度关心雷锋和培养雷锋，对我们团的领导和团党委来说有一个认识过程。从最初新兵营带回来一个“特殊”的新兵雷锋，在欢迎新兵大会上代表新兵讲话大家亲眼所见的雷锋，就给我们团的领导留下了一个良好的印象。而在他入伍后不久，我们就发现他和其他的战士大不一样。有几件事给我们的印象非常深刻：

雷锋是个好学上进的战士。他入伍的时候就带来了一些革命书籍，如《方志敏》、《董存瑞》、《安业民》等；还有几本毛主席著作单行本。

雷锋是个诲人不倦的战士。他在刚入伍时，就在新兵连主动担任读报员。他不仅自己经常找报纸看，还耐心帮助其他新战友一起学习，谈心得体会。

雷锋是个严以律己的战士。他在学习毛主席著作时，能认真按毛主席的指示办事，并勇于开展批评与自我批评。

雷锋是个艰苦朴素的战士。他到部队后对发给他的服装、鞋、袜和生活上的必需品等十分爱惜，换下来的旧衣袜都是精心保存，从不乱花零钱。

雷锋是个一心为公的战士。他在平常工作中，处处注意节约，事事为公家着想。尤其爱护车辆，爱护公物，受到了同志们的赞扬。

特别是雷锋入伍后，仅仅才 9 个月，在部队按总政要求开展“两忆三查”教育运动中，有一天，政治处接到了辽阳市委寄来的一封表扬雷锋为灾区捐款 100 元的信。这件事，使我们受到了很大的震动。当时韩政委曾责成宣传股长吴广信和宣传干事庞士元调查了解这一情况。结果经他们找雷锋谈话才知道，在此之前已先给当地和平人民公社捐献了 100 元钱。由此进一步引起了团党委的高度重视。如果说，早在五六月份，党委就把考察雷锋、教育雷锋、提高雷锋的政治觉悟摆到了议事日程，那时还只是限于作为一般的好人好事进行宣传，也可以说是我们对雷锋认识的第一阶段。从雷锋捐款支援人民公社和寄钱给辽阳灾区，我们对雷锋的认识提高了一步，或者说是对雷锋认识的第二个阶段。我们深深感到雷锋作为一个普通的战士，积极地自觉地响应党的号召，用自己的实际行动热爱集体，坚决走社会主义道路，这种崇高的共产主义革命精神，真不愧为毛主席的好战士。因此，结合“两忆三查”教育运动，在全团树雷锋为“节约标兵”。同时，为了培养和树立雷锋这一先进典型，团党委除了书记（政委）、副书记（团长）负责全面掌握情况外，又进一步作了明确分工，责成从舟桥 81 团调入我们团担任政治处主任的刘家乐同志专门分管，并要求政治处的宣传部门要抓好雷锋这个突出典型作为宣传教育工作的一个重要内容。在这以后，于 1960 年 11 月 23 日，团党委向全团发出了《学雷锋、赶雷锋、做雷锋式好战士》的号召。党委要求全体同志，特别是共产党员、共青团员，要以雷锋同志的先进思想作为学习榜样，不断提高政治思想觉悟，树立牢固的无产阶级世界观，做毛主席的好战士，为更好地完成部队思想建设和训练、施工各项任务而奋斗。

在 1962 年初，也就是雷锋同志入伍满两年的时候，我被调离这个团出任 201 部队参谋长。仅仅是 8 个月的时间，因为机构变动，201 部队于 7 月份撤销。军区工程兵党委王良太等领导同志于 7 月 25 日找我谈话，意思是调我仍回十团工作，征求一下我的意见，我毫不犹豫地表示了同意。所以，在 8 月 8 日接到命令之后，又重回十团担任了第 5 任团长。万万没有想到，这次回团刚接任工作，雷锋同志于 8 月 15 日不幸牺牲了。

就在他牺牲前有一天晚上 10 点多钟，我接到了离团部 100 公里外正在执行任务的工兵营打来的紧急电话：“几天来连降暴雨，物资供应不上，全营仅剩一天的粮食了。”我放下电话，立即赶到办公室召集有关人员，决定派车连夜送粮，于是把任务交给了运输连。任务艰巨，运输连自然想到了思想、技术都过硬的雷锋。

雷锋经过紧张准备，带了一名助手、一支冲锋枪和一把铁锹，不到一个小时就将粮食装上车出发了。途经一段十公里的路段时，因土石塌方严重，堵住了去路。雷锋和助手跳下车，用铁锹铲、用双手扒，清理一段行驶一段……第二天早晨 7 点多钟，我接到了营长的电话："团长同志，粮食已经运到了。"

在雷锋牺牲的当天，据说，连早饭也没有吃，就装上旧棉军服开车返程。当回到他们连时，还不到 10 点钟。连长叫他们洗脸吃饭先休息休息，可雷锋考虑到车子已到保养期，车身满是泥水，必须马上清洗，以保持车容的整洁。于是，他让助手乔安山同志上车，把车开到连部后面九连去，用水好好冲刷一下（运输连后面是九连，伙房在北面）。乔安山同志本意让雷锋开，怕自己的技术不过硬，可是雷锋却说："这正是熟练技术提高自己的好机会，你来吧。"助手进驾驶室开始开车，雷锋在下面指挥，不幸的是，在指挥车时发生了意外，一根长 1.5 米多，40 毫米×60 毫米宽厚的方木被车子刮倒撞断后横打在了他的头部……

雷锋牺牲后，我们团党委经过认真研究认为，雷锋是全军区的典型，生前多次立功受奖，还是地方的人大代表，在他身上，处处有值得人们学习的地方，应该加以宣传。于是，我们筹办了一个"雷锋烈士事迹展览室"。这一消息很快传到了当时的抚顺市委书记沈越同志那里。一天晚上，沈越同志带着市委宣传部长，直接找到举办展览的地方和团政治处主任。他问道："能不能在一个月内把这个展览布置好？"并且指着身边的宣传部长说："要钱，找他；要物，找他；要人，也找他。我一个月后作为第一个观众来参观。"我和政委得知此事后立即召开常委会，研究决定：钱、物、人都不向市委伸手，但展览必须按市委的要求完成。我们指定了由政治处的赵玉瑞同志组织几个人担负这一布展任务，结果，提前 5 天就把展览布置好了。沈越同志率市党、政机关、共青团、工会、妇联等领导同志参观展览后非常满意。第二天起，市里就组织人员参观，整整一个多月没有间断。

雷锋的事迹很快传到了沈阳，传遍了东北三省，也传到了首都北京。《中国青年》编辑部很快向周总理和毛主席发出请求为雷锋题词的信函。周总理先于毛主席写下了题词：“雷锋同志是劳动人民的好儿子，毛主席的好战士。”1963 年 3 月 5 日，毛主席题词“向雷锋同志学习”发表后，周总理又一次题词：“向雷锋同志学习，憎爱分明的阶级立场，言行一致的革命精神，公而忘私的共产主义风格，奋不顾身的无产阶级斗志。”把毛主席的题词给进一步具体化了。随后，刘少奇、朱德、邓小平等 11 位中央领导也为雷锋同志题了词。至此，雷锋同志的事迹传遍了神州大地，向雷锋同志学习的活动，从此蓬蓬勃勃地在全国开展起来。

雷锋同志之所以成为一个伟大的共产主义战士。最根本的一条，就是他满怀着对伟大领袖毛主席，对毛泽东思想以及伟大的共产党无限热爱、无限信仰、无限崇拜、无限忠诚的深厚无产阶级感情。他把毛主席的著作当做“粮食、武器、方向盘”，以“钉子”精神坚持不懈、如饥似渴地学习，刻苦地改造世界观。他用“完全”、“彻底”为人民服务的一生，实践了共产党员应该做到的“五个必须”，为我们树立了光辉的榜样。我虽已年近古稀，但是每当想起同雷锋在一个部队时的情景，他和其他许许多多战友的身影就会浮现在我的脑际。往事的追忆常常唤起我的遐想，我缅怀雷锋，坚贞不渝地向雷锋学习。雷锋精神，常驻人间；雷锋精神，永放光芒！

1993 年 5 月 25 日，于江苏南京市

选自戴明章编著：《回忆雷锋》。

和雷锋在一起的日子

薛三元[①]

2013 年 3 月 5 日，是毛泽东主席等老一辈无产阶级革命家为雷锋同志题词五十周年纪念日。半个世纪以来，在党和国家领导人题词的鼓舞下，全国各地的学雷锋活动蓬勃开展、经久不衰。如今雷锋精神已转化为人们的实际行动，雷锋式的人物层出不穷。

五十三年前，在部队服役期间，我有幸与雷锋同志相识，我们曾在同一个连队、同一个班排，一起工作、学习和生活了两年多。历史的机遇，让我亲眼目睹了雷锋在部队的成长，见证了他那助人为乐、克己奉公、干一行爱一行钻一行的先进思想和模范事迹；见证了他那艰苦朴素、勤俭节约的生活作风；见证了他那为党、为祖国、为人民无私奉献的精神，他高尚的道德情操和人格魅力，给我留下了极其深刻的印象。

初识雷锋

我第一次见到雷锋，是在 1960 年 1 月 8 日下午营口火车站的广场上。在新兵的队伍中，只见一位个子不高却穿着一身肥大棉军衣的小战士，手提一只皮箱，笑容满面地走在队伍的后面，我感到很好奇，所以就多看了他几眼。在年初的团拜会上，他代表新兵讲话，从接兵干部的介绍中，我知道了他叫雷锋，是个孤儿，在旧社会，短短的三年时间就

① 薛三元：雷锋生前所在连班长、排长。

失去了五位亲人。他参军前，无论在哪个岗位，工作表现都很出色，多次被评为先进工作者、标兵或红旗手，为报答共产党和毛主席的恩情，积极要求参军。我对雷锋产生了好感，很希望他能分派到我们运输连来学开车。

新兵经过短暂的集训后，雷锋果然分派到我们运输连来，而且又恰好分到我所在的四排十班，当时我正是这个班的班长兼助教。我虽然比雷锋早入伍两年，但比他小一岁，在孤儿院长大，为了报答党和毛主席的恩情，提前参军入伍。相同的身世和经历，更加深了我和雷锋之间的感情，我们既是战友又如同兄弟，从此就在一起开始了紧张的战备训练、国防施工、执行运输保障等工作任务。

勇挑重担

当时我们新兵训练班是属临时组建单位，在编制上没有副班长一职。根据雷锋在地方上的工作表现和这一段时间对他的了解，大家一致推选他为我们班的学习组长，并担负起副班长的职责，除组织学习外，还负责全班的内务卫生、节假日帮厨、农副业生产等工作。当时按照上级的要求，每日要利用三餐的时间为战士们读报。雷锋负责读报的任务，虽然每次他是第一个进食堂的，却总是最后一个吃饭，从无怨言。平时他除完成自己的本职工作外，还抓紧时间为战友理发、拆洗被褥、补文化课，他还要挤时间学习毛主席著作和钻研军事技术，不但使自己各项考核成绩优秀，还和战友组成“一帮一，一对红”，让大家共同进步。为了使同志们尽快地掌握汽车驾驶技术，他和战友一起设计制作了简易驾驶操作台，让大家把学到的理论知识都能及时地用于实践，解决了人多车少的矛盾，极大地提高了学习效率。我们班在雷锋的影响下，各项工作都很出色，多次受到上级的表扬和奖励，并被评为“四好班”，雷锋也被评为“五好战士”、“节约标兵”、“模范共青团员”，并且荣立二等功一次，三等功两次，入伍不到一年，就光荣地加入了中国共产党，成为一名优秀的共产党员。

1961 年 6 月雷锋同志提升为二排四班的班长，我又任他所在二排的排长。我们很有缘分，他对我的工作仍然给予大力的支持。他对自己要求也更加严格，在工作上处处以身作则，事事起模范作用。他所带的四班连续被评为“四好班”。雷锋获得沈阳军区“学习毛主席著作积极分子”荣誉称号，还被选为抚顺市第四届人民代表大会的代表。

丹东集训

1960 年 6 月中旬，运输连接到团里的通知：从连队抽掉三名爱好体育运动的同志，到丹东九连城舟桥 82 团参加集训，准备代表工程兵参加沈阳军区 7 月份在锦州举行的首届体操比赛。经连里研究决定由我带队，雷锋和炊事班小吕参加。我们从抚顺经沈阳到达丹东，那里已经汇聚了各团抽掉的战友约 20 多人。经过几天的试训，炊事班的小吕被退回，我和雷锋留下继续参加训练。

体操运动包括单杠、双杠、吊环、鞍马、体操等项目。单、双杠我们还比较熟悉，经常接触练习，可其它项目我们都很少接触，动作技巧也很生疏，都得从头学起。仅有一个月的训练时间，要完成全能训练难度是非常大的。集训队根据每个人的实际情况，分单项训练和全能训练，我和雷锋侧重单、双杠的练习，准备参加单项比赛。尽管这样，我们感到难度和压力都很大。几天下来，我们都累得不行，天气又很炎热，双手磨出了血泡、双臂红肿，晚上连上床都很费劲。

这期间，我们听说连里的新兵开始了汽车驾驶实际操作训练，雷锋有些着急，怕耽误课程，思想情绪有些波动。一天，我发现雷锋参加训练不像以前那么积极了，就问他怎么了，他说我已经给连里写信，要回去学开车。我一听非常生气，严厉地说：“这怎么行！是不是怕累了，吃不了苦？领导这么信任我们，怎么能半途而废、打退堂鼓呢！”听我这么一说，雷锋有些吃不消就哭了。我们不欢而散。第二天早上起床后，雷锋主动找到我说："班长，我昨天晚上没睡好，想了很多，我的想法不对，我要留下来继续参加训练，完成上级交给的任务。"并当着我的面把写好的信撕掉了。我当时很受感动，也向他检查了自己说话态度生硬、方法简单的错误，希望能得到他的谅解。就这样我们又投入到紧张的训练当中，按时到锦州参加了比赛，并取得了很好的成绩，圆满完成了上级交给我们的任务。

最近，雷锋资料收藏爱好者收集到两张珍贵的照片：一张是雷锋于1960年6月26日在丹东九连城参加体操比赛集训时的留影；另一张是1960年7月19日在锦州参加军区体操比赛，获得三级运动员后的留影。这两张照片都是在照像馆拍的，上面的文字真实地记录了这段鲜为人知的经历，也为我们全面地了解雷锋，增添了新的内容。

抗洪抢险

1960年7月末，抚顺地区连降暴雨，洪水上涨，庄稼被淹，上寺水库告急，人民生命财产受到严重威胁。我和雷锋刚从锦州参加完军区体操比赛回来，连日的劳累，雷锋身体发烧，得了痢疾。

8月3日，运输连接到上级命令：到上寺水库参加抗洪抢险，任务是开挖溢洪道。当时因为雷锋正在生病，连长让他在家看守营房，可雷锋一听急了，他说："我这点病算什么？洪水这么大，在这个时候我不能留在家里!"连长看他的态度十分坚决，只好答应了雷锋的请求，但是明确地告诉他，去后只做宣传鼓动工作，负责报道抗洪抢险中的好人好事。可到了水库后，雷锋却拿起铁锹，跟大家一样跳入水中，顶着风雨，开挖溢洪道。

我们知道溢洪道挖得越深越宽，水流得就越急，危险性也就越大。后来大家想出办法：两人一组，用背包带在上面牵着，互相换着挖，以防止被水冲走。雨越下越大，堤坝塌方也越来越严重，突然一大片泥土塌了下来，把雷锋手中的铁锹打掉了，天黑雨大，找也找不着，摸也摸不到，很可能是被水冲走了，雷锋只好用双手当铁锤挖泥，手指挖破了皮鲜血直流，我们看见了就劝他上去休息，包扎一下，可他说：“没关系！这点小伤算什么！大家都不怕苦不怕累，只要保住了水库，就保住了煤都。大家快点干吧！”他边说边继续用手挖泥。连长见雷锋不肯休息，就提醒他去做宣传鼓动工作，于是他马上收集连里的好人好事，进行了口头广播。为了鼓动士气，雷锋又带领大家唱歌、喊口号，尽管天空下着大雨，战士们却情绪高昂，忘记了疲劳，越干越起劲。就这样雷锋带病跟大家一连干了好几天，终于支持不住晕倒在堤坝上。我和几位战友把他扶到老乡家里，让卫生员看着，不许他再去工地，可他竟说服了卫生员，又跑到工地上来了。

抗洪抢险结束后，在团里的总结表彰大会上，雷锋荣立了三等功一次。

一盒饭的故事

1960年正是我国处于三年自然灾害，国民经济十分困难的时期。全国人民都积极响应党中央的号召，坚持自力更生、艰苦奋斗、团结一致共度难关，大力开展增产节约运动。虽然上级对部队的粮食都能保障供应，但各级组织要求干部、战士自觉压缩自己的定量标准，把节省下来的粮食上交支援国家建设。当时部队的军事训练和国防施工任务都很重，体力消耗也很大，在缺肉少油的情况下，有些战士的定量标准确实不够吃。

10月里的一天，根据连里的安排，让我带着两个班到抚顺郊区一个叫莲刀湾的农村山上去割草，准备给连里盖过冬的菜窖。当时团宣传股的摄影员季增同志也随我们一同前往。因为中午不能回驻地，早上连里为每个人准备了午饭，装在饭盒里由自己带着。中午12点大家休息，准备吃午饭。这时我看见战士王延堂独自靠在一棵大树旁，手里没有饭盒，我很奇怪，走过去问他：“你的饭盒呢？怎么没带呀？”“我早上就把午饭都吃了，省得带还麻烦！”王延堂说。我听了觉得又好气又好笑，一时不知道怎么办才好。这场面被雷锋同志看到了，他站起身，拿着饭盒走了过来，把饭盒递给王延堂说：“我今天肚子疼，实在吃不下饭，求你帮个忙，把它‘消灭’了吧！省得我还得带回去。”王延堂听雷锋这么一说，态度又那么诚恳，只好把饭吃了。这个场面被季增同志看到了，正好他又带着相机，就抓拍了这个珍贵的镜头。因为雷锋当时已经是团里的先进典型，为了要更好地宣传雷锋的先进事迹，季增同志就把雷锋为战友送饭盒的镜头多拍了几张。这组珍贵的历史镜头，在几十年的学雷锋活动中，在教育和影响了我们几代人的健康成长中，发挥了重要的作用。

在 1960 年 10 月 21 日的雷锋日记中是这样记载的：“……我走到他跟前，问他为啥不吃饭，他回答说：我今天早上吃了两盒饭，没有带饭来。于是我拿出了自己带的一盒饭给他吃。我虽然饿一点，让他吃得饱饱的，这是我最大的快乐。我要牢牢记住这段名言：

‘对待同志要像春天般的温暖，
对待工作要像夏天一样的火热，
对待个人主义要像秋风扫落叶一样，
对待敌人要像严冬一样残酷无情。’”

我心目中的雷锋

在我和雷锋相处两年多的时间里，他的很多事情都给我留下了深刻的印象和美好的回忆。他是一位性格活泼开朗、乐观向上，兴趣爱好十分广泛的人。他爱好文学，善于写作，常给连里的板报投稿。他曾写过很多的诗歌和散文，有些没有来得及发表。他爱好文艺、经常教大家唱歌、参加文艺演出。他自编自演的快板书就很受大家的欢迎。他爱好体育活动，尤其爱打篮球和乒乓球，喜欢练单、双杠，运动场上到处都留下他的身影。他热爱生活，喜欢照像，外出开会、活动、演出、比赛结束后，都要照像留念。

他尤其热爱学习，并且刻苦用心，一有空闲，手不释卷，每天起得早、睡得晚。在夜深人静的时候，连队凡是有灯光的地方，几乎都有他的身影。有时为了弄清一个问题从中找到答案，他甚至打着手电筒在被窝里学习，为此我曾批评过他：要遵守部队的规章制度，为了保障第二天的运输任务和行车安全，一定要做到按时就寝。当我把问题指出时，他都能虚心接受，坚决改正。知错就改，勇于承认错误，是雷锋一大品质，这也是他能够不断成长进步的主要原因。

在我的印象中，雷锋是一个闲不住的人。他脑子想事，眼中有活，只要见到别人有难处，他就去帮；只要见到有利于他人的事，他就去做。这也是他能够受到领导和同志们尊重和信赖的根本原因。

雷锋虽然离我们远去，但雷锋精神却影响和教育了我们几代人。如今我们又欣喜地看到，郭明义式的“当代雷锋”又成长起来了。我们缅怀雷锋，纪念雷锋，就是要使雷锋精神不断地发扬光大，让雷锋式的人物不断涌现。我们要在新时期学雷锋活动中，立足本职岗位，全心全意地服务社会、服务人民，与时俱进，开拓创新，为促进社会的和谐与稳定，为社会主义现代化建设事业的大发展大繁荣做出我们的贡献。

2012 年 12 月 12 日

阅读链接 2－1

雷锋在工兵第十团欢迎新兵大会上的发言①

（1960 年 1 月 8 日）

敬爱的首长和全体老大哥同志们：你们好！

首长让我代表新战士讲话。我们这些新战士，能在 60 年代刚刚开始的日子里，穿上军装，扛起枪杆，真有说不出的高兴。我们当中有工人，有社员，也有学生，来自四面八方，可我们只有一个心眼，学好本领，保卫祖国，当个像样的兵，做毛主席的好战士。（听众鼓掌）

刚才团首长讲话，希望我们争当一个模范战士，依我说，有党的领导，有老同志们的帮助，我们大家都要有一百个信心保证当上！（众笑）你们笑什么呀，我讲的是实话。

阅读链接 2－2

雷锋练投手榴弹的照片

① 本文是在工兵第十团欢迎新兵大会上的发言。当时因露天操场风大，原拟发言稿被风吹乱，这是雷锋即席发言的记录。

第三章

部队熔炉　冶炼特钢
楷模屹立神州

雷锋

（1960 年 1 月 19 日～1962 年 8 月 15 日）

正如冷宽中将对于雷锋一生总体评价的那样：“雷锋是一个生活阳光、事业成功、以助人为乐的人。”

雷锋自 1960 年 1 月 19 日从新兵连分配到运输连，直到他于 1962 年 8 月 15 日因公殉职，这段生活，是他一生最丰富多彩而又最光彩夺目的一段。

当然，也正如时任团政委韩万金曾说过的那样：“我们除党委经常研究对雷锋的培养教育外，并专门指定一名常委帮助他。如果领导不扶植、不大力支持，雷锋也可能成不了‘雷锋’，这也很重要。”

这期间，伴随着雷锋前进的步伐越来越大，客观上看，也就是随着他的名气越来越大，组织对他的教育培养力度也越来越大，他本人在主客观各方面的努力上下的功夫也越来越大。

常言道：“行者向前自生风。”雷锋作为好学上进的年轻人，不可能不会遇到阻力和困惑。当时也确有一些人对雷锋的崇高境界曾有过误解甚至非议。

在纷繁的情势面前，雷锋从经典著作中学到了唯物主义辩证法，从学习诸多英模人物的光辉事迹中尤其学习白求恩中，找到了人生的方向、镜子和动力，并清醒地做出毅然的抉择和身体力行的坚守。

比如，当雷锋面对因自己个子小、在卸车时扛不起二百斤麻袋而遭到讥讽时，是连队指导员引导雷锋学习毛泽东著作中的《纪念白求恩》，解开了雷锋的思想疙瘩，以至雷锋在 1960 年 2 月 15 日写下了满含茅塞顿开、激动万分心情的日记。

比如，在组织的教育、引导之下，雷锋总结出了学习毛主席著作学以致用的公式：“问题——学习，实践——总结”，并写进 1961 年 2 月 21 日的日记中。

请读者循着“熟读毛选，领袖教导解心虑”——“参加汇演，手捧奖状留合影”——“团里演出，甘当剧务拉大幕”——“勤学创新，巧制模拟驾驶台”——“艰苦奋斗，节约箱里聚百宝”——“‘两忆三查’，私仇凝成家国恨”——“上寺抗洪，徒手挖泥至昏厥”——“助人为乐，赞誉传遍军内外”——“光荣入党，日记激昂抒豪情”的脉络，读李超群、高士祥、庞春学、于泉洋、卑福财等雷锋生前所在连队领导和战友的回忆，以及赵玉瑞、刘家乐、冷宽、季增、张时扬、夏孝栋等雷锋生前所在团领导机关同志的回忆，将能看到雷锋光辉思想和高大形象的重要侧面。

有关部队培养、教育雷锋成长的经验，请参阅《雷锋同志在部队的成长——汇报提纲》。为尊重历史，文章虽然长一些，本次编选也未做丝毫修改，字里行间，足见以韩万金政委为班长的雷锋生前所在团党委一班人，为培养、树立雷锋这个杰出典型所付出的心血。

一、雷锋生前所在连队领导和战友的回忆

雷锋是时代的产物

李超群[①]

雷锋是1959年底就被征兵了。他是1960年1月8日到的部队，算是1960年初的兵。那一年为什么征兵较早？1959年，正是国家困难时期，加上蒋介石在台湾不断地叫嚣反攻大陆。沈阳军区部队在辽宁庄河沿海，就用三七炮打下了蒋军的超低空飞行、盲区飞行的飞机。那时，我在抚顺施工，在清原林场拉木头，在山上就经常能捡到蒋介石散发的传单。一天，我捡了一沓子，交给了抚顺市公安局二处，第二天，公安局还派人来连队审查了，问这些传单是怎么来的？……因为当时形势紧张，本来每年都是在3月份征兵的，那年就提前征兵了。雷锋从新兵连训练结束后，1960年2月份就分到我们运输连。当时我们连驻在营口车站前，离车站也就150米，是小日本儿用过的房子。

在新兵下连队那天的大会上，老兵欢迎新兵，新兵表决心，雷锋代表新兵讲了话，表示要如何如何服好兵役，如何如何保卫好祖国……我一看，啊，名单上有雷锋！雷锋给我的印象是：小伙子，个子不大，但跟常人不太一样的，就是走起路来或干什么事儿都很有精神。他说话虽

---

① 李超群：雷锋生前所在连连长。

然是湖南口音，但一般都能听懂，湖南地方口音不是很重。从我心里讲，严格地说，讲学开汽车，雷锋个子小，身体虽不太单薄，但个子小开车不是很适合。但后来，他开车，背后都要垫个大木方子，要不，他挺不起身子。

为什么团里把雷锋分到运输连？我们部队负责领兵的军务参谋戴明章跟我讲，雷锋是经过好长时间的软磨硬泡才当上兵的。他 1 米 54 的个头儿，体重不到 50 公斤，从我内心讲，开车他不太理想。但对他为什么有好感呢？因为雷锋在地方上就是一个很先进的人物。我从旁边的人们了解到：他是湖南省望城县县委张兴玉书记的通讯员，高小毕业后本来想送他再去上学，但他却要求去湖南省望城县团山湖农场，结果在那里开拖拉机干了一年多；后来，鞍钢需要工人，他又自动报名到了鞍钢，开推土机，又被几次评为红旗手。后来，鞍钢的矿石不够用，就在本溪至辽阳中间的弓长岭去开矿。公司要派人去，雷锋就又报名去了弓长岭矿山开推土机。在弓长岭干了一年多，雷锋又报名当兵。为什么要当兵呢？他说要保卫胜利果实，因为蒋介石一直在叫嚣反攻大陆。而且，在雷锋看来："再苦的生活，也要有人保卫；再苦的工作，也要有人去干；再艰苦的地方，也要有人去战胜它！"雷锋决心已定，我要参加到保卫祖国的行列中去！雷锋一磨再磨要当兵，把接兵的都说感动了。雷锋认为：好生活要有人来保卫，当兵是最直接地保卫胜利果实！我也见过送雷锋参军的余新元政委，他对雷锋的一些事也较熟悉。

我觉得雷锋这个小伙子不一般，他总是从较好的地方主动要求到更苦一些的地方去。你看，从给县委书记当通讯员，挺好的，他离开张书记，主动要求到新建的望城县团山湖农场去；后来，又从家乡团山湖农场主动要求到鞍钢去；又从鞍钢主动要求到刚组建的弓长岭矿去……他总是主动要求从较好条件的地方到艰苦的地方去。这些，没有很高的境界，是做不到的。

到连队以后，雷锋的言行确实和一般战士不一样，事事走在前面。他对问题的看法，比如，对一些规章制度，他领会得就比较深，而且身体力行。那时，生活是很困难的。上级让节约粮食，渡过难关，要经受住考验，让共产党员不能叫苦。当时，很多战士吃不饱肚子，他能不难受吗？我们连队的干部也是一样啊！那时，炊事班做饭，要看今天多少人吃饭，淘好米后，再用竹筒计量好，把粮食装进饭盒里，再放进用铁板做的蒸锅里用蒸汽蒸。个人自报，你今天吃多少？雷锋是全连自报吃的最少的。部队规定每个人从每月 45 斤里节约 1 斤粮食。雷锋最少时一天只要二两粮。一天只吃二两粮，我们说不行，二两保证不了你身体的正常需要，不要把身体搞垮了，你至少要一天吃四两粮。雷锋说："现在全国人民在挨饿。我个子小，4 两粮够我吃了，没问题。"他觉得多节约一点，就能给人民多救济一点。大约过了 20 多天，我们发现不行。虽然他们运输连不像施工连队那样累，但是他们每天开车、修车……体力消耗也挺大的，根本吃不饱。后来，我们就用野菜充饥。我叫训练排去挖马齿苋，弄了三四车回来，用水冲洗干净，煮出来放点咸盐，没有油，开饭时让大家管够吃，吃多少拿多少，但不要扔了……这样我们就把马齿苋当饭吃，战士们一个人搋一碗。吃了一段时间以后，有的战士就有了怨言，有的吵吵，有的叫唤，说不好吃等等。雷锋不但自己不吵吵，不叫唤，还做旁人的思想工作。当时，7 月末 8 月初下大雨，辽阳太子河的大桥都冲垮了。雷锋跟战友们说："辽阳那个地方发这么大的水，我们国家又歉收，很多群众都吃不饱。我们不还有 1 斤多粮嘛！虽然不足，但比群众好多了。"当时我们对党员提出个口号，叫做"共产党员不准叫苦"。雷锋就说，我虽然不是共产党员，但我是党的积极分子，也要用党员标准要求自己……

那时每次吃饭的时候，雷锋总是自动到连队里去取沈阳军区办的《前进报》，给大家读报。读完还把报纸送回来，下次吃饭时再来取。那时，可能是一个排一份《前进报》。往往是大家吃饭，雷锋读报；大家吃完了，他才吃饭，饭也不热乎了。而且，雷锋是坚持最好的。

再就是雷锋也收集好人好事，经常为连队办板报，表扬好人好事，活跃连队生活。雷锋是写稿子最多的，表扬好人好事，他处处走在前面。

雷锋在增产节约方面身体力行。在增产方面，他很好地完成运输任务；在节约方面，他不浪费，还做了个节约箱，里面什么都有。雷锋碰到什么铁丝头子、螺丝钉呀，螺丝帽、牙膏皮啥的，他都要捡回来。他的工具箱里总是满满的，然后再放到节约箱里。那时牙膏皮是铅做的。子弹头不就是用铅做的吗？雷锋放到节约箱的东西攒到一定时候，就卖给收购站；再用卖的钱，给办板报当资金。当时，运输连给抚顺特种钢厂运水泥。每次出车回来，雷锋总拿个小笤帚把洒在车厢板上的水泥一点一滴地扫起来，装在揭开盖儿的大汽油筒里。至于穿衣服方面，当时，我们提出的口号就是“新三年，旧三年，缝缝补补又三年”。本来发下来的衣服都是新的，穿着穿着就穿坏了。战士们在屁股上、膝盖上都打着补丁。我们连里的干部，也都穿着带着补丁的衣服。雷锋的旧袜子是补了又补。

在消费上，雷锋总想攒几个钱。有的人说他傻，有的人说他抠。有的战友跟他说：雷锋你家里什么人也没有，从地方来当兵，还带了些钱，还带个皮箱，有皮夹克，料子裤……可是开运动会时，大家有的喝汽水，有的吃冰棍，可你连个冰棍都不舍得买。你那么抠干什么？留着那钱干啥呀?!……这时候，雷锋总是轻声跟战友们说：“唉，什么傻呀，只要能生活下去就行呗！不必要的消费就不要消费。”

到啥时候人们才不说他傻了呢？一是抚顺市望花区成立人民公社的时候，雷锋把自己攒的200元钱送给了人民公社。开始公社不要，雷锋恳切地说；“我是个孤儿，家里什么人也没有了。人民公社就是我的家！我家里成立人民公社，我怎能不来祝贺哩!”后来，辽阳发大水，雷锋又捐献了100元钱。班里一位四川籍战士周述明接到父亲来信之后，便整天愁眉苦脸，唉声叹气。雷锋悄悄地发现了周述明的信，后来就以周述明的名义给周述明家寄去了20元钱。周述明的父亲来信说：“你寄来的20元钱家里收到了。”周述明感到有些奇怪：我也没给家里寄钱啊，这是怎么回事呢？就叫家里把那封信寄了回来，一看，从那种一边倒的笔体一看，才知道是雷锋给他家寄的钱，邮的信。这些事情，使人们越来越认识到雷锋不是傻，而是把钱用到该用的地方。

雷锋与班里战友相处时总是很勤快。有些战士对洗衣服、刷鞋子等不习惯，再加上汽车兵容易弄脏衣服，就经常把衣服泡在那里。雷锋看到战友的衣物泡在脸盆里，他就搓巴搓巴帮着洗喽，觉得何必在盆里泡着还占地方哩！雷锋认为帮战友洗衣是很正常的事，绝不是别人要他去干的，所以时间一长，大家对他的看法就转变了，对他的行为都认可了。

雷锋在外面帮助大嫂买火车票啊，帮助送老大娘啊等等，他不是为了别的，他就觉得这个人需要有人帮助，我帮他是正当的，是应该的，他就要用帮助地方群众这些实际行动来扩大影响，来宣传我们党的好处。他从来不是要自己怎么怎么样，所以，他做好事从来不留名。

雷锋帮助建筑工地干活的事儿，那是抚顺望花区一个小学校盖房子。因为当时我们部队驻地离那个小学不远，中间就隔着个望花公园。当时给这个学校施工的，是从西北下马的一个建筑公司。刚开始，工人们不太习惯东北的气候，情绪也不怎么高，所以工作进度不好。那是个初夏，天还不是很热。一个礼拜天，雷锋请假去看病，赶上工地上砖供应不上了，于是雷锋就去帮助推砖。雷锋不仅是帮着干了一些活，推了一些砖，更主要的是鼓舞了当时的士气。因为雷锋表示要为社会主义添砖加瓦，要有一份热，发一份光，出一份力。他跟工友们说，我们要赶进度，不落后！……结果，这样一鼓动，工地就活跃起来了。人们问他是哪个部队的，他也不说，就说“我是一个解放军战士，这些是我应该做的”，就是不讲他姓啥叫啥。可能是他走时有人在跟着他，盯着他，一路打听，说有一个战士，个头儿不高，南方口音等等，终于打听到了。到中午吃饭时，突然听到敲锣打鼓有人送喜报来了，我们才知道雷锋原来没去看病，而是帮着工地推砖做好事去了。

再就是雷锋给战友让饭的故事。那时，上级号召渡过困难，有一次在山上开荒种点菜（据雷锋其他战友回忆，是战士们上山为搭菜窖割些草。——笔者加注）。早上去工地前，每个战士要带上一盒中午饭。有个战士叫王延堂的，大个子，饭量也大。本来大家都吃不饱，心里都有点怨气，所以王延堂在吃早饭时，心里一想“何必还带着呢！”就把午饭的饭盒一起吃了。到了午饭时间，大家干了一上午活儿，雷锋看到王延堂在那边干坐着，表情也不是很好，就问他："你怎么不吃饭呢?"王延堂如实说了。雷锋就跟他说："我今天胃不太好，不想吃东西。这盒饭你吃了吧。"雷锋找了个理由把自己的午饭让给战友王延堂吃了，也是干到天黑才回来。雷锋忍饥挨饿让饭给别人吃，体现了他关心他人的高尚风格，确实是难能可贵的。

像这样的事情，在我与雷锋相处的一年多时间里，很多很多。雷锋就是从小事上体谅他人，帮助他人，真没有太大的事情。这些事情别人也能做到，但又不容易做到。这确实是难能可贵的。正像有一首歌唱的那样："只要人人都献出一点爱，世界将变成美好的乐园"！……那个困难时期，我们上上下下共度过了一年多的时间。我们连队干部也跟战士一样吃盒饭，连营长也不吃小灶啊！……

严格地说，在开车训练方面雷锋不是很强的。比如，在开车训练方面，他虽然不落后，但不是尖子；军事科目，像投手榴弹，雷锋虽然很刻苦，但投不远，开始才能投十六七米，经过刻苦训练他可以达到及格。学汽车技术，他理论上行，在驾驶技术上，他接受的不是很快。也因为他个子小，坐在驾驶楼里也不得劲儿，背后总要垫一块木头方子，要不他坐不起来。

但是，雷锋政治学习上，他很努力。尤其是当时号召学习毛主席著作，强调要活学活用。雷锋把《前进报》上的每篇毛主席语录都剪下来，贴在连队的墙报上。学习"老三篇"《为人民服务》、《纪念白求恩》、《愚公移山》等每篇文章，他都能与自己的工作、生活、思想实际结合起来，他能理会，会实践。学用结合这一点，雷锋跟旁人不一样。

有时，我去查铺，经常发现雷锋在被窝里打着手电看书，写日记。雷锋见到好的警句、名言就抄下来，自己好好学习。所以，像"糖甜不如蜜，棉暖不如皮，爹娘恩情重，比不过毛主席"这样的一些好句子，日记本上有不少，我们也分不清是雷锋自己写的，还是他从报纸上抄的。像"钉子"精神啊，像"人的生命是有限的，为人民服务是无限的"，也可能是他抄来的格言，也可能是他自己的。但是，他都如饥似渴地学习，都要应用在自己的生活工作中。我是1960年12月被调到营里当副营长的，后来又调到团里去当副参谋长了。在我当连长的时候，雷锋的日记总放在我的枕头底下，让我给他保管，因为他经常外出执行任务，我比较固定。

1960 年 7 月 30 日开始下大雨。7 月 31 日下午我们接到命令，到（抚顺）上寺水库去抢险救灾。这个上寺水库是 1958 年“大跃进”时修的，离飘儿屯有十多公里远。当年修水库的时候，大坝修起来了，但溢洪道没有按标准修完，刚打个豁子口儿，洪水一来，根本不够用。在动员时就讲，这个上寺水库要是保不住，飘儿屯就要被大水漂起来。我们的任务就是疏通溢洪道。那天下午一到水库工地，水面已经离坝顶才剩 30 厘米了，风一吹，波浪就哗哗地漫过坝顶了，确实挺危险的。怎么办？“一定要保住水库，打通溢洪道！”当时下午 4 点多钟，顶着小雨，我们全连下到里面拼命地挖。当时到坝上的，除了我们连队的 80 多人，还有 81 团和 82 团支援我们两个排，他们帮我们往工地拉物资。我们的战士们，一开始大家像小老虎一样，劲头很足，顶着小雨，晚上送点饭，一宿没停，一直干到第二天下午三四点钟，整整一昼夜。后来，风小了，雨小了，天刚放晴了，险情没那么大了，我们连就撤下来了。其他连队有的还坚守在那里。当时我们的注意力主要是怎样把溢洪道打开，怎样把水库保住，怎样保住人民的生命财产。开始，我们是用铁锹干，干到下半夜，谁都干不动了，人的体力毕竟是有限的，就让战士们稍微休息一下，再干。我们就不间断地做动员，鼓舞士气。

雷锋的独特之处就在于，他把抢险救灾的现场当成战场。当时，雷锋正闹肠炎，拉肚已经一天多了。常言说：“好汉架不住三泡稀。”我原来不让雷锋去水库，但雷锋坚持要去。他本来就拉肚拉得没劲儿，开始他拿铁锹呼哧呼哧地干，眼看着他不行了，总倒在地上，卫生员跟我说：雷锋不行，拉肚子拉得不行了！我们劝他：“雷锋你下去休息吧！”他却说：“抢险救灾就是战场！战场就不能随便退下去！我有一份力量就要献出一份力量！我现在是浑身没力气，拿不动铁锹，还可以用手抠，抠一点是一点；多挖一块泥，溢洪道就能多通一点……”我亲眼见雷锋在那里用双手抠泥块子，很吃力地往上扔着，浑身像个泥猴似的，连手指甲盖儿都出血了，还在坚持着……后来，我就想：怎么能让雷锋歇会儿呢？当时，工地上有个广播站，我们连里有个喇叭筒。为了减轻雷锋的强度，我就把雷锋叫到跟前，跟他说："连队里有那么多好人好事，你写点宣传稿，鼓动鼓动大伙儿……"雷锋开始不愿意去。我又跟他说："我们忙，有些好人好事我们看不到，你去广播宣传一下，这个比你挖点儿泥的作用还强！"好说歹说，雷锋同意了。雷锋拿了喇叭筒子，见哪里情绪不高，就到哪里去鼓动，鼓动得大伙呼号的，一排跟二排比着干。雷锋在连队用喇叭筒鼓动时，就在那里直接白嘴儿讲。到工地广播站广播时，他都是把宣传稿件写好，因为一广播，全工地的军民都能听得到。因为雷锋拉肚子拉得厉害，身子发软，倒在地上是常有的事儿。下了工地，我们让他休息两天，连着给他吃了几次黄连素。

——关于雷锋入党的事儿。我记得，1960 年 6 月份，我们连里确定了三个党员发展对象，一个是雷锋，一个是赵大伟（1958 年兵），另一个记不清叫什么名字了。关于记录这些事情的那个笔记本，我早就交给抚顺雷锋纪念馆了。

1960 年 10 月份有两件大事。一个大事是七八月份时，有个忆苦运动。当时，连队指导员高士祥同志休假回家了。他是 1960 年 5 月初从政治学院毕业后，调到运输连的。所以，连队的忆苦思甜工作由我负责，开始摸摸底，挖苦情。我感到雷锋这个小孩儿，有苦，还能把苦情说出来；说到痛哭流涕之处，还能够控制住接着说。他谈到，他爹是给日本人带路时被打伤的，因无钱医治，后来去世了。他妈带着他们哥俩，家里没法活，他妈就把他哥哥送到一个小机械厂去做工。在一次事故中，他哥把手绞了进去，后来被资本家解雇了。他哥也因无钱医治，养了一段时间，坚持了一年多也死了。他妈为了让雷锋这个庚伢子能够继续活下去，就去给地主唐四滚子干活儿，后来被地主侮辱后，在那年的阴历八月十五上吊自杀了……起初，讲到母亲上吊时，雷锋抽泣抽泣好长时间，也说不下去。一是讲到这里，他感到很痛苦，再就是他也觉得有些不好意思。我跟他说：我们是阶级兄弟，你的父母也是我们的父母。我们都是一个藤上的苦瓜。我们这个阶级没有什么见不得人的事儿，这都是封建主义强加到我们身上的！你的苦，也是我们的苦！是我们阶级的苦！有啥不好说的?！……我们连队的干部也都跟他讲这些道理。过了两天，雷锋在全连忆苦大会上讲了母亲被地主奸污的事儿，讲到妈妈觉得没法做人啦，才打发他到六叔奶奶家，第二天，雷锋他亲眼见到妈妈上吊了……后来，他对这些也不太忌讳了。我觉得，雷锋家所受的苦，集中反映了帝国主义、封建主义、官僚资本主义这三座大山的压迫！雷锋受的苦真是太集中太典型了！雷锋好不容易挣扎到解放！后来，乡长彭德茂又送他上了几年学，念了几年书。雷锋后来所作所为的根源是什么？就是永不忘本！他要感恩！他觉得，怎么干也报答不了党和毛主席的恩情！所以，雷锋觉得，我要用自己的行动去为人民做事情，而且总是自觉地去做！只要党一号召，雷锋就去做。所以，雷锋他总是从条件较好的地方，主动要求到条件较艰苦的地方去！

1960 年 4～5 月间，我们确定雷锋为党员发展对象，我是培养人。每次谈话，跟他谈对党的认识，谈党的奋斗目标，谈党员的先锋模范作用等常识。我感到，每谈一次话，一是觉得他要求入党越来越迫切，二是觉得他真是发自内心地愿意做一个共产党员，好为人民服务。他越来越懂得，共产党就是人民的先锋队，共产党员就要去做普通人做不到的事情。他说，我的一切都是党给的，没有党解放我，今天能有我吗？那我肯定还在荒山野岭上度日……我的生命都是党给的，我要把自己的一切献身于革命事业！一提到毛主席，雷锋总是感慨万千，甚至抑制不住自己的激动之情。由于他对党的认识好，学习刻苦，出去作报告给人的印象好，印象深。

那年 9 月份，军区工程兵召开先进共青团员大会。雷锋还在会上作了报告。当时的工程兵主任王良太有个批示，说，这么好的战士，怎么不发展入党啊？因为雷锋是学习毛主席著作积极分子，所以王良太主任接见了雷锋，还赠送给雷锋一套《毛泽东选集》（1～3 卷）。当时高士祥指导员参加了这次会议。高指导员开会回来传达会议精神时，当时就表态：雷锋这样的战士根红苗正，我们一定尽快发展他入党。9 月份，我们就确定发展雷锋同志入党，开始办理入党手续。我和高士祥指导员是雷锋的入党介绍人。雷锋去世时，有些人问我：你是不是雷锋入党介绍人？当时，我没有明确告诉他们，因为这些都有历史记录，我们绝不能因为雷锋有了名气，就想借雷锋的名气为个人捞取点什么……直至1997年，戴明章为了搞清到底谁是雷锋的入党介绍人，还专门到中国人民革命军事博物馆去查了一下。回来后戴明章跟我半开玩笑地说：老伙计，我给你查清了一个“重大历史问题”：你就是雷锋的入党介绍人！从那以后，我才公开地讲，我是雷锋的入党介绍人了。其实，雷锋是时代的产物，不是我培养的。雷锋之所以成为雷锋，主要是他自己主观努力的结果，我们只是做了应该做的一些工作。我不想接受人们过分的奉承。

雷锋牺牲那年，也就是1962年8月15日，我正在长沙工程兵学院学习哩。1963年3月5日，毛主席等老一辈革命家为雷锋题词：“向雷锋同志学习”，全国掀起了学习雷锋的热潮。正在工程兵学院蹲点搞调研的工程兵政委黄志勇中将，听一个在速成系当教导员的同志说，咱们学院开展学习雷锋活动有条件，给雷锋当连长的李超群在这里学习哩！黄政委就找到我，问：雷锋这个人有没有？香港的报纸说没有雷锋这个人，是共产党编造出来的。我说：当然有这个人啦！黄政委又问我：雷锋这些事儿有没有？我说：那当然有呵！我跟雷锋生活了一年多，我还不知道啊?！黄政委说：那你能不能把雷锋这一年多的事儿都说说？我说：可以。那也得说出个高度才行啊！……黄政委又说：香港有的报纸说，雷锋有这个人，但他成为先进人物、成名以后，就把他整死了。有这回事吗？我说：“根本没有这么回事。”黄政委说：只要雷锋有这些事儿，你就站出来说，就会很有力量！明天，你跟我去湖南望城县一趟，参加一个大会，你到会上随便讲讲。在大会上，黄政委说：咱们（湖南望城）这里出了个共产主义战士雷锋。我体会不深刻，但是雷锋的连长李超群同志在这里，下面请李超群同志讲一讲。接着我就把雷锋的自然情况讲了讲。我没敢放开讲，是照着事先准备的稿子念的。后来，工程兵学院政治部派了个干事陪我去作了一些报告。后来，我参加了长沙市组织的雷锋事迹报告团，先后去了广州军区、株洲飞机制造厂、长沙市各界雷锋报告会以及长沙的几个大专院校等单位。宣讲雷锋，我从来也没有一个系统的稿子，更没有拔高。当时要是有拔高的话，后来“文化大革命”时可就麻烦了！……

其实，雷锋名望之所以那么高，我认为有两条。一是他活学活用毛主席著作确实好，与自己的工作、生活、思想实际结合得紧，而且还能说得出来，别人一般做不到。当时，部队正开展创建“四好连队”、“五好战士”活动。到底怎么落实？没有人像雷锋学习毛主席著作理论联系实际这么好。开始，雷锋就到抚顺市去宣讲，受到了好评，促进抚顺市掀起学习毛主席著作的高潮。后来，雷锋又到兄弟部队去作报告，到16军，到大连海军舰艇上去作报告等等，影响面越来越大。再就是雷锋做好事从不留名，影响面也比较大。而且，当年抚顺市委、市政府与部队一起早就宣传雷锋了。季增、张峻等部队摄影师都给雷锋照了不少照片，在报纸上宣传起了很大作用。

（邢德铭根据李超群口述整理）

我来到雷锋所在连队

高士祥[①]

1960 年 4 月初，我从湖南长沙中国人民解放军高级工程兵学校政治系毕业，被分配到沈阳军区工程兵工程第十团运输连任政治指导员。当时，我们团在抚顺市望花区参加抚顺钢厂新厂房的施工建设任务。那天我背着包，通信员替我扛着行李到运输连，当我来到连部门口时，被黑板报上写的“向雷锋同志学习”七个大字吸引住了，当时我想，谁是雷锋，他是干什么的？有什么突出事迹？我上前细看下去才知道，雷锋是运输连的新兵，他来到连队以后，天天做好事，早晨起来为同志们打洗脸水，打扫室内外的卫生，连厕所都扫得干干净净，上课前他领着大家唱歌，每天饭前、上课前他给大家读报，艰苦朴素，助人为乐等等。

当天晚上，干部战士都来看我，大家都作了自我介绍，其中就有雷锋。连长李超群同志指着一个比较矮小的战士向我介绍说：“这是雷锋同志。”雷锋忙说：“报告指导员，您好，您辛苦啦，听说您是军校毕业分到咱们连的，我们大家都特别高兴，我们相信你肯定会把在学校学的好思想、好作风、革命的硬本领——毛泽东思想传给我们的。”我听了他的讲话心中美滋滋的，加上白天看了黑板报给我的印象很深，所以一下子就记住了雷锋。第二天连里领导介绍情况时，又特别提到雷锋，说他是湖南兵，在连里无论是老兵还是新兵都夸奖他，他的个头不高，从小是个孤儿，苦大仇深，1960 年 1 月 8 日入伍，在新兵连整顿休息十几天后，因他在地方开过拖拉机、推土机，所以团军务股决定分配到我

① 高士祥：原雷锋所在运输连指导员。

们运输连学开汽车。这时副连长虞仁昌插话说："当我按花名册点我们连新兵时，我一看有几个新兵个子较矮，特别有一个更矮，我就提意见说：'那个小个子兵他能学开汽车吗？'团军务参谋戴明章同志回答说：'这个兵分给你们连就偷着乐吧。别看他个子小，思想可是高啊！以后你们保证满意。'就这样我点了名，当喊到雷锋名字时，他个子虽小但他回答的声音很高，逗得大家哈哈大笑。"

后来和雷锋同志接触的机会多了，他给我留下的印象也就更深了。他有几个较突出的特点，一是非常勤快，没有休息的时候，从没有看到他闲扯，平时一有空就打扫卫生，到车场擦车，帮别人洗衣服，缝缝补补，再就是和同志们谈心学习。二是非常热心，一心一意帮助别人排忧解难，把别人的困难当成自己的困难，同班战友家中来信说：亲人有病暂时手中无钱买药，雷锋得知此事后立即以战友的名义给他家邮去 20 元钱。他早晨起来不是打扫卫生，就是给班里打洗脸水，后来给全排的同志打洗脸水，弄得大家都怪不好意思地说："我们也要向雷锋同志看齐。"此类好事举不胜举。有人问雷锋："你为什么这样做、这样想？"雷锋同志回答说："我也不知道怎么回事，我只知道我生在旧社会，成长在新社会，只知道共产党好、社会主义好，心往共产主义想，劲往集体使，我们这样不是更幸福吗？"三是克勤克俭，艰苦朴素，尤其是县委张兴玉书记送给他那双袜子补了三四层，也舍不得扔掉，还经常拿出来给大家看看，对大家说："这是县委书记给我的，是传家宝，我永远保存着，经常看看它就不会忘本。"他领的袜子、鞋、衣服破了补了又补，舍不得换新的，有的同志笑话他，说："给解放军丢脸。"连里领导也议论过，也感到他总是这样会影响军容军貌的，就找他谈话。打那以后，参加集体活动或军训时，他就换上新军服，平时出车执行任务和参加劳动时再换上旧的。

1960 年国家暂时处于困难时期，连队的伙食也不好，80％是粗粮。有一天中午，大家在食堂吃午饭，雷锋同志手里拿着《解放军报》向大伙讲解放军战士节约粮食支援人民的事。有的战士不愿听，更不愿吃高粱米饭，故意将一口饭吐在地上说："炊事班怎么搞的，米没淘净，沙子差点把我牙硌掉了……”雷锋同志没有发火，他理直气壮地照样讲：“咱们连每人每天节约一粒粮，一年就 36000 粒，全团、全军那该有多少啊?”他吃完饭后，用抹布把掉在桌子上的饭粒和地上的饭粒都扫起来，倒在了猪食缸里。

1960 年 9 月军委扩大会议决定，在全军掀起学习毛主席著作高潮，雷锋同志积极响应。当时“毛选”不好买，他主动利用假日到新华书店买了《为人民服务》、《纪念白求恩》、《反对自由主义》等二三十本单行本，除自己各留一本外，其余都赠给了本班、本排的战友，后来他又买了 40 余本供给全连战友和小学生。当时连队学“毛选”的劲头特别足，雷锋每天都坚持学习毛主席著作，尤其是星期六和星期日的晚上他要学到熄灯后，连队号召大家要像雷锋同志那样刻苦学习，从此后，学习“毛选”在全连形成了风气，多数战士每天也都学习到深夜。这样一来影响了作息时间，连里反复强调要遵守熄灯时间，并把熄灯任务落实到值班的班排长头上。在这种情况下，雷锋不是到司务长宿舍就是到连部办公室去学。我曾多次劝他早些休息，他也答应，可当你睡醒一觉后发现他还在学。出于对雷锋的爱护，谢排长批评了他，从此他再也没出现违纪现象。可是没想到他却“偷偷”地靠手电筒在被窝里学习。我和副连长晚上查铺时就曾发现过雷锋打手电学“毛选”的事儿。一个晚上，已近午夜了，我到宿舍去查铺，看见他的被子在动，走近床边，被子不动了。刚转身，又发现在动，当我第二次走近他的床边，轻轻地揭开他的被子时，他正借着手电的亮光，在聚精会神地阅读毛主席那篇《为人民服务》的文章哩。当时我感动得不知道应该说什么才好，只讲了一句：“小雷，明天还有工作，不要熬夜了!”小雷抓着我的手悄声地说：“指导员，我一拿起毛主席著作，越看心里越亮堂，越读浑身越起劲，连觉也不想睡了。”还有一次，我和他谈学习毛主席著作的体会，他告诉我说：“毛主席著作使我懂得了为什么要革命的道理，明确了工作的方向。像我这样一个在旧社会的穷孩子，没有党和毛主席的教导，眼睛怎能明亮!”

雷锋同志认真学习了《毛泽东选集》四卷中的许多文章，但他从不感到满足，还经常要我给他当辅导员。有一次，团里的政治处主任到我们连里来，雷锋同志知道后，就赶忙跑来求教，要求首长把《矛盾论》一文中自己不懂的问题解释一遍。

雷锋同志到部队后，认真地学习毛主席著作，在他学习过的毛主席的著作里，划着各种记号，写着许多眉批，并把毛主席语录和自己的学习心得写在日记本上，用以指导自己的思想和工作。他读毛主席的书，真是孜孜不倦。

雷锋同志刻苦学习的精神，教育了我，也教育了全连官兵。有些叫喊工作忙，没时间看书的同志，在他的影响下，都提高了认识，制订了学习计划，好多同志坚持自学，已学完了《毛泽东选集》中的许多重要文章。全连官兵成立了毛主席著作学习小组，决心用毛泽东思想，更好地武装自己的头脑。

雷锋入党经过

根据雷锋的思想表现和入党申请，我们运输连的党支部认为他是个好苗子，一直很重视对他进行培养和教育。第一次支委会讨论研究1960年上半年发展雷锋入党。当时有的支委提出群众对他有反映，怀疑他是不是做样子给大家看，出风头，搞名堂，对此支部作了认真分析，一致认为雷锋出身好，热爱党，热爱社会主义，他在各个方面表现得非常突出，做好事是实心实意的。但又考虑他入伍时间不长，军龄短，准备再考验一段时间。我和雷锋相处时间不长，他给我印象最深的是他对党感情特别深，要求入党的心情很迫切，经常找我和支部其他委员及党员谈心，汇报思想，征求我们的意见，让我们给他指缺点，找差距。他很虚心，一经指出的缺点立即改正。我看他心情这样迫切，于是就格外注意对他的培养，我把自己保存的一本党章和刘少奇同志著的《论共产党员修养》送给雷锋，当时雷锋特别激动，说："谢谢指导员，这是我政治生命的指路明灯，我决心按照指路明灯继续前进，永不后

退。”我还给他讲了些党的基本知识。从此，雷锋便更加自觉地按党员的标准严格地要求自己，主动找工作干，一有空就帮助他人做好事。连里有两名一起入伍的战友发生了矛盾，雷锋就像干部一样，做他们的思想工作，帮他俩解开思想疙瘩。

为了提高他的威信，我们经常在会上和利用黑板报形式宣传、表扬他的先进思想和事迹。1960 年下半年，雷锋事迹就传开了，全团各连都来我们连参观雷锋节约展览，团领导又让雷锋同志在全团国庆节大会上讲话，他准备个讲话稿，可是讲起来就不照稿子讲了，讲起来很生动。会后，我们都夸他讲得好，他却很谦虚地说：“开始讲很害怕，心直跳，从来没有在这么多人面前讲过话。”从此，雷锋出名了，工程兵宣传部门还派人来整理雷锋事迹材料。以后雷锋经常出去给兄弟部队作报告，大都是洪干事和张副指导员带着，去过黑龙江省、吉林省和旅顺基地。由于雷锋经常出去作报告，技术业务水平相对受到一定影响，连里很担心雷锋在开车技术上落后，支部研究决定专门派一台车，指定教员负责培养训练雷锋。当时群众有意见，认为连里对雷锋搞特殊化、有偏向。因为一个教员要训练很多战士，很多人开一台车。支部认为大家的意见有道理，怎么办？我们一方面对同志们讲清楚对雷锋采取短期突击训练的道理，另一方面找雷锋谈话，让他利用一切时间，采取一定措施，在短时间内，从技术上追上大家，雷锋表示一定要学好赶上去，汽车模拟教练台就是雷锋和大家一起试制成功的。雷锋同志下了很大苦功，克服了很多困难，中午不休息，饭都忘了吃，在“教练台”上练习操作，很快就赶上了大家，考核时都合格。根据雷锋进步那样快，成绩那样突出，第二次支部会议（记得在 9 月末召开的）专门讨论了雷锋和其他两名同志四季度的入党问题，五名支委一致同意，但个别支委提出要拖到 10 月底或 12 月份再发展，理由是：一是没有当年的政审，要去调查；二是入伍时间短。我和其他支委认为，政审问题应从实际出发，雷锋入伍前在鞍钢已有政审，更何况雷锋是孤儿，有一段苦难的家史；另外，雷锋入伍时间虽然短，但工作时间并不短。副书记还将雷锋与部队的其他发展对象作了比较，多数同志认为：雷锋的思想表现比较突出，尤其是七八月份，雷锋的先进事迹越来越多，在军内外的影响较大，他所做的那一件件平凡的好事，人民群众一封封热情洋溢的感谢信，使我们对他身上那种共产主义的思想品质认识得越来越深刻了，于是支委会决定发展雷锋入党。当雷锋接过入党志愿书时，心情万分激动，拿起笔就填写，填后他念了一遍，觉得不理想，又向文书要了一份。第二次填写时，心情平静下来，他在入党志愿书里又填上了申请书没有的新内容，这次他满意了，将入党志愿书郑重地交给了党支部。

关于雷锋入党问题，有一次韩政委和刘副政委听了我们支委会的意见后，支持我们的想法，他对我说："只要具备了入党条件，就应该尽快发展，不要过分强调入伍时间长短问题。"

1960 年 11 月，沈阳军区工程兵在军区招待所召开政工会议，有各团政委、教导员、指导员参加。会议期间工程兵宣传处的同志听军报社记者说："雷锋能不能入党？我们在某学校听过他的报告，准备在解放军报上发表他的事迹。若是党员就更好了，能否尽快解决组织问题，我们希望让支部研究一下。"第二天（11 月 8 日）中午饭前，韩政委把我叫到他的住室对我讲："你下午赶回抚顺连队，解放军报的记者听了雷锋的报告后很感动，决定写一篇报道。你到连队后，争取今天开支部大会讨论，解决雷锋的入党问题，明天赶回沈阳。"我下午返回抚顺，晚饭前召开了支委会，由我念雷锋的入党志愿书，介绍人介绍情况，大家异口同声同意雷锋入党，并由我和李超群二人做介绍人。晚饭后召开了支部大会，24 名党员到会 18 名，一致通过雷锋入党，其余 6 名夜间执行任务，9 日早晨我征求他们意见时，都表示同意，我在入党介绍人一栏里郑重地写下了："雷锋同志牢记我党宗旨，全心全意为人民服务，爱憎分明，有坚定的政治立场，我自愿介绍雷锋入党。"

9 日上午 11 点钟，我赶到沈阳会场，中午饭前我把支部大会 11 月 8 日通过雷锋入党的决议，向团政委韩万金做了汇报。他指示我找技术营崔教导员，利用午饭后休息时间尽快召开营党委会讨论，营党委及时通过了运输连党支部批准雷锋入党的决议。这天是 11 月 9 日，当天下午就通知了正在沈阳某中学作"忆苦思甜"报告的雷锋来招待所找我。

雷锋在招待所的楼梯口被一群招待员给围住了，请他讲讲他的先进事迹。当时入伍不到一年的雷锋已经有了名气，他无论走到哪就把好事做到哪，深受人们的爱戴。雷锋一走到我们的住室门口就喊“报告”，我一听就知道是雷锋来了，他一进屋就向我立正、敬礼、报告“我来了!”我便从床头柜里面拿出他的入党志愿书给他看。这时，雷锋的视线紧紧盯在志愿书上，丝毫也不挪开。

“雷锋，从现在起你就是中国共产党党员啦!”我严肃地说，他好像久别母亲的孩子扑到妈妈怀里一样“哇”地一声哭了，这时在场的几位指导员和教导员全都被雷锋对党的赤诚的感情所感动，雷锋用手翻动着他的入党志愿书，哽咽着断断续续地说：“我终于是共产党员啦，党是我的生身父母，今后我坚决听您的话!”这时在雷锋身边的营党委书记崔教导员走过来，拉着雷锋的手说：“你已经是一名党员啦，以后要更加谦虚谨慎，全心全意为人民服务!”雷锋听了连连点头。晚上，他在自己的日记中写下这样的誓言：“伟大的党啊，您是我慈祥的母亲，我所有的一切都属于您，我要永远听您的话，做您的忠实儿子!”

雷锋牺牲的时候

1962 年 8 月 13 日下午，我去团施工工地参加全团的政工会议。晚上就寝前到雷锋班里看了看，雷锋简要地介绍了他们班的近况，我听了以后很满意。14 日晚上雷锋到我们几位指导员宿舍（住在老百姓家）向我汇报说：“车管李助理员指示明天赶回抚顺望花修理所进行车辆三级保养，争取五天修完赶回来。”我告诉他：“施工任务已处于收尾阶段，9～10 月份任务很重，如果不抓紧时间进行保养，部队 10 月末返回营区，你们班还要有往回运输各连物资的任务，怕是有困难的。”他听后高高兴兴地回班里去了。15 日我早起散步，看见雷锋和小乔在后勤处李助理员住的房间东一间小草房边，往车上扛被服等物，便问：“你们什么时候走?”“吃过早饭就走。”雷锋回答说。“你们俩一定要注意安全啊！”雷锋笑呵呵地说：“是，指导员，请您放心！”当我离开他们时，雷锋还很有礼貌地对我说：“再见，指导员！”没想到，这竟成了我跟雷锋的最后一次谈话。

8 月 15 日上午 10 点钟左右，我们正在后勤处张协理员宿舍开会，突然电话一个劲地响了起来，协理员拿起话筒，里边没有声音，气得他把听筒扔到了一边足足有五六分钟，张协理员说：“总机搞的什么名堂？”有人插话说：“不是听筒坏啦，你再摇摇看看。”张协理员拿起电话一听，不是话筒坏了，而是总机把各级领导的电话全接通了，里边有人讲话说：“通报一个不幸的消息，雷锋发生了重大事故。”连续讲了好几次，听到这里协理员的脸都变色了，开会的同志们都愣了，协理员结结巴巴地说：“雷锋，雷锋发生……”我更懵了，半晌说不出话来，一脚从炕上跳下来，心想，雷锋和乔安山开车，可能掉到山沟里了！我们正在着急时，团里领导来电话说，让孔处长和我赶快准备回抚顺运输连。我和孔处长跑到公路上，正好团的一辆车开过来，我们上了车，政委韩万金、政治处主任都已在车上。回到连队，只见干部战士全低着头，抚顺市和望花区的领导和周围的群众以及学校的学生听说雷锋出了事，都急切地赶来了。由于我们急着想知道雷锋到底出了什么事，就没有来得及向其他领导和群众说话，只是问雷锋在哪里？连长呢？一名战士说：“在西部医院抢救。”我们挤过人群，直奔医院，远远就望见一群白衣大夫。韩政委第一句话就问：“雷锋在哪里？”回答说在医院太平房，我们的头顿时就耷拉下来了，我们急忙赶到太平房，当时的虞连长正领着战士给雷锋擦身子、整容，全部换上新鞋、袜、帽和衣服。连长和原四班班长张兴吉边擦边大声哭喊，太平房里的战士们个个泪人似的，我和政委眼泪刷刷地往下流，我由于心情控制不住也大声哭了起来，政委急忙把我拉走，我回头再看看雷锋的左眼眉上方，隆起鸡蛋大一个包。首长让我们和虞连长一起回连部向军区工程兵领导报告雷锋牺牲的详细情况。回到连队已是下午一点多种，在座的有抚顺市领导、望花区领导、团机关有关人员，工程兵机关领导也赶来参加汇报会。虞连长简要介绍了雷锋遇难经过，他说：“雷锋和乔安山把车从下石碑山村开回连队停车场后，雷锋到连部向我请示说，他们俩已商量好了不将车开到修理所修理，他们自己要干，准备把车开到九连厨房门前，用自来水冲刷车子，中午就可以晒干，下午请王教员和白副连长帮助，他们进行保养，这样既缩短了时间，又锻炼了技术，当时乔安山还曾问过一句：'保养车时咱们没有工具行吗?'雷锋回答说：'我到修理所去借。'我同意了他们的想法，并表扬了他们这种对工作积极主动和赶任务、学技术的负责精神，雷锋高高兴兴地向我敬个军礼就回到了车场。不到10分钟就听到房后大喊大叫：'雷锋'……"他介绍到这里，韩政委问乔安山在哪？回答说被禁闭起来了。政委指示我把乔安山放了，他说："不能死了一人，再死第二人，你要负责他的安全，不要让乔安山再发生意外，千万不能再死一个了。"我和副连长立即来到乔安山被禁闭的地方（家属来队宿舍的一间小屋），见两名战士持枪而立，为解除乔安山的紧张感，我故意大声对哨兵说："你们还在这干什么？政委让你们回去，乔安山没有事了。"乔安山见到我就边哭边说："指导员，我有罪呀，这么好的班长让我给撞死了，让我跟班长一起去死吧!"我劝了半天，他才平息下来。我问他出事经过，当时乔安山说的情况和其他人说的不大一样，我认为乔安山当时说的是真实的，经他讲了之后，我才弄清了情况：

当时雷锋从连部回来，把连长同意的意见告诉了乔安山，然后俩人争抢手摇把子摇车，结果还是让雷锋把手摇把子抢过去，由乔安山开车，雷锋拿手摇把子从近道赶到九连伙房门前等候，乔安山将车开到九连连部向左拐弯时，车停住了，乔安山当时担心汽车保险杠右侧还差20多厘米就顶着九连连部房子，左后轮边有棵杨树，相距15厘米左右，在向前方向约一米远有一根柞木方子，埋在地下50厘米深，木方是40毫米×60毫米粗细，上面拉着8号铁线，一直拉到炊事班门前，约70米左右长，中间用钢筋支着，平时给干部战士晾衣服、晒被用。这时乔安山没敢往前继续开，车停下后把头伸到车门外喊班长，雷锋听见后立即前去问怎么回事？乔安山告诉他说："班长，你看看能不能撞上房子?"雷锋左右看看便问："方向盘打死了没有?"乔安山说："打死了!”雷锋在前进方向左侧用手指挥走。当时乔安山是挂二档起步的，而且方向盘回轮很快，结果车左后轮将木方给挤倒了，木方与拴在树上铁线被拉断，木方向左前方弹了出去，正好砸在雷锋的头部，惨剧发生了。乔安山说：“如果当时是一档起步，慢一点就不会出事了。”乔安山还向我介绍说，当时他还不知道出了事，等他把车开到伙房停下时，才发现雷锋躺在地上。乔安山急忙边跑边喊：“雷锋班长，班长……”抱着雷锋的头大声哭叫，喊声惊动了九连留守的两个战士，他们从葱地里同时跑出来，虞连长在连部办公室听到喊声也跑了出来，看到雷锋被打倒在地，只喘气不睁眼，也不能说话，虞连长急得直打自己的嘴巴，他让在车场训练的白、曹二位副连长赶紧开车来，白副连长立即把一辆嘎斯车开来。赶紧把雷锋送往西部医院抢救。当把大夫找来时，雷锋已经有点喘不上气来，他们立即给他输氧，氧气也不行了，一位大夫就骑在雷锋身上给他做人工呼吸，同时医院还给军区总医院打电话请院脑外科专家来。连长派白副连长开车去沈阳接，白副连长着急，车开得特别快，沈阳的交通警都感到奇怪，要拦车，白副连长大声喊是救人！一直没有停车，到沈阳军区总医院时，脑外科教授已在门口等着了。等专家赶到抚顺西部医院时，雷锋已停止了呼吸，大夫痛惜地说：“我来晚了，没有完成任务。”老教授说，如果他能及时赶来的话，可以保住雷锋的生命，但人也要残废。老教授说到这里，乔安山就被排长和两名战士带走进了禁闭室。以后的事情他就不清楚了。他还对我说：“我当时在想，雷锋让我给撞死了，我也活不成了，最低也是无期徒刑。真没想到领导还把我放出来了，还和同志们一样对待，我只有感谢党、感谢领导，我要用我的全部力量和实际行动，弥补我的罪行，来完成雷锋没有完成的任务……”从那以后，为保护他的安全我走到哪里，就叫他跟在哪里。乔安山再三要求我让他去看看雷锋遗容，我带他去了。他在雷锋遗体前，趴在地上一个劲地哭，经再三劝说他才离开。

我们连队干部、战士几天几宿没吃好睡好，人人都为雷锋的遇难而痛苦，为失去一位亲密战友而悲哀，为了表示对雷锋的尊敬，连队决定由正副排长以上干部为雷锋遗体站双岗，全副武装给雷锋守灵，半个小时一换班。

在抚顺市地方领导精心安排下，决定在雷锋牺牲的第三天，也就是1962年8月17日下午1时，“公祭雷锋大会”在望花区委礼堂举行。追悼大会的一切准备工作是望花区一位区长亲自安排筹备的。参加公祭大会的单位有我们沈阳部队的领导、工程兵部队的领导、团领导、各营、各连的代表，还有抚顺市党、政、工、青、妇各级领导、望花区的党政领导、各学校的学生代表，还有自发参加追悼会的好多群众，人人都佩戴着白花和黑纱，实际来参加追悼会的人远远超过了预想的规模。望花区委的礼堂根本容纳不下，干脆在外边院子临时搭上扩音喇叭，会场内外、大院内外全是人。送来的花圈也数不清有多少，我记得沈阳部队送的花圈最大，二米多高，直径一米半，上面的彩蝶像要飞起来似的，光往戈布公墓拉花圈的车，就用了好几台大解放。

那天，区委的礼堂布置得庄严、肃穆，雷锋同志的灵柩停放在礼堂台上正中，沈阳部队送的花圈浮放在灵柩的正中，棺椁下面竖立着披着黑纱的雷锋遗像，其余的花圈分两侧摆满了台上、台下，团首长和连队领导、雷锋生前战友全副武装轮流守灵。主席台上挂着大幅横幅“公祭雷锋同志大会”，挽联挂在会场的两侧：“学雷锋不怕苦，不畏难，以行动作纪念，争当五好战士；学雷锋对敌狠，对己和，化悲痛为力量，共练杀敌本领。”

追悼大会由我团政委韩万金致悼词，由我介绍雷锋同志生平事迹，追悼大会后，人们按顺序随着哀乐从雷锋的灵柩前面走过去，作最后告别。

当雷锋灵车走出大门时，我们才发现自动参加雷锋追悼会的学生和各界群众有数千人。雷锋的灵柩经和平大街、戈布大桥，送往烈士公墓，送葬的队伍浩浩荡荡，我从来没有见过这么大的场面。从望花区礼堂到戈布公墓这么长的路，路两边全是人，那天下午3点半钟，市区交通停止车辆来往，为保证送葬车辆通行。为送灵队伍开道的是我团特务连的两台摩托车，紧跟在后面的是台三轮摩托车，由汽车连排长谢伯林擎着雷锋遗像坐在上面，紧接着灵车，为让灵车安安稳稳到达，我们让技术过硬的汽车连副连长白福祖亲自开灵车，再后面就是十几辆军车、地方领导乘坐的小车，紧随着是拉着花圈的大解放汽车（汽车连的一部分战士已在戈布公墓挖穴等候）。

到了戈布烈士公墓，把雷锋的灵柩从车上抬下来，抬得非常平稳，如稍有歪一点，马上就有人喊，非常平稳地将棺椁放进墓穴里面。我这时看到墓前摆放一张桌子，上有点燃的香，并有馒头、各种菜果、筷子摆在供桌上面，墓穴里扔不少铜钱、红布，下葬的形式完全是按照抚顺地方的风俗进行的，这充分表达了抚顺地区人民对雷锋同志崇敬爱戴的心情。

开始埋土时，部队和地方上的领导首先每人抓一把土，撒在灵柩上，我们转了好几圈，不愿意埋土……不愿意离开雷锋同志，等填完土后，又绕坟转了一圈，雷锋墓前立了一块木制的碑。上面写着："毛主席的好战士、中国共产党党员、抚顺市人民代表、中国人民解放军工程兵工程第十团班长，雷锋烈士之墓 一九六二年八月十七日立。"

1993 年 4 月 23 日，于辽宁大连市旅顺口

“肚子痛”与感谢信

庞春学①

“肚子痛”

1960 年夏的某一天，我们运输连全体官兵正在睡午觉。突然间，大家被一阵锣鼓声震醒，战友们纷纷跑到外面看究竟，只见高指导员站在连部门前，正在发火，大声问道：“是谁中午不睡觉，打打闹闹成何体统？你们不睡觉不要影响别人休息。”可是锣鼓声越来越近，大家定睛仔细一看，啊！原来是一群工人敲锣打鼓，手里还拿着一张用大红纸写的足有两米多长的感谢信。全连同志后来才算明白：原来，雷锋星期日吃完早饭，因肚子痛请假到团卫生队去看病。在途中，被抚顺市望花区本溪路小学（现雷锋学校）教学楼建设工地热火朝天的劳动场面所吸引，这时，建筑工地广播喇叭传出：“推砖的同志快加油呀！如果砖供应不上，必然影响工程进度……”雷锋忘记了自己是去看病，到工地找了一台手推车就干了起来。推砖工人看来了一名解放军战士帮干活，立即掀起了劳动竞赛高潮，你追我赶，工地沸腾了。雷锋干得非常投入，这一干就是大半天，回连队时，军装放在工地上忘记穿了，雷锋返回工地取军装时，工人师傅非要雷锋讲出名字和部队番号，否则不给军装。雷锋才不得不如实交代了部队番号和自己的姓名。事后，雷锋与战友开

① 庞春学：原雷锋所在班战士。

玩笑地说："我发现干活能治病，出了汗治病的效果更好。"

善意的谎言

地处长白山余脉的辽宁省抚顺市的冬天，虽不像黑龙江吉林那样严寒，但由于海拔高，气温在摄氏零下二十八九度是很普遍的现象。可以说，抚顺市是辽宁省四个省辖市最冷的城市。

1960年的秋天似乎比往年更冷一些，到了10月21日，抚顺就已经下了几场霜，给人们传递了冬天即将到来的信息。按部队的着装规定，我们全连的指战员，早已换上了棉军装。根据连首长的安排，贮藏全连官兵食用蔬菜的菜窖已经挖好。

早饭过后，连长给我们第三、四两个汽车教练排，近二十名清一色的都是从辽阳与雷锋一起入伍的学员，上山割草搭菜窖的任务。我们的午饭是炊事班为我们准备好的，每个人一饭盒饭，发放到每个人手里由个人携带。割草工具和应该带的东西备好以后，由排长带队立即出发，驱车前往抚顺市北部，距抚顺市数十公里的大山深处。到达目的地后，排长做了简短动员并对任务、安全等问题提出了具体要求，随即战友们个个精神饱满，像小老虎一样迅速地干了起来，谁也顾不上说话，生怕影响进度，只听刀割草声音。不到中午，每人都割数十捆草了。我和一些战友手上磨起了血泡，军装早已被汗水湿透，大家谁都没觉得累。接近中午了，战友们的肚子饿得哗哗之响，都筋疲力尽了，该吃饭补充能量了。这时排长哨声响了，高声喊道："同志们，吃午饭啦！"战友们急不可待地拿出饭盒，一个个大口大口地狼吞虎咽地猛吃起来，因为实在是太饿了。就在这时，雷锋发现一位战友没有吃饭，眼巴巴地望着众战友用餐，雷锋上前问他："为什么不吃饭？"那位战友很不好意思地说："早饭吃完后还觉得没吃饱，就把炊事班为自己准备的中午饭两顿并成一顿地吃掉了。"因为那位战友身高体大，长的魁梧健壮，是全连有名的大力士，干力气活也特别有劲能干。雷锋向那位战士撒了个谎说：

"我有点胃痛，实在吃不下饭，请你帮我把这盒饭消灭了吧。"开始那位战友还有点不好意思，众战友都劝他吃，最后他终于把饭吃了。战友们深受感动，赞扬雷锋："战友情谊深，胜似亲弟兄，遇到困难时舍己献真情。"雷锋在日记中写道："我虽然饿点，让他吃饱，这是我最大的快乐。"

雷锋忍饥给战友送饭的感人事迹，被战友们广为传颂，也被团政治处摄影记者季增同志拍下了珍贵的镜头。这件事是我亲身经历过的，深深地感动了我，影响了我的人生。至今虽然半个世纪过去了，但一直记忆犹新，令我终身难忘。

光荣的错误

我所在的中国人民解放军三三一七部队，是沈阳军区工程兵所属的一个独立工兵团。在那个激情燃烧的年代，在毛泽东主席"备战备荒为人民"、"深挖洞、广积粮"、"不称霸"的指示下，我们团根据上级安排，每年都在执行国防施工任务，常年挖山洞，修坑道，只有冬季部队才能回到营房进行军事训练。

1961年的冬天，我们团按照沈阳军区和工程兵领导机关指定的军事训练计划，开展了热火朝天的冬季大练兵活动。在训练最紧张时刻，我患上重感冒，高烧四十度零五，嘴也烧出了泡。棉衣、棉大衣都盖在背上，还是冷得直打哆嗦。我实在坚持不住了，住进了团卫生队。班长雷锋十分牵挂我的病情。他买了两瓶水果罐头，向连长请了假到卫生队看我。他亲切地安慰我："不要急于想着训练，要积极配合医生治疗，安心养病。"并再三嘱咐我："一定等病情痊愈，身体恢复健康后再出院。"雷锋与我虽不是亲兄弟，但胜似亲兄弟。他的深情厚谊使我很受感动。我从心灵深处感到，解放军这所革命大学校，和自己家里一样的温暖。雷锋的爱心情意，给了我战胜疾病的信心和力量，给了我战胜困难的勇气，进一步增进了我与雷锋亲如手足的战友之情。我心里在想，部队训练这么紧张，我不能躺在医院了，应即刻投入火热的训练中去。于是，我高烧刚退，背着医生偷偷地溜回连队，向雷锋撒了个谎，说："班长，我已经出院了，可以参加训练了。"因我从不说谎话，雷锋信以为真。当医生向连长介绍我的情况后，连长很严肃地批评了我。我虽然挨了批评，但丝毫没有感觉到委屈，心里美滋滋的，觉得这个错误犯得值得，认为是犯了一个光荣的错误，与过去战争年代那些老战士负伤后继续参加战争，有的献出了宝贵的生命相比，我还差得远呢。

奖状背后的故事

20 世纪 60 年代初，我国遭到连续三年自然灾害，苏联老大哥与我国闹翻了，向我国逼债，我国经济遇到暂时困难。那时，部队的文化生活很单调，每周演一次电影，战友们高兴地不得了。为了活跃部队的文化生活。1960 年初，我们部队组织一次以营为单位战士业余文艺节目演出。我连组成了一支十余人的演出队，代表团后勤处参加团战士业余文艺节目汇演。我与雷锋都参加了连文艺演出队。我会拉二胡，是小乐队员。雷锋不会乐器演奏，也不擅长声乐。他是 1958 年秋天来到鞍钢，1959 年秋调到辽阳弓长岭铁矿。从老家湖南到辽宁近一年多时间，普通话说得很不标准，满嘴都是湖南话。当兵之初我就和雷锋在一起，他讲的话战友们都听不明白。严格说，他是不具备参加演出条件的。他为什么参加了演出队呢？因为雷锋积极向上，无论连队组织什么活动，他都积极参与。再说，战士演出队毕竟是业余演出，标准要求也并不是很高，雷锋就选择参加了演出队，贵在参与么。

在参加比赛的节目中，其中有一个群口快板，所谓群口快板，就是几个人合说的快板。雷锋在这个节目中担任一个角色，他分工说的台词，从他嘴里讲出来就变了味，闹出许多笑话，如：海水汹涌浪花翻，他说成：海水汹涌浪发发。谁能理解"浪发发"是什么意思？战友们教他发音。雷锋与大家累得口干舌燥，满脸是汗。

在困难面前，雷锋有种不服输的劲头。俗话说“功夫不负有心人”，雷锋以顽强的毅力，终于成功了。战友们与他分享了成功后的喜悦：这个节目获得优秀演出奖，得了一个大奖状。大家以无比激动的心情，穿着整齐的军装，特邀了李超群连长与我们一起到营口市大华照相馆，带着获奖的两个奖状，留下了终生难忘的美好记忆。这张照片我一直保留至今。抚顺雷锋纪念馆、辽阳雷锋纪念馆均展出了此张照片。当时这张集体相照完之后，战友们激情未散，我和雷锋众战友又分别照了一张二寸立姿拉手风琴的照片。雷锋这张拉手风琴的照片，也在抚顺、辽阳雷锋纪念馆展出，是传承雷锋文化弥足珍贵的精神财富。

2012 年 10 月

与雷锋同时入伍、同在四班

于泉洋[①]

我和雷锋同志参军入伍前，同在辽阳市弓长岭铁矿工作。这个矿是鞍山钢铁公司所属的一个矿。雷锋在焦化厂，我在运输车间。在铁矿的时候，因为我们是基层单位，彼此并不认识；但对他的名字我是特别熟悉的。那时候，由于他在焦化厂工作中表现积极刻苦，多次被评为先进生产者、红旗手、标兵，所以工会经常表扬他的先进事迹。我和他正式接触、交往是从参加新兵体检时开始的。1960 年度征兵时，我们都报了名。我记得非常清楚，那是 1959 年 12 月 22 日，在辽阳小屯镇一个小学校，我们应征目测合格的青年参加了新兵体检。那一天，虽然很冷但天气晴朗，我们这些应征者绝大多数是巴望着体检合格，光荣地参军入伍；但也确有个别人，因为当工人挣工资，生活条件好而留恋工厂其实并不愿意当兵，所以在体检时故意装听不见，故意装看不着……而雷锋，不仅是希望体检合格，简直就是非当兵不可。在体检那天，他一到体检站，就在一个教室里用粉笔在黑板上写下了参军保卫祖国的决心。在没轮到他进行体检时，因为他生怕体检不合格和坚决要求参军的急切心情，所以他在小学操场上，紧紧拉着接兵部队一位中尉军官的衣襟，非要这位军官批准他当兵不可；他央求说："我家祖辈三代受尽了旧社会之苦，都惨死在那吃人的社会里，只有共产党解放了我的家乡，我才过着今天的幸福生活。我要求参军就是为了报答党、报答毛主席，用实际行动保卫祖国……"同时，他让那位军官和我们围观的体检青年看他

---

① 于泉洋：原雷锋所在班战士。

被地主婆砍伤的受伤的三道疤痕。在场的我们，既为他苦苦央求当兵而感到可笑；又因听了他的苦难家史而同情和受到了教育，当时我和几个不相识的青年都默默地掉下了眼泪。在场的人都看得出来，那位军官也很受感动！后来大家到处打听，才知道那位军官正是接兵部队的负责人，司令部的军务参谋。有些人七言八语地议论着：弓长岭矿那个小雷锋肯定能应征；就凭他的家庭出身和在工厂的一贯表现，部队也一定能接收他这个兵……

以上便是我接触雷锋的最初印象。雷锋好似一团火，不论他走到哪里都会发热闪光。由于他的积极争取，赢得了辽阳市兵役局和接兵部队首长的赞扬，所以在1960年1月2日，我们初检合格的新兵在辽阳南林子工农干校集中时，雷锋本来被编入预备队，可是他要求参军的决心大，行动感人，市兵役局政委被他“纠缠”得无可奈何，交给新兵营当起了“便衣通讯员”。直到1月8日上午我们要往辽阳火车站出发时，才见雷锋穿上了军装，跟在新兵营几位首长的后边。他终于获准参军。从那天起我们结成了亲密的战友，并在部队一起生活中，目睹了他从普通一兵成长为伟大的共产主义战士。

入伍后，我和雷锋被分配到同一个连队参加汽车驾驶训练。我们从辽阳入伍同时被分配到运输连的这些新兵组成了两个训练排，我在汽训八班，雷锋在汽训十班。经过培训毕业后，编入老兵班时我俩一同分到二排四班。由于我们是从一个工厂入伍的，他又比我的年龄大两岁，所以他就像是一个哥哥似的，对我这个小弟弟特别关心，细心照顾。他做好事的时候，总是愿意带着我去。在学习上不断地帮助和耐心地对我进行辅导，遇到学习难点他反复地给我讲解，直到弄通弄懂为止；学习时没有书，他背着我悄悄地给我买书；没有笔记本，他把心爱的笔记本给我用。在连队党支部号召学习毛主席著作时，他把自己两册毛主席著作单行本《为人民服务》、《纪念白求恩》送给了我。他就是这样，关心着我的学习，关心着我的进步。实际上他对别的同志也是这样关心备至。在汽车驾驶训练期间，由于操作不熟练，技术生疏，驾驶时把不住方向盘，于是他就手把手地帮助练习。不仅这样，为了提高教学效果，帮助大家尽快掌握驾驶技术，雷锋主动制作了一台应用“汽车教练台”，一到课余时间，就领着大家到教练台上练习驾驶动作。这对推动大家熟练掌握驾驶要领起到了很大的作用。对他这种肯于动脑钻研的精神，大家非常钦佩。他也受到了领导的表扬。

雷锋像对待一个弟弟似地关心我，我也特别喜欢雷锋。他在外地执行施工任务期间，有一次为了办事很晚才回到连队。那天晚上他没有铺盖，我俩就合盖一床被子睡在了一起。在全班战友中，单独和雷锋一起合影的，大概只有我一个。那是在一个星期天，我约他去街上百货商店买生活日用品，当时雷锋不想外出，他说：“我一会儿到炊事班帮厨去，连队今天吃包子，炊事班人少忙不过来，我得去帮助干点活。这星期我就不出去了，你自己去给我捎一条肥皂回来。”我看他不想去的样子，忙说：“人家炊事班告诉等到12点钟才开始做呢，现在还不到9点，咱们去买东西一会儿就回来，满来得及。”就这样，雷锋才答应说：“好吧，快去快回。”他提笔写了个请假条，经连值班员送到连部，连长准了我们的假，我和雷锋就一同上街去了。一进到抚顺望花区百货商店，只见顾客特别多；我们根本无法靠近柜台，售货员个个忙得满头是汗。见此情景，雷锋忙对我说：“顾客那么多，售货员忙不过来，咱们帮他们一下忙，好不忙?”我当即回答：“好啊!”然后，征得售货员们的同意，我俩就帮助卖起货来了。足足忙了两个小时左右，顾客也逐渐少了一些，我们和售货员们打了招呼，买完东西离开了商店。临离开的时候商店人员一再向我们道谢！我暗暗地高兴，这是跟着雷锋做了一件好事啊！

我俩走出商店，在大楼边上有一个照相馆。雷锋看了看表，对我说：“现在刚过11点，到帮厨的时间差不多还有一个小时，咱们俩进去合个影吧。将来我们退伍后都回各自的家乡，如果想了，就拿出照片看看，不也是个纪念嘛!”我当然非常高兴，就和他一起进了照相馆，正好没人，不用等进屋就照，我当即拿钱；可是雷锋将我一把推开，已经抢先付款开好了票，于是我们如同亲兄弟一般共同合影，留下了珍贵的镜头。一个星期后，我去取回照片，给他两张；我留下了一张和底片……这张珍藏了三十多年的照片，一直挂在我那张古朴的简易木质床的床头。寄托着我眷眷的思恋，也凝结着我的一往情深。

在同雷锋一起生活、工作的经常接触中，给我印象最深的，是他刻苦学习革命理论的惊人的毅力。在 1960 年，中央军委号召全军开展学习毛主席著作，雷锋积极响应。本来他早已就重视学习毛主席著作，这回他在学习上抓得更紧、对自己要求得更严了，真是“书不离手，身不离书”，走到哪里就学到哪里。他每次外出或执行任务，随身总是挎着个背包，背包里则装着书和笔记本、红蓝铅笔等。同志们都说他是“毛主席著作随身带，一有空闲就学起来”，这是千真万确的事实，一点儿也不夸张。他每天对自学的安排是紧紧的。除了参加连队一些活动外，抽出时间就是看书，平时部队组织看电影时，在开演前的几分钟他也从不放过，把书拿出来看上几页；连队晚上熄灯后，他就找个地方学习，一学就学到很晚很晚。特别是工棚、司务长宿舍、文书办公室，都成了他经常用来学习的好地方。

记得有一天晚上，我是 11～12 点的岗，下岗时我路过司务长的房间发现室内的灯还亮着，我心想，这么晚了司务长怎么还没有休息？我就从窗户往里看了一下，原来是雷锋正在桌子上聚精会神地看着毛主席著作呢，不时地用笔写些什么。看是雷锋，我就进到屋里对他说：“班长，现在都几点啦，还不睡觉，明天还得出车哪！”我边说边走到他的近前，这时我看见雷锋正在学《为人民服务》这篇文章，还写了不少的心得笔记。雷锋回答说我说：“我又把《为人民服务》这篇文章反复看了几遍，准备明天晚上给全班作辅导。你先回去睡吧，我一会儿就回去。”后来我说：“我先走啦，你要快一点啊！”这件事对我的教育启发特别大。我心里想，连队的工作、班里的工作这么忙，训练和施工任务又抓得非常紧张劳累，已经够疲劳的了，可是雷锋不顾这些，照样抓紧一切时间学习，他这种刻苦精神，求知的欲望实在感人至深。由于受到雷锋的影响，自那以后我也端正了学习态度，偷偷地到新华书店买了毛主席著作单行本开始自觉地学起来了。

雷锋对学习马列主义毛泽东思想重要性的认识是极为深刻的，目的也十分明确。他在日记中写道："毛主席著作对我来说，好比粮食、武器、方向盘；人不吃饭不行；打仗没有武器不行；开车没有方向盘不行……"

雷锋对学习革命理论深有体会地说："对马列主义毛泽东思想学得越好，思想越开朗；胸怀越广阔；立场越坚定；理想也就越远大。"他说："我学习《毛泽东选集》一、二、三、四卷以后，懂得了为谁活着，怎样活着的伟大意义。我明确了一个人活着就应该是使别人过得更美好。"事实上，雷锋不仅这样说，他正是这样做的。雷锋在他的成长道路上，之所以能够始终掌握正确的方向，坚持革命必胜的信念，保持旺盛的革命斗志，就是因为他始终坚持不懈地学习革命理论，从中吸取营养，增长智慧和充实力量，并用以指导自己的实践。

雷锋不但重视理论学习，在学习文化、学习技术方面，他的学习精神也是非常突出的。入伍时间不长，他仅仅是一个高小毕业生就给我们担任过"小文化教员"。由此可见，若不是通过自学提高，他能做到这一点吗？在技术学习上也是一样。当我们学习汽车驾驶之初，对于汽车内燃机构造原理，任凭汽车教员怎样耐心、反复讲解，大家总是听不懂，难以领会。可是雷锋同志不仅学得快、领会深，还用他学过拖拉机的经验体会帮助大家，对同志们进行个别辅导。可以说，我们结业时每个人都取得了合格证书，雷锋是作出了贡献的。

1961 年冬季训练时，连队党支部提出："练三九，战三九"的口号。雷锋在摄氏零下 25 度的气温下保养车子。记得那一次是他的车子进行三级保养，他带领着助手把车开到保养台上，进行检查、紧定、调整、注油、换环、紧瓦等项。从上午 8 点一直干到下午 4 点多钟。手和脸冻得红紫，手背已经冻肿了也不在乎，仍然坚持着干，直到把车全部保养完了才回屋休息。他这种肯于吃苦、勇于锻炼的精神，我们是很服气的。这一点从他刚入伍时的表现就使我们深受教育。那是入伍后进行队列教育和射击、投弹等共同科目训练时间内，不仅在训练场上，而是抓紧一切时间随时随地勤学苦练。他为了练好射击，自己制作了一个小靶子，插在操场一边，一有空就趴在地上对着靶子练习瞄准，一练就是一两个小时。为了增加自己的臂力，他经常练习托砖头，有时还把一块砖头吊在枪上，用立姿有依托进行射击练习。由于他这样长时间地苦练，臂力增强，握枪稳当，每次实弹射击都取得了优异的成绩。在投弹训练时，对一些身强力壮的大个子来说，即使是不用练也能达到投远标准的要求；可是对雷锋来说，个子比较矮，体质也不算很好，投弹这个科目对他难度很大，每次轮到他投弹时，不是投不远就是偏离目标，常常不及格。当时，雷锋非常着急，饭吃不下，晚上睡不着觉。但是他不灰心，不怕困难，不怕苦和累，下定了决心要攻克难关。一次他对我说："我是一名解放军战士，连一颗手榴弹都投不远，怎么能上前线打击敌人，又怎么能谈得上保卫党、保卫祖国呢?"我劝他说："不要操之过急，加强练习慢慢就会投远的。"后来，他经常利用一切时间到操场上自己练投，从这头跑到那头；又从那头跑到这头，反复练习不停。当自己感到对动作要领体会不深时，就主动向其他同志请教，不耻下问。甚至有时，夜里醒来还穿上衣服就跑到附近操场上练习投弹。他就是这样像着了魔似地一个劲地苦练，胳膊甩肿了，他从不叫苦，大家看到他这种情况，都很心痛，同情和关心他说："要注意身体。"可是雷锋仍不放松练习，他恒心不变，非要练成不可。终于，经过他一个多月的苦练，功夫不负有心人，在投弹科目结束考核时，雷锋的投弹成绩达到了要求，取得了很好的成绩，受到了领导的表扬，也博得了同志们的好评。多年来，每当我看到惠连生同志帮助他纠正投弹要领时的那幅照片，我就会为雷锋那种刚强的毅力，坚忍不拔的精神，而油然产生一种敬佩的心情!

雷锋同志全心全意为人民服务，坚持经常为人民群众做好事，确实是我们学习的光辉榜样。1961 年 10 月 1 日庆祝国庆 12 周年那天，雷锋带领我们到抚顺瓢儿屯火车站义务劳动的情景，迄今为止一直作为一件美好的回忆深藏在我的记忆中。那一次的行动，完全是雷锋同志发起的。在"十一"的头天晚上，雷锋班长召开班务会。会议一开始他就说："明天是十月一，庆祝建国 12 周年，连里放假一天。我的想法是咱们不能光休息，应当找点事做，看大家同意不?"这时候，大家七言八语地说了一通。有个同志提议："由班长安排，让干什么都行。"于是都表示赞同。就这样，雷锋同志把自己的想法说给了大家。他说："咱们留下两名同志把全班所有的床单都洗完，然后到炊事班去帮厨。其他同志由我带队去瓢儿屯火车站打扫卫生。如果大家没意见，散会后就开始准备扫帚、铁锹、土筐等。今晚大家好好休息，明天早饭后就出发……"他又征求了一下意见，大家异口同声地表示同意。

第二天，也就是国庆节的早晨，雷锋向连首长报告了全班的行动计划，得到了连长的赞许，遂领着我们肩扛清扫工具，排着二路纵队，步伐整齐地到了火车站。到了车站，队伍解散原地待命。雷锋班长则找来车站的领导，向其说明了我们的来意……他回来集合大家，在全班面前作了任务布置。他讲道："今天我们放弃休息，是为了过一个有意义的国庆节。在进行义务劳动中，我们一定要遵守群众纪律。我们为人民群众办好事，是为了使人民群众更加热爱党、热爱人民解放军，从而加强军民团结。所以我们一定要认真地干，干好就好。同时我们要强调，请大家务必注意安全，千万不能出现事故。对打扫卫生的要求，必须达到干净彻底；要爱护一草一木，别损坏车站的东西。如果借用车站的东西，不要弄坏，用后要还……"在他向大家交代任务当中，旁边站着一些候车和路过的群众，他们纷纷赞扬："解放军在节假日里不休息，到车站义务劳动，真是人民的子弟兵啊！"群众中不知是谁，很可能他知道雷锋的先进事迹，用充满敬仰的语气说："你们没看看讲话的那个小个子班长是谁？那是雷锋，有雷锋这样的先进人物当班长，这个班肯定尽做好事……"

雷锋安排完了以后，大家按各自的分工开始扫的扫、推的推、抬的抬……大家干得热火朝天。从早上八点多一气不歇地干到十一点半，把整个车站的室内、室外，周围环境，站前广场打扫得彻彻底底、干干净净。正当干完活，刚要休息，一列客车进站了。雷锋急忙对大家打招呼说："我们的活已经干完了。现在火车刚刚进站，大家快些帮忙维持一些秩序，照顾好旅客……"他的话音未落，我们六个人自动找事做，有的扶老携幼，有的帮拿东西，我和另外一个同志是帮助站务员收票。就在这个时候，我眼见雷锋将一位老大爷扶下车，同时将很大的一个包袱背在肩上，搀扶老人走出收票口，见到了接老人的家属，才把大包袱交到家属手里。老人和家属都表示非常感谢，一再致谢，恋恋不舍地离去。

我们的确是度过了一个非常有意义的节假日。当我们集合整队欲返回连队的时候，车站上的领导同志和站务人员一再致谢，目送着我们离开车站广场。说真的，干了一上午活，确实感到美滋滋的，深为劳动后的愉快产生了一种自豪感、荣誉感。我们回到连队已经是中午十二点半多钟。雷锋去连部报告了我们上午进行义务劳动的情况……我们几个人洗过脸便开始玩起扑克和象棋。可是雷锋班长却不知疲倦地又去炊事班帮厨去了。

当天晚上，雷锋召开班务会，把义务劳动情况作了总结，对大家进行了表扬和鼓励，希望保持和发扬这种精神。

雷锋处处做好事，时时做好事，给我留下了永久难忘的记忆。

雷锋，我的好战友，我永远不会忘记：1962 年 8 月 15 日，是雷锋生命旅程中的最后一天。那天，我在车场站岗，雷锋和他的助手从施工所在地开车回到连队。将车停在车场的一边之后，雷锋就下车进了连部，向连长汇报了本班的工作情况。完后，本来连长让他们休息，可是雷锋提出要对车子进行保养，连长答应了他的要求，于是雷锋让助手把车开到连部后边三营九连炊事班门前的自来水管边上，以便先把车上的泥土用水冲刷一遍。当助手将车开到九连连部东头转弯处，这时雷锋正在车的前左角指挥助手开车，车子刚从转弯处过来，车的后部刮倒了一根拉着晒衣铁线的方木杆子，砸在他的头部倒在了地上。当听到有人喊："雷锋出事儿啦!"我赶紧跑到连部向连长报告并一齐赶到现场，我蹲下去大声呼喊："雷锋！雷锋!"任凭我们声音多么大，喊声多么高，他却一声没有回答，连眼睛也没睁一下……连长急忙派车将雷锋送进了西部医院抢救……终因伤势过重，抢救无效而结束了他年轻的生命。

雷锋牺牲的那天，大约是在下午两点钟左右，把他的尸体从医院拉回营房，放在西头的一间空房子里。连队党支部研究决定选出四名战士守灵，其中就有我一个。我们四个人昼夜守着他，心理总是想着他没有死，幻觉中好像他是在安安稳稳地睡眠一样。是啊，他从小受了那么多的苦；他给人间那么多的爱，真是苍天无眼，为什么过早地夺走了他的生命？正因为我们这么想着，虽然当时我们还很年轻，却一点儿也不感到害怕。

雷锋牺牲后的第三天，即 8 月 17 日下午 1 时由团统一组织召开了“公祭雷锋同志大会”。大会会场设在望花区委礼堂。由团政委韩万金同志致悼词，运输连指导员高士祥同志介绍了雷锋同志生平事迹。

公祭大会开得非常隆重。参加追悼会的有沈阳军区及军区工程兵机关的首长和地方党政领导以及我团各营、连代表和我连全体官兵。各单位、各级领导和人民群众、学校师生送来的花圈摆满了会场的四周，自发来参加追悼会的人越来越多，会场内外各个角落都站满了悼念雷锋的人群。公祭大会之后，在往公墓送葬的路上，聚集了成千上万的工人、农民、学生及市民，无不以极其沉痛的心情，目送着灵车向烈士陵园走去。

在痛失雷锋的人们中，烈属张大娘的悲痛心情更是用言语难以形容。在她知道雷锋牺牲那天，她像失去自己的儿子一样痛哭欲绝！尽管他识字不多，还是写了改，改了又写，用了一个晚上的功夫硬是亲笔写成了“雷锋和我的儿子一样，我也要学习雷锋……”这样表达老人家的心意的悼词。人们无限怀念雷锋这位年轻的战士，他那短暂而光辉的一生，为亿万人民群众树立了不可磨灭的平凡而又伟大的共产主义的英雄形象。他的精神闪闪发光，永远激励着人们奋发前进！

1993 年 5 月 25 日，于辽宁辽阳市

选自戴明章编著：《回忆雷锋》。

雷锋，给我的第一次印象

卑福财[1]

1959 年 12 月 27 日，我接到了辽阳市兵役局于 25 日下达的“入伍通知书”，我光荣地被批准参加了中国人民解放军。我们这批应征入伍的新兵是辽阳兵，接兵的部队有海军和陆军。按通知，于 1960 年 1 月 2 日在辽阳市南林子集中。我们被分配到陆军的是住在南林子工农干校大楼。集中后还没有发新军装的时候，就把我们分别编在了各个连队集中学习、开会。有一天下午，各个连队没有安排开会学习，让大家自由活动，我吃过午饭便来到了院内操场上。见有很多人站在滑冰场周围观看场内的滑冰，我也走了过去。就在这个时候，只见一个圆脸蛋，大眼睛，眉清目秀，个头不高但身体长得很匀称的小伙子，肩上背着两双冰鞋，紧跟在一位中尉军官的身后来到了冰场边上。人群中不约而同地把目光注视到这两个人的身上。那位军官，换上冰鞋脱掉棉军上衣，交给了旁边的那个小伙子，就在冰场上绕圈滑跑起来，他的滑冰动作熟练自如，滑跑如飞，周围人都向他投以羡慕的眼光，异口同声称赞。这时我好奇地凑到那个给中尉军官看衣服的小伙子跟前。向他问道：“场上滑冰的那位中尉军官是您的什么人?”他瞅着我笑眯眯地说：“他不是我的什么人。人家是首长，是接兵部队的戴参谋。他正管咱们这些新兵入伍的事儿，您们不知道吧?”听了我俩的对话，又围上来不少人，就在这时，他挥舞着小拳头，像打开的“话匣子”似地讲了一番：“我也是应征新兵，我们有志青年都应该响应祖国号召，参军入伍保卫国防，打倒

---

① 卑福财：原雷锋所在连战士。

帝国主义、打倒反动派，保卫党中央、保卫毛主席。我坚决要求参军，最好是上前方打仗，要学习董存瑞、黄继光，当个战斗英雄……”他越说越有劲，我们越听越爱听。一下子围了好人，听他一个人在宣传……

在场上滑冰的那位军官满身散发着热气到冰场边上来稍事休息，只见小伙子对着军官笑了笑，好像是在请示说：“我也下去滑一下。”于是他换上冰鞋下了冰场，还没走上两步，就摔了一个大前俑，惹得人们哈哈大笑。他站起来刚一滑动，又摔了一跤……就是这样，任凭怎样一次次地摔倒、又一次次地爬起，他依然坚持苦练。裤子被擦破了，手也磨破出了血，天气又是那么冷，但他一点儿都不在乎……当时不光是我，有多少人都钦佩地说：“这个小伙子不但会讲，还真有点吃苦和不怕摔打的劲头呢!”那天，我一直是饶有兴趣地看到最后，他终于不再跌跤可以在冰场上滑冰了。后来，等他们滑冰完了换上鞋子，我和他们一起回了大楼。在道上，我当时想：这位小同志，在这样冷的天气里，从不会滑冰，多次摔倒，裤子擦破，手磨出血，最后终于基本会滑冰。可见这个人不怕苦、太坚强，有毅力。这件事对我的印象太深、太深。临别时我以不无敬羡的口吻向他问道：“您能告诉我叫什么名字吗?”他边笑着爽朗地回答说：“怎么不能呢，我叫雷锋。”这就是雷锋留给我的第一次印象。

帮助战友提高技术

我们这批应征入伍的辽阳新兵，在南林子集中后便陆陆续续换上了新军装。1960 年 1 月 8 日，我们从辽阳乘军用专列到达营口部队所在地。这一天也就是我们正式参军入伍的第一天。我们在新兵营经过十多天的政治学习，团队光荣战史教育和队列训练，记得是在 1 月 19 日，由团司令部军务参谋（就是到辽阳接新兵、在冰场上滑冰的那个中尉军官）到新兵营按名单呼点，我们一一被分配到了各个连队。那天进行新兵分配时，团的首长和各营、连的首长也都到了；团的一位首长还讲了话。我当时本来是被分配到工兵连队。后来在 4 月 4 日，我又被调到运输连十班，班长是薛三元。我到了班里以后，班长把其他同志向我一一地作了介绍，当介绍到最后一位同志的时候，我一下子愣住了，简直不敢相信自己的眼睛，眼前这位小同志不就是在辽阳南林子工农干校滑冰场上我所见的那个不怕摔的雷锋吗？禁不住大声地叫了一声："雷锋！"经我这么一叫喊他也认出了我，所以我俩把手握得特别紧。其他同志因为不知是怎么回事，弄得目瞪口呆。就这样，我非常幸运地和雷锋在一起开始学习汽车驾驶……见到他的那天晚上，我几乎一夜没有睡好觉，心里想：太好啦，我能和这样一位不怕吃苦、坚韧不拔的新战友一起学习一起工作肯定能得到他的帮助。

当时我们连队共有十个班。一至四班是老兵班，五至十班是新兵班。我们是从 5 月 15 日开始学习汽车理论课的。由于我们班的人多，所以分成了两个技术理论学习小组：一组组长是雷锋同志，二组组长是我。按连队要求，在学习中要大力开展"互教互学"。组与组也要开展"一帮一、一对红"活动，使得大家的学习情绪非常高涨。因为雷锋同志在学习上比大家都领会得快，他经常组织两个小组的同志在一起对理论上的疑难问题进行研究讨论；有时大家弄不懂，他就给同志们耐心地讲解。大家都把他当成是个"小教员"去对待。有一次，我们全班同志讨论汽化器的"怠速"和"负荷"的工作原理，大家讨论得非常热烈，但是有的问题还是搞不懂。为了让大家搞懂、弄通，真正明白，雷锋同志到连部把汽车挂图借来，同时又对照实物反复讲解。一边讲一边问大家："明白不?"有不明白的地方，他就再耐心地讲解。雷锋就是这样，用"不到长城非好汉"的精神，不仅自己先学好，而且还帮助战友提高技术。

助人为乐，诲人不倦

我们在学习汽车道路驾驶时，是采取半天理论学习、半天道路驾驶的方法。因为班里有 10 名同志，半天里一个人只能轮上 25 分钟的实习驾驶。在很短的几个月时间里，必须从理论上、实际操作上在毕业时达到合格标准，老实说，难度较大、困难是比较多的。尤其我们这些新同志，从来没有碰过汽车的各个部件，对“离合器”、“排档”、“加速踏板”、“制动踏板”等变换及动作配合怎么也做不好。对这些情况，雷锋同志看在眼里，记在心上。因为雷锋同志参军前开过推土机，对于驾驶操纵有很好的基础，所以，为了使技术精益求精，为了使全班同志都能很快地掌握操作要领，他利用中午、晚上的时间不休息，主动制作了一个“模拟驾驶台”，并利用时间带领大家在“驾驶台”上练习手、脚操作的配合动作，很快提高了大家的技术水平。同志们非常高兴，都为雷锋这种“助人为乐，诲人不倦”的精神所感动！同时他也受到了连首长的表扬。

“马达将军”的小故事

我们在学习汽车驾驶的时候，教练员作出一条规定：启动车时要用手摇柄摇车；不准使用马达。可是我们班里有一位小同志，身材瘦小、个头不高、力气不足，对摇车最感头疼。一是摇不动；二是怕回火打着。教练员出于无奈，特殊照顾他一个人可以在发动车时使用马达启动。因此，大家诙谐地给他起了一个绰号“马达将军”。雷锋同志见此情景，非但不和大家一样这样喊他取笑他，而且想方设法进行帮助。他多次利用业余时间给这个同志讲解摇车的姿势，掌握要领，指出要胆大心细；并启发式地讲解，按要领握住摇柄就不会回火打人的道理。同时，一边讲一边做示范动作给这个同志看……在雷锋同志的耐心帮助下，这位小同志终于掌握了摇车的要领。后来逐渐地也就听不到“马达将军”这一称呼了。

最后一次见面

1962 年 8 月 15 日 12 时 5 分，伟大的共产主义战士，我们的战友雷锋同志，不幸因公殉职。

这天上午 8 点，我上岗执勤。10 时下岗，当返回到营房路旁时，见雷锋同志在那儿站着。我便打招呼问："四班长，您干什么哪？"雷锋回答说："先冲刷一下车辆，完了对车子进行一次检查、保养，以便发现毛病及时修理，好执行新的任务。"当时我说："您和乔安山开的这台嘎斯车，已经是咱连的标兵车啦，还用得着洗刷保养啊！休息休息吧。"雷锋说："按要求还差得远哩！若真是标兵车那就更应该车容清洁，车况良好；不注意随时检修怎么行呢？一旦发生机械事故不就麻烦了吗？"我们在交谈中，乔安山同志把 J7—24—13 号嘎斯车开了过来。车子由营房东边的干路向营房前往西的支路上开，这时，雷锋在前面指挥，在车子急转弯的时候，把晒衣服用的一根拉着铁线的方木杆子撞倒，打在雷锋同志的头部，当即倒在了地上。我急忙上前把雷锋抱起来，发现他的耳鼻出血；这时乔安山也赶来高喊："班长！班长。"我又跑到连部叫来了卫生员。连长到了现场之后，当即指派白副连长用车把雷锋送往西部医院进行抢救……但是终因伤势过重，经抢救无效而牺牲了。

每当我想起雷锋牺牲那天的情景，就会感到万分的难过和痛心！雷锋同志对工作是那样的认真和负责；雷锋同志对周围的人们又是那样的诚恳和乐于帮助；雷锋同志对待党对待领袖又是那样的无比忠诚，他，他是不会离开我们的。他伟大的共产主义精神，定会千秋万代，光照人间！我决心以雷锋为榜样，一辈子也不忘学习雷锋。

1993 年 6 月 13 日，于辽宁大连市旅顺

选自戴明章编著：《回忆雷锋》。

二、雷锋生前所在团领导机关同志的回忆

雷锋在团战士演出队

陈广生[1]

我们团部和新兵连驻地相距不远。雷锋在新兵连集训期间，我们常在操场或路边相遇。每次见面，他总是很有礼貌地给我敬个礼，问声好，很是讨人喜欢。记得有一次他问我，团里有没有图书馆，新兵能不能去借书？我说，我们团常年施工，流动性大，没有建立固定的图书馆，但俱乐部有几个图书箱，各类书报杂志还是有的，你想看可以随时去借。从此，他到俱乐部找我借过几次书。有时，也闲聊几句，彼此间就较为熟悉了。他平时话儿不多，性格较为内向。记得有一次他来借书，我发现他脸色不好，眼里还含着泪，像是受了什么委屈，一向仰戴的棉军帽扣在脑门上，把额前刘海发全盖住了。我伸手替他把帽子戴正，露出额前短发，他立即又把短发推进帽子里，就像那绺漂亮的头发忽然变得不能见人了。我很纳闷，便问他怎么啦？他摇摇头说："没什么，没什么……"他还回一本书，又借走一本，转身就走了。事后我才听说，雷锋刚才在团部门前挨了一位副团长的批评。批评他不该仰戴帽子，露出头发，男不男女不女的有碍军容，让他回连立即把刘海发剪

① 陈广生：原雷锋生前所在团俱乐部主任。

掉。我知道这位少校副团长对部队军容风纪一向要求很严的，这是对的，何况他分管部队行政管理工作。但当时我想，雷锋当兵才几天，对个新兵何必要求这么严……

那年春节前几天，我到新兵连去询问他们的节日活动准备情况。正是课间休息时间，经过走廊时，忽听一间宿舍里传出悦耳的口琴声，我悄悄推门进去，原来是雷锋吹的。他坐在床边吹得有滋有味，几名新战士在旁也听得有滋有味的。见我悄然进来，雷锋马上收起口琴不吹了，并立刻起来去抓帽子戴。我夺下他的帽子笑道："我是被你的口琴声吸引进来的，不是来检查军容的。"于是他也笑了。这时我注意到，他新理的发整整齐齐，只是额前短发依然是刘海式的，依然那样逗人喜爱，只是比以前剪短了些。我抚弄一下他的额前短发，开玩笑说："还敢留着，不怕副团长再看见?"他嘻嘻一笑："没事，再上街我把帽子戴低点……"

看得出来，这个新兵的性格也很倔犟，并不是个"小绵羊"……

过罢春节不久，部队奉命移防抚顺执行一项特殊的施工任务——为抚顺钢厂修建厂房。司、政、后机关走后，我被留下来组织战士业余演出队，准备为驻地党政机关和人民群众作告别慰问演出。为了在新兵中选拔几名文艺骨干，新兵集训结束时，特意让新兵连搞一次文艺晚会，我带着几个老骨干去选拔"演员"。

新兵连文艺晚会搞得相当不错。新战士们"八仙过海，各显其能"，你说一段，他唱一段，用各种生动活泼的形式表达自己参加人民军队，热爱人民军队的喜悦心情。雷锋上台朗诵了他参军前写的一首盼望台湾回归祖国怀抱的诗，得到大家一片掌声。接着，他又朗诵了新写的一首短诗：

"小青年实现了美丽的理想，
第一次穿上了庄严的军装，
急着对照镜子，
心窝里飞出了金凤凰。
……"

新兵连指导员在我身边推荐说，雷锋平时就很活跃，写诗、教歌、读报、说快板、吹口琴、办墙报，样样都来得，是个难得的文娱骨干。

就这样，雷锋被调进了战士演出队。

演出队借用一个连队移防后的空营房，既是宿舍又作排练场。演出队人员少，节目多，时间紧，每个人要担当几个角色，才能组成一台晚会。分配角色时，雷锋自报节目的积极性，实在令人吃惊。他自报诗朗诵、快板两个单人节目，还报了三四个集体说唱节目。我有些担心了，对他说："你报了这么多，能按时背下台词吗？""试试看吧，没问题。"他却信心十足。分配完角色，他就起早贪黑地背起台词来。晚上躺在被窝里也念念叨叨地背诵。按排练计划，他果然提前背熟了全部台词。我实在佩服他的记忆力！

北方人演北方节目，听起来顺耳。可是他的湖南口音和大家有些不协调，一背词就有人发笑。"不行，不行，雷锋不解决普通话问题，不能上台演出。"大家给我提意见了。

雷锋没有气馁，一句一句地跟别人学普通话，还让我帮他纠正语音。练了几天有些进步，但一进入正式排练，大家还是摇头。这可怎么办？我有些作难了：雷锋是我选调来的（当时就有人说他口音不行），对待工作又那么热心、肯干，一下子把他替换下来，会不会挫伤他的积极性？会不会刺伤他的心？我正为此事为难，没想到他竟主动提出："主任，把我换下来吧。"他说他单凭热情工作，事先没有想到自己的口音问题，结果给领导添了麻烦，影响了排练进度。我说这事不能怪你，要怪应该怪我，因为你代表新兵讲话那天，我就知道你是湖南口音了。

雷锋担任的角色全被替换下来。他不能上台演出了，便主动协助我做了许多台下的工作。我们这段直接交往大约三十几天，雷锋主动为演出队办的几件事给我留下的印象太深了。比如，部队移防以后，演出队本身无力自办伙食，只能在机关留守人员食堂就餐。演出队 30 几口人，超过了机关留守人员。干部、战士伙食标准不一样，吃的却一样，有些机关干部有意见。加上演出队工作紧张，食堂又离得远，吃饭时间难以保证按时。这样，演出队员有意见，炊事员也有意见。这类事很是让人伤脑筋的。雷锋看出了这个问题，便主动提出去帮厨。帮厨做饭是个苦差事，开始我没想让他去。他一再说，演出队吃不好饭是个大问题，让他去帮帮厨，情况也许会好些。

事情果真如此。他一去帮厨，情况就大不一样了。每餐饭不论早去点晚去点，保证大家吃上了热饭热菜。演出队员高兴了，炊事员的脸色也好看了。遗憾的是，雷锋在炊事班是怎样工作的，同炊事员是怎样搞好关系的，我从未了解过，至今也说不清楚。

演出队喝水问题，也是雷锋想办法解决的。演出队是个临时单位，开支要精打细算，没有买暖水瓶，只靠我从机关带来的一个暖瓶从食堂打开水，根本不够大家喝。排练节目又说又唱的，大家喝不上开水怎么行呢？我正无计可施，雷锋又有了办法。他不声不响地四处拾来一些碎砖头，在营房外墙根下搭起个小炉灶，从食堂借把白铁壶，拾些碎木块干树枝，给大家烧水喝。而且每每烧开一壶水，他都亲自拎进排练场，悄悄倒进一些杯子里晾着，保证人人随时都能喝上开水。我在会上不止一次表扬雷锋帮厨、烧水的事。大家也深深为之感动，说雷锋简直成了大家的公务员了。雷锋却笑笑说：“我台上没事找点台下的事干，免得在演出队‘失业’呀。”

雷锋主动给大家烧水这件小事，对我的触动可不小。每当我在营房前看见他坐在炉灶旁默默地烧水时，我心里都感到热乎乎的，仿佛眼前这位年轻战友的身上正散发着一股灼人的热能，一壶壶的水，不单是用炉灶、树枝烧开的，而是用他那颗“关心他人比关心自己为重”的心。何况，他坐在那里不仅在烧水，膝盖上还常常放本书在阅读。这情景看上去就像一幅动人的画：一个小战士安详地坐在营房墙角下，守着篝火般的小炉灶，一边烧水，一边埋头读书。我时常被这动人的景象所牵动。一次我走近他身后，他都没发现我。“边烧水边看书，你是工作、学习两不误啊！”我感叹道。

他扭头冲我一笑：“……这壶水马上就要开了。”

我顺便掀动一下他手中的书：《毛泽东选集》第三卷。原来他正孜孜不倦地探索革命真理哩！

雷锋这种好学的品格，从一开始就给我留下了很深印象。记得有天晚上，我找几个骨干研究节目排练进展情况，争取早点演出。有个集体朗诵节目需要到市文工团去借几套便装。雷锋坐在一旁忽然问都需要什么样的服装？我以为他又想承担借服装的任务。我说："你的事情够多了，借服装不用你去。""我看不用借了。"他说着回身抱出他那只半新的红皮箱（是他告别家乡农场时一些青年伙伴送给他的纪念品），从中翻出一件旧工人上装，一件深蓝色料子裤和一件棕黑色皮夹克。"你们看这几件能用吗？"大家看了看，喜出望外："能用，全能用！"

真没想到雷锋竟随身带着这么几件衣服。我拎起他的羊皮夹克开了句玩笑："咱们小雷锋真够阔气的，有这么漂亮的皮夹克！"他摇摇头黯然地说了句："我不像你们……我没有家，这点家底都得随身带着……"

雷锋是个孤儿，参军前已经在地方工作几年了，随身带只皮箱和几件像样的衣服，这是很正常的。同时我注意到，雷锋皮箱里除了这几件衣服，剩下的几乎全是书了。其中，有不少毛泽东著作单行本，有革命烈士传记、常识读物、小说、诗集等等。我说："看来小雷锋的'家底'主要不是衣服，而是这些书！"

"我喜爱书。"他随手盖上了箱盖。

我也喜爱书，更喜爱爱读书的战士。我们在演出队同吃同住这一段，雷锋爱读书这一点，给我留下的印象很深刻。不论何时何地，我时常见他捧着书看。他晚上睡觉前躺在被窝里也看书。那时我也有这个习惯。由于白天工作紧张，晚上不能过于熬夜，一般过了10点多钟，总是别人催促他熄灯——因为电灯开关靠近他的床头。别人若不催促他，谁晓得他会看到什么时候。那时部队大力倡导"读毛主席的书，做毛主席的好战士"，雷锋的确是身体力行的。不过他不仅读毛主席的书，也读其他书。我手头有本《鲁迅小说集》，他就借去看过。他皮箱里有本《不朽的战士——湖南烈士传略》，我也借来翻阅过……

排完节目，在营口站前区作了几场告别演出。4月上旬，演出队赶

到抚顺望花区驻地为施工部队和钢厂职工作慰问演出。

我们到达抚顺当天，雷锋就要求回运输连了。临走时，他从挎包里掏出我那本《鲁迅小说集》说：“这本书我想再看看。”“拿去看吧，”我说：“你的几件衣服还在演出队，等演完了还给你。”

我们就这样仓促分手了。

这时，为抚顺钢厂扩建厂房的施工连队，已全部住进自己动手建造的简易营房，司政机关住进了钢厂招待所。连队和机关相距不远，附近就是“望花公园”（即现在的雷锋纪念馆），园内花草树木，假山亭台，成为部队官兵绝好的小憩场所，成了我们真正的“俱乐部”。

演出结束后的一天傍晚，我抱着雷锋的几件衣服送还给他，刚走进公园后角门处，偏巧碰见雷锋和几个战士到公园去散步。雷锋接过我还给他的衣服包，忽然对我说了句：“等我一会儿。”不过几分钟，他跑回连队放下衣服并把《鲁迅小说集》取来还给了我。

“看完了吗？”我问。

“没看完。”他说，连队生活按时作息，一天到晚紧紧张张的，他又要努力赶上在演出队一段生活被拉下的技术课程，新兵排汽车教员刚发给他一本《汽车驾驶》，要求他“后来居上”。他必须全力钻研汽车驾驶技术，眼下没时间看小说了。

我们走进公园，一边散步，一边聊天。我翻弄着小说集问他读过了哪几篇？他说：“《呐喊》和《彷徨》里的许多篇都读过了。”我看了一下《鲁迅小说集》的目录，实在佩服这个新战友的阅读能力和记忆力。而且，当聊起鲁迅小说中的一些人物，如孔乙己、阿Q、祥林嫂、涓生等等，他都能讲出几句很有见地的评价。当我们谈起《祝福》中的祥林嫂时，雷锋忽然有些伤感起来。他说他从前看过这篇小说，曾为祥林嫂流过泪，这次读了他又流泪了。

“为什么呢？”我问。

“因为祥林嫂悲惨的一生，很像我的母亲……”

他的话引起我极大的兴趣。我让他谈谈他母亲什么地方像祥林嫂？可他一时并没谈出多少具体事情来。只说他母亲在旧社会苦了一辈子，没过上一天好日子，就被生活逼上了绝路。后来，雷锋在部队作忆苦报告，每当听他讲到母亲的苦难和惨死的情景，不知撕裂过多少人的心。我深深同情雷锋苦难的童年，为他从小失去母爱流过泪，更为他解放后的健康成长而庆幸……

回忆雷锋同志入党、立功及被选为人民代表的经过

赵玉瑞[①]

雷锋是怎样入党的？

在士兵当中，雷锋入党是最快的，快得打破了常规，一般说来，那时入伍不到一年的新兵，是不能作为党的发展对象的。战士中间当时流行几句顺口溜：“当兵一年看，二年好好干，三年入了党，复员进工厂。”雷锋没有“看”，当了兵就“好好干”。入伍不到半年，他就向连队支部递交了“入党申请书”。大约是1960年7月间，团里要求各连申报当年党员发展计划。运输连党支部申报7名发展对象，其中只有雷锋是当年兵；全团100多名发展对象，也只有雷锋一个人是当年兵。运输连党支部提出提前发展雷锋入党的依据，主要有三条。第一，雷锋是新兵代表，在全团和新战士中是拔尖的；第二，思想觉悟高，政治上比一般战士成熟；第三，团党委已确定他为全团“节约标兵”，他的模范事迹材料已经印发各连党支部，在全团引起很大反响。韩万金政委审阅雷锋口述材料时说过，雷锋是个好苗子，让连队党支部重视他的入党问题，不要拘泥入伍时间长短，符合条件就可以发展。组织股的同志按照韩政委的指示，同意运输连党支部的意见，认为当年发展雷锋入党是没

---

① 赵玉瑞：雷锋生前所在团政治处组织股长、副主任。

有问题的。我向韩政委汇报了这件事时，他很高兴。让我们尽快派人去湖南外调雷锋的家庭、社会关系等情况。调查材料证明雷锋的身世的确很苦，社会关系极为单纯，没有发现任何问题。经过研究，我们组织股把雷锋列入了1960年党员发展计划。

那一年，全国天灾人祸接连不断，组织股刚刚定下了全年发展党员计划，抚顺地区也暴雨成灾，部队接到命令，全团停工到郊区上寺水库抗洪抢险，保卫煤都，情况十分紧急。雷锋是带病参加抗洪抢险的，连里让他在家休息、值班，他不干，来到水库挖了一夜溢洪道，天亮时我亲眼见他昏倒了。连里干部让卫生员把他搀扶到附近老乡家里休息，结果他又偷偷跑回了工地……在上寺水库奋战七天七夜，终于战胜了洪水。部队撤回抚顺驻地，各连进行抗洪抢险总结。运输连在总结当中，提出为雷锋记三等功一次。当时，我对这件事心里有些考虑：为雷锋记一次功我是赞成的。但在和平时期为一个入伍才八个月的新兵记三等功，在我们团是没有先例的。为了慎重处理这件事，我到运输连找干部战士开了几个座谈会，全连上下异口同声，都主张给雷锋记三等功，在四班（雷锋所在班）座谈的时候，多数战士发言也是这个看法，只有雷锋坐在一边一言未发。我问他为什么不说话，他说："抗洪抢险是全团的行动，战胜洪水人人出了力，我和大家一样尽了一个战士的责任，没有必要单独为我请功。"回到团部我对韩政委讲了这件事。韩政委说："雷锋是对的。这样谦虚严格地要求自己，不争荣誉，很好，但从组织上考虑，同意给雷锋记三等功。"

1960年11月初，沈阳军区工程兵政治部在沈阳召开连队支部工作经验交流会。会议期间，工程兵组织处的同志问我们，雷锋入党问题解决没有。运输连指导员说，前不久召开支委会，支委们一致同意吸收雷锋入党，还需要支部大会通过和后勤党委讨论批准。工程兵组织处同志说，你们要抓紧批，军区准备召开首届共青团代表会议，指名雷锋为特邀代表，军区已经催要他的简历了。工程兵党委最近准备授予雷锋"模范共青团员"称号，雷锋作为特邀代表，上上下下都希望他能以党员的身份出席军区团代会，既然支委会已经通过，应该快些召开支部大会讨论通过，党委就别拖了，要抓紧批，批了就上报军区。就这样，在 11 月 8 日中午饭前，韩政委把运输连指导员（党支部书记）高士祥同志叫到房间，对他讲："你下午赶回抚顺连队，争取今天开支部大会讨论。解决雷锋的入党问题，明天赶回沈阳。"支部大会到会党员 18 名，一致通过雷锋入党；因执行任务没参加支部大会的 6 名党员在第二天早晨征求意见时都表示同意，又经上级党委批准，雷锋于 1960 年 11 月 8 日成为中国共产党预备党员。

第二天晚饭后，我代表党委找雷锋谈话。雷锋当时正在沈阳作忆苦报告，住在工程兵机关。说来也巧，我在半路上遇到了雷锋。部队刚刚换季，他穿了一身崭新的棉军装，晚饭后没事正在街头散步。他很有礼貌地给我敬个礼，问我干什么去。我说我就是来找你的。"找我有事吗?""我代表党组织向你表示祝贺……"我们并肩漫步在街头林荫路上，我把批准他入党的事告诉了他，并让他谈谈感想。他显得有些激动，默默地走了一段路，才喃喃地说："党组织批准我入党，是对我最大的关心和爱护。我入伍一年来，时时处处感到党的温暖，革命大家庭的温暖，对党有说不尽的话，感不尽的恩，可一时好像什么都说不出来了。"从他激动的神态里，我看到了这个新党员对党的一片赤诚。我对他也没说多少话，只是强调入党以后应该如何如何。他后来说："请党委放心，我雷锋不会辜负党的希望，今后一定做个合格的共产党员。我保证做到：首先树立为共产主义奋斗终生的思想，我在入党申请书上已经写着：我活着只有一个目标，就是为了实现人类最伟大的理想——共产主义。为了党的事业献出自己的一切，永远忠于党，永远保卫党，把党的声誉维护好，绝不给党抹黑，以自己的实际行动扩大党的声誉。使党更加正确、伟大和光荣。"

"其次是克服个人主义，毛主席说：'个人主义是万恶之源。'所以一定要与个人主义作斗争。有人说：'人生在世，为的吃、穿、玩。这样才是最幸福。'我觉得人生在世只有勤奋，发奋图强，用自己的双手创造财富，建设社会主义，为共产主义作贡献，不计个人得失，为党和人民利益要牺牲个人利益，这才是最幸福的。"

“我一定要用批评与自我批评的武器严格要求自己，只有闻过则喜，纠正自身的缺点和错误，才能不断地进步，才能团结人，共同努力。”

“最后是发扬我党我军的光荣传统，立下艰苦奋斗、勤俭建国的志气，越是苦的地方越是要去。只有把方便留给他人，困难自己承担，这才是好同志。因为党的要求，就是要每个党员必须做到吃苦在前，享受在后。不愿吃苦，愿意享受的人是没有出息的人。”

他讲完之后，我说：“你的认识很好，今后要一切行动听党的话，处处以党员的标准要求自己，努力学习毛主席著作，不断提高自觉性，争做一个优秀党员。”

雷锋荣记二等功

在沈阳开完会回到抚顺驻地，没过几天，团里就收到了军区工程兵党委“授予雷锋同志模范共青团员称号”的决定。当时，全团已经完成了当年的施工任务，准备进行冬训了。在这个当口，我们组织股和有关部门正全力以赴地筹备召开“全团年终总结、立功授奖大会”。全团40多人立功，立二等功的只有两个人，一个是雷锋，一个是一连老战士刘喜合，其他全是三等功。

团党委批准雷锋荣记二等功，并预定1960年11月27日让他在全团授奖大会上，代表功臣讲话。我于11月25日到连里找到雷锋后就开门见山谈到正题：“雷锋同志你被团党委荣记二等功，你对立功是怎么认识的？要让你代表功臣在全团授奖大会上发言，看你有什么意见和打算？谈谈好吗？”他经过短暂的考虑后，说：“股长同志，我对功的认识粗浅，不一定正确，请你批评指正。”态度诚恳、谦虚地谈了自己的认识。雷锋讲道：

“功：功劳、功绩、劳苦为功。是光荣的标志，而光荣，是为了人民革命事业作出贡献的表现。受到祖国和人民的赞扬和给予荣誉就是立功。

“功：对功要有正确的态度和正确的对待，如果处理不好，可能躺在功劳簿上，以功臣自居。一旦骄傲自满，就是落后的开始。如果处理好，认识又正确，就能促使自己更加努力再上一层楼。

“功：它是来自辛勤的劳动和创造的贡献，这是非常光荣的。如张思德、黄继光、董存瑞、向秀丽……等人，他们都是人民的功臣。人民歌颂他们为英雄，因为他们为人民、为革命不怕赴汤蹈火，不怕牺牲生命，他们是人民的功臣。我们新社会的青年应该学习他们，像他们那样，为人民而献出自己的一切，甚至是宝贵的生命。

“我入伍不到一年，工作并不突出，只是做了应该做的事，和英雄模范人物相比差得很远，今后我努力向英模人物学习。党委给我记二等功是对我的鼓励，更是对我的鞭策。今后，要不断学习毛主席的书，不断改造思想，勤奋工作，真正做到大公无私，不为利、不图名、不怕苦、不怕累，为人民献出自己的一切。决不辜负党和人民的期望。

“关于让我代表立功者讲话，我可以讲，但不一定能代表了大家。我只是表表态，下个保证。请赵股长指示，看我在认识上有些什么毛病。您可要批评帮助啊！”

我同意他的发言，就此结束了这次谈话。离开连队往回走的路上，我仔细回味雷锋的认识和讲话内容，感到他认识问题很准确，思想境界很高，是个很成熟的战士，连我这个组织股长也没认识这么高。心里暗想：将来肯定是个好接班人。

1960 年 11 月 27 日授奖大会是在建设路小学对面矿山机械厂俱乐部召开的。颁发奖状时，雷锋是第一个上台，从团长、政委手中同时领了两张奖状：一张二等功的，一张“模范共青团员”的。40 多位立功者依次领完奖状，就该立功代表雷锋讲话了。雷锋放下奖状，走近话筒，操着半普通话的湖南口音不慌不忙地讲起来：

“敬爱的首长、亲爱的全体战友：今天我感到非常荣幸，同时又感到十分惭愧。荣幸的是，自从有了慈祥的母亲——伟大的中国共产党和英明的毛主席对我不断的培养教育，使我从一个穷孩子成长为一个有一定知识和觉悟的共产党员，成了国家的主人，有了我说话的权利；惭愧的是，我为党为人民尽了一点点本身应尽的义务，党和人民却给了我这么大的荣誉……”雷锋在讲话中还提出了五条“保证”，句句都讲得很动人，很恳切。韩政委最后讲话时，离开讲稿讲了几句感想，大意是说，雷锋刚才讲的这番话对他教育很大，全团同志都该想一想，像雷锋这样苦大仇深的同志，在国家经济遇到暂时困难的时候，他省吃俭用厉行节约，竭尽全力帮助别人，这叫“勒着腰带干革命啊……”

雷锋当选抚顺市第四届人大代表

1961年的春天，我们团到抚顺县上哈达地区施工，修铁路，打涵洞，雷锋所在运输连驻在望花区负责往各连送给养。我从团里，到雷锋所在的运输连搞清仓查库（因为当时我主抓后勤工作），吃住都在运输连。有一天连指导员高士祥同志向我反映这样一件事：

抚顺市不久就要召开第四届人民代表大会，运输连附近的居民群众在层层酝酿选举人民代表，认识雷锋的居民、老师、学生提出要推选雷锋当市人民代表。本溪路小学有位老师（当时雷锋同志担任该校大队兼中队辅导员）前两天领着两个学生，带着介绍信找到我们运输连，郑重其事地告诉我们他们要推选雷锋当人民代表，问部队有什么意见……可是这件事我做不了主，需要回去请示团里领导。回到上哈达，我向韩万金政委汇报了这件事，韩政委听完我的汇报后说：“这下可好办了。”原来他也正在考虑怎样产生人民代表这件事呢。接着他说：“雷锋在人民群众中做了不少好事，人民群众提出推选他当人民代表，这是民意，答复本溪路小学代表我们部队自己选。”原来我在运输连“蹲点”这几天，团政治处也接到了抚顺市人民委员会的通知，并给我们团一个代表名额，要求团里尽快把代表选出来，把名单报去，所以韩政委一听到我汇报望花居民想选雷锋当人民代表，他便说了前面那句话：“这下可好办了。”当时我们部队施工任务繁重，如果让班、排、连、营层层选举，根本没有那么多时间。因此，我们团里几个领导在一起研究商量，决定提议以

望花区人民的名义推举雷锋为全团唯一的候选人，征求全团干部战士同意即可。恰好第二天团里召开全团施工动员大会，把通过代表候选人这项内容加进去，雷锋当抚顺市第四届人民代表候选人的这件事团里就这样定下来了。第二天，全团部队官兵集合在野外的山坡上，在施工动员大会前，韩政委让我把抚顺市人民委员会的通知宣读一遍，然后韩政委又把雷锋所在的运输连驻地群众和本溪路小学想选雷锋当人民代表的事情又说了一遍。尔后，请全团同志在底下酝酿一下。这时，坡上坡下全团同志叽叽喳喳议论了一会，我看议论得也差不多了，立即高声问道："选举雷锋同志当抚顺市第四届人民代表，大家有意见没有？"当时全团1000多人异口同声回答说："没有！"并且举手表决。这时我在台上看到雷锋就坐在队伍前面，他当时没有举手。韩政委冲着雷锋大声说："雷锋，全团选举你当人民代表，你有什么意见没有？"雷锋立刻站起来了，首先给台上敬个礼，然后又转过身给全团同志敬个礼，他还说了几句表示决心的话，记得是这样说的："首长和同志们信任我，我是不会辜负这种信任的……"这件事我记得很清楚。7月27日，运输连高士祥指导员把抚顺市人民委员会的通知书交给了雷锋——这就是雷锋当选抚顺市第四届人民代表的前后经过。可以说我是历史的见证人。

最初的雷锋烈士展览室

雷锋同志刚刚牺牲后的不几天，雷锋生前曾担任过辅导员的两所学校（望花区本溪路小学，建设街小学）的大队辅导员和孩子们来到我们部队营房不断地向团里反映这样一个情况：雷锋叔叔突然因公牺牲，孩子们非常悲痛，没有一点儿思想准备，感情上一时接受不了。孩子们现在有一个共同的愿望，要求亲眼看到雷锋叔叔生前所有的遗物，寄托哀思，团领导和运输连能不能满足孩子们的要求。团里领导听到他们的反映后，认真进行了研究，也感到孩子们和雷锋叔叔结下了深厚的友谊，他们的要求应给予满足，同时对抚顺市地方青年、少先队员也是一次生动的阶级教育、艰苦朴素教育和共产主义思想教育。团里决定办一个小型的展室，展出雷锋生前所有的遗物。由于雷锋是个孤儿，没有家，全部的家，都随他走到哪儿，拿到哪儿，比如有些青年看完展览后说雷锋讲艰苦朴素为什么还有皮夹克和料子裤，这两件衣物在当初展览时展了，这两件衣物是雷锋在鞍钢当工人时为应付节假日娱乐场面时买的，但没穿过几回，从鞍山当兵来到部队这些全部家当也就带到部队来了，因为他没有家啊！

为了办好这次展览，团里决定让我和陈广生、季增等同志负责这项工作。展室地点设在原钢厂招待所大墙外，也就是雷锋生前所在运输连营房一侧。办展室我和老陈都没有经验，我们二人绞尽脑汁，反复琢磨如何把雷锋的遗物一件一件展出来，把雷锋的精神风貌展现出来，使人们能受到教育。为了使展室早日展出，我们几个人起早贪黑，一干就是半夜。比如：雷锋生前不论在地方还是在部队都已经出了名，照片不少，没有经费，我们自己动手，找木板，刮木条，钉相框，把这些照片镶进去。雷锋生前爱记日记，留下几本日记，我们设法制作小支架把这些日记展现出来。雷锋一向艰苦朴素，袜子衣服补了又补……又想方设法把这些东西一件件放在架子上展出来，还要绘制一幅幅插图画面，把雷锋的苦难家史展现出来，并且还要逐件逐物加上说明，归类排列。经过我们十几天的辛勤劳动，展室初步具有规模，大约九十月间，“雷锋烈士事迹展览室”正式展览。预展那天，工程兵主任王良太少将也赶来了，团里的领导，抚顺市地方党、政、工、青、妇的领导也全来了。宋廷章同志当时是团市委书记，他在树立雷锋这个典型上是立了大功的。记得当时部队及地方党政领导看完展览后开了一个座谈会，宋廷章在座谈会上大致是这样说的：“雷锋展室在较短的时间内办出来，看完后非常受教育，雷锋精神从这里充分反映出来。雷锋牺牲在抚顺，宣传雷锋我们抚顺要发挥这个优势，这个展览是向青少年进行阶级教育的一个最好课堂，是一个好的活教材，我的意见是把部队这个小型展览能不能搬到市里搞，因为部队这个地方小，如果全市人民都来参观，那影响更大了，我们尽快选好地点，重新设计，把雷锋展览办好……”宋廷章的建议当即得到王良太少将的慷慨应允。宋书记参观展览完回去不久，10月23日由团市委宣传部长张绍山起草了《关于组织全市广大青少年参观雷锋烈士展览室，开展好阶级教育的通知》，全市青少年热烈响应团市委的号召，踊跃参观雷锋烈士事迹展览室。仅在一个月的时间，展览室接待省内外部队官兵、工人、干部、学生参观人数达12万多人。

一个多月后，鉴于我们部队的展览室即将转移到军事博物馆和其他部队展出，团市委书记宋廷章同志向抚顺市委提议，由市委书记沈越同志出面磋商，由市总工会支援800元。把雷锋展室的东西复制了两套，一套留在市内工人文化宫，供城市党员、干部和各界人民群众继续参观；另一套到市属清原、新宾、抚顺县巡回展出。

雷锋，无论怎样说他都是时代的楷模啊！如果雷锋不过早离去，那年沈阳部队领导曾私下议论，如果今年再给部队名额参加国庆观礼，一定选派雷锋去，实现他见毛主席的愿望。

1993年6月29日，于辽宁沈阳市

选自戴明章编著：《回忆雷锋》。

我记忆中的雷锋

刘家乐①

和雷锋的相识

我与雷锋的相识不是历史巧合，完全是革命的需要和社会主义建设的需要使我们走到一起了。雷锋参军后是 1960 年 4 月到抚顺。我也在同一个时间由吉林市驻军调到煤都抚顺；雷锋在工程兵工程第十团运输连当战士，我来这个团当政治处主任；雷锋是在当年 11 月被批准参加了中国共产党的，这年底我被提升为团的副政委。就这样，我们在一个团队生活了两年半。同雷锋我绝没有向他攀比的意思；但事情又确实是使我感到非常巧合。这就是：雷锋手上被地主婆砍了三刀，而我手上至今还留有富农儿子割的三刀痕迹；雷锋要过饭，我也讨过饭。这种相同点使我和雷锋结下深厚的友谊。从职务我们是领导与被领导关系。实际上我们是同志、是战友、是亲如手足的兄弟。

1960 年 3 月我接到沈阳军区工程兵命令到 7343 部队。政治部主任裘永芳同志在谈话中说："调你到工程兵十团工作，是经过领导认真研究决定的，希望你不要辜负领导对你的期望。这个团今年在抚顺钢厂施工，建设特种钢材车间，任务重，时间紧。"我从工程兵政治部回到吉林市 7083 部队，很快就交待了工作。军人就是有令即行，无条件地服

① 刘家乐：原雷锋所在团政治处主任、团副政委。

从命令。这是战争年代养成的习惯，也是军队中一条严格的纪律。可是问题并不是那么顺利，回家一看只有老母和长子在家，爱人到山西大同领孩子去了，怎么办？等家属回来，时间太久了，要执行命令按时报到。遂于1960年4月8日，从工程兵舟桥部队到煤都抚顺市驻军工程兵工程十团报到了。开始担任政治处主任，到11月份任副政委，在党委和政治委员领导下做具体的政治思想工作，职务决定了我的职责，因此从1960年4月初到雷锋同志牺牲，我们都生活在一个团单位，加之雷锋又是一个突出典型所以接触的就多一些。

作为一个政治工作人员刚到这个单位自然首要任务是摸清部队的思想情况。在收集思想情况时，发现干部、战士的思想普遍存在对国家暂时困难认识不清，个别人对国家，对政府有一种不满情绪，特别施工劳动强度大、消耗体力，有时还吃代食品，部队中时有牢骚怪话发生。当然也有许多积极因素。宣传股长吴广信、干事庞士元几乎同时对我说："运输连新兵雷锋同志苦大仇深，在新兵营时他就谈到了家庭的苦难史，他祖孙三代都被地主、资本家、国民党、日本鬼子逼迫而死，6岁成了孤儿。这个新兵对困难有很高的认识，态度也端正……"

1960年是国家最困难的时期，如何度过这个非常时期，作为一个政治工作者不仅要考虑到，还要想办法去解决，这才是对克服困难应有的态度。大家都说，运输连新兵雷锋有度荒年的信心，所以我要到运输连去了解一下。到运输连见到高士祥指导员，这位高指导员刚从高级工程兵学校政治系毕业分配到运输连不久，但工作积极热情。我和他说明来意后，高指导员连珠炮式地介绍了雷锋的情况。他说："雷锋不仅仅是一个忆苦典型，而且是很全面的一个思想进步、工作积极、学习刻苦和努力节约的先进典型。雷锋不仅参军后积极，而且在工厂和湖南家乡时也是先进工作者和红旗手。"这时，部队作业回来了，还没有到开午饭的时间，我提出："走，我要去认识一下雷锋。"我们走出连部来到二排，二排住房是暂设房。全排住一间大屋里，睡的是上下两层通铺。这时候离开饭的时间还有一段，士兵们有的在洗漱，有的在嬉闹，个别的在休息。唯独雷锋端正地坐在床铺上看书。高指导员进屋就指着雷锋对我说："这就是雷锋。"并对雷锋说："这是新来的刘主任。"雷锋就站了起来，敬礼。我还没有坐下，雷锋就把《毛泽东选集》打开了，用手指着一段说："首长，这段应当怎样领会？"我一看雷锋指的是毛主席著作中《实践论》的理性认识依赖感性认识的问题。这时高指导员有事走了。我问雷锋："你是怎么领会的？"雷锋说："一切理论都要经过实践，没有实践的理论是空头理论。"我说："你学得不错，我们要共同学习《矛盾论》和《实践论》，这是毛主席的经典著作。我们都要很好地学习。"雷锋说："请首长多指示。"这是我第一次见到雷锋。他给我的印象是个头不高，白脸皮、大眼睛，挺精神，说起话来面带笑容，对毛主席著作学习抓得很紧，能利用一切时间进行学习。

从运输连回团机关的路上，我考虑了三个问题：一是要抓紧时间对部队进行一次形势任务教育，否则必将影响工程任务的完成。这样多的思想问题，搞不好会出现政治事故。二是对部队进行一次忆苦教育，大力开展生产节约，增强部队战胜困难的信心。这个问题可以运用雷锋这个忆苦典型带头，来把群众发动起来。三是总结十余年国家建设成绩，向部队进行爱国主义教育。我当时想，解决这三个问题的目的，是让部队正确认识国家暂时困难，树立克服困难的信心，鼓舞大家情绪，保证施工任务的完成。中午吃午饭时，我向政委韩万金汇报了这些想法和见到新战士雷锋的情况。听政委的谈话后，我深深感到韩政委对雷锋的了解比我多，认识得高，韩政委说："我同意你考虑的几个问题，应该组织一下形势任务教育。忆苦思甜可先分散在各连队搞些小型的活动，团集中困难，如果各连队有请雷锋作报告的也可以进行安排。你们政治处对雷锋要作为典型多进行一些工作，很好加以培养，要有专人负责，咱们常委就由你负责任，宣传部门可以做些具体工作。"

实际上宣传股早就把雷锋当成典型来抓了。吴广信、庞士元两位同志经常到运输连同雷锋一起研究学习毛著。他们对典型工作做得很细，同运输连以及雷锋个人建立了经常联系，并有深厚的友谊。

雷锋忆苦催人奋进

根据当时的国内形势和部队分散施工任务的实际情况，全团集中开会困难，全团的“忆苦思甜”大会拖到1961年1月29日才召开。这个时间正是部队准备进入工地前。这次大会，实际上是一次进一步动员大家，坚定信心度过困难时期，继续开展增产节约，发动部队搞好工程任务的政治动员。会场是在抚顺市望花区北河岸的杨树林里。这次全团“忆苦思甜”大会虽然是以“露天地”当会场，但却开得很隆重，会场严肃，团长吴海山，政委韩万金等团的主要领导都参加了大会。这次进行的新旧社会对比教育，主要由雷锋作了典型发言。

旧中国几千年的历史就是压迫和反压迫、剥削和被剥削、侵略和反侵略的历史。是劳动人民的苦难历史。雷锋同志的苦难家史只是旧社会贫穷人们受压迫和剥削的一个典型。雷锋在大会上谈旧社会的苦，使大家很受教育。他泣不成声地说：“我的祖父雷新庭一辈子租佃地主土地为生，这种佃户生活一年到头吃不饱，还欠下地主的地租。我3岁时，这年过旧历年地主来逼债，我的爷爷被逼死在年关；父亲雷明亮被日本侵略者抓去当挑夫，由于反抗欺压遭日本鬼子毒打，回到家无钱治疗，不久活活地疼死了。哥哥雷正德12岁当童子工得了童子痨，因为超体力的劳动被机器轧断了胳膊，回到家没钱医治而死去了；小弟弟饿死在母亲的怀里，母亲给地主当佣人被奸污，刚强的母亲悬梁而死去了……”

听着雷锋诉说苦难的家史，会场上全体官兵也都泣不成声。我说什么也抑制不住自己，哭的声音非常大。因为当时我联想起我有三个弟弟也是在旧社会饿死的，所以就放声大哭了起来。真是天下劳苦大众都是一根藤上的苦瓜。雷锋同志讲他的手上有被地主婆砍的三刀时，我当场情不自禁地看了看自己手上也被富农砍了三刀的伤痕。因此，我想不仅雷锋有一本苦难家史，而且所有劳动大众都有一本苦难家史。雷锋的苦难家史是众多苦难家庭的代表，是千百万劳苦大众被三座大山压迫剥削掠夺的一个缩影。

阶级教育是团结同志打击敌人的有力武器，我们团这次“忆苦思甜”大会开得很成功。大会期间会场肃静，没有一个乱动的，大多数人都掉着眼泪，集中精神倾听雷锋的忆苦报告。大会之后，部队分头进行讨论。战士们群情激昂，各连队分头制定了措施，个人提出保证，部队迅速掀起了一个增产节约，大学毛主席著作，积极以战斗姿态投入施工的新高潮。这次大会后，全体官兵对国家暂时困难的认识更明确了，度过灾荒的信心更足了。而雷锋更加克勤克俭、精打细算地投入到增产节约运动中。他把食堂掉的饭粒拣起来送到本连队养猪的猪食缸里。汽车拉水泥撒在车上的散水泥他一点一点扫起来，积累了一千多斤。雷锋同志的“节约箱”发挥作用了，把破钢废铁边角废料、螺丝钉、牙膏皮、破布头等等都回收起来。这些废品有的在修车时被利用上了。真是变废为宝，为公家节省了不少开支。

雷锋的“节约箱”和他的节约活动，被团领导作为先进典型进行了推广。有的连队业余时间来参观学习。雷锋度灾荒的决心和实际行动对我们部队度过困难时期起到了重要作用，部队思想情绪安定了，工地上形成了一种比、学、赶、帮、超的施工新局面。通过这次“忆苦思甜”教育，使大家更进一步深刻地认识到：中国人民的苦难历史、中国的经济落后是旧中国三大敌人压迫、剥削、社会制度不合理造成的。只有在中国共产党领导下的社会主义制度才符合我国的国情，只有共产党才能救中国。

在两年多接触雷锋的过程中，给我突出的印象是：他是一个苦大仇深的忆苦典型；是学习毛主席著作的积极分子；是一个先进工作者；是一个生产节约的标兵；是青少年学生的好辅导员；是团结同志助人为乐的模范。雷锋事迹不只在我们团得到宣传，而且雷锋经常外出到兄弟部队和国家机关、学校、工厂介绍经验。沈阳、大连、海城、辽阳、丹东、本溪、长春、吉林、通化等地都有他的足迹，都留下了他控诉旧社会那悲凄而有力的声音。雷锋这些闪闪发光的先进事迹给我本人和部队都有很大的教育，成了部队的一种无形的动力，对部队的思想建设、任务的完成起到了推动作用。尤其对度灾荒打下了思想基础。在这一件件活生生的事实面前，我首先检查了自己的一个错误观念，即党委和政委韩万金同志叫我抓这个典型进行培养提高，可我开始时，还只认为这是党委正常分工，思想上认为政治处主任或副政委就是在党委领导下，政委直接领导下，做具体政治工作的，而缺乏主动精神。经过雷锋的“忆苦思甜”教育和雷锋事迹的宣传，我深感应负责任的重大，因而和雷锋的关系更加密切了，由组织分工变成了自觉的行动。如果时间长了，见不到雷锋心里就感到缺点什么似的，总怕雷锋出什么问题自己负不起后果责任。尽管我每次与他接触都感到雷锋谦虚、谨慎、态度和蔼，对同志温暖、思想境界高，总感到他的优点多，找不出什么缺点。因此对他也就表扬多。可是还感到自己在他身上所做的工作不如雷锋本人做得好。但雷锋自己却不这样认为，总感到自己做得还很不够。另外雷锋还有一个特点，他背后从不议论别人的缺点。有一次我去营区，看到他，就问：“雷锋最近怎样？”雷锋同志说：“首长，我的工作、学习都不太好，请首长批评。”我说：“你说得具体点，哪方面不够。”雷锋说：“我还不够一个共产党员的条件。”实际上党支部已经把雷锋作为培养和发展党员的对象啦，经过了解，当时雷锋有两个活思想：一个是一心一意地要求参加中国共产党；另一个是想见到伟大领袖毛主席。过去他就说过，夜间睡觉曾梦见了毛主席。雷锋的理想经过组织上的不断培养教育和他本人的积极努力，在团政治处审查和由高士祥等两同志介绍后，终于在1960年11月8日实现了他成为中国共产党党员的愿望。

雷锋多次到我家

1960年的灾荒，使全国城乡人民都受到一次饥饿的考验。我家也不例外。这年的5月份，因为家里没有吃的我父亲从山东来到部队。有一天我父亲领孙女在公园玩（现雷锋纪念馆地址）碰到了雷锋。他和老人谈话中发现老人对度过灾荒缺乏信心，而且很愁。雷锋从问话中才知道这位老人是我这个政治处主任的父亲。隔不几天，雷锋曾到我家和老人交谈过。有一天，在吃饭时，父亲对我说："雷锋来咱家啦，他和我讲了国家形势和克服困难的办法。"但没有跟我说雷锋都讲了哪些具体内容。我看老人那脸上似乎有点笑容了，大概是经过雷锋的开导，对灾荒有了正确认识。所以这个问题对我教育很大。心想我是做政治工作的，经常研究思想情况，可是对自己的父亲的思想就没掌握住，却被雷锋发现了，而且用他那种坚定度过灾荒的信心鼓舞了老人，我深受感动！从雷锋说服我父亲这件事我认为很典型，至少说明我的粗枝大叶，不细心，不善于观察，对一些问题看得不深不透。因此，我认识到了只有作风上深入，方法得当，才能有解决问题的办法。而雷锋就有这种作风和精神。

1961年春天的一个中午，雷锋同志到我家，当时我在抚顺章党下哈达施工，爱人和孩子去了邻居家串门。只有我母亲在家正用一双患有白内障的眼睛对着玻璃窗引针线。雷锋看到老人吃力地引着针线，马上走过去说："老大娘我给你引，你老怎么自己补衣服?""啊，她们串门去啦，我没事闲不住就自己补。"我母亲说雷锋关心地问："大娘，你老的眼睛有什么病?"母亲说："眼球有白内障。"雷锋说："让副政委领你到医院治疗一下嘛!"老人说："在吉林时到医院检查过，医生说白内障还不到时间。"雷锋又说："大娘，我来找副政委，一定要把你老的眼睛治好才行。"

雷锋同志就是这样，不论走到哪里，他那个闪光的思想就到哪里，他那颗为人民服务关心群众疾苦的心时刻也不停，到哪里都有工作。他利用中午时间串门给老太太串针引线和老人谈家常的事儿，是星期天我从工地回来妈妈亲口对我说的。妈妈还说："这个孩子真是可亲可爱。"后来知道实际上雷锋是找我研究学习中的问题来的。母亲讲完雷锋来过咱们家，长子丹平在一边插话说："雷锋同志来咱们家好几次，为什么一个班长能到团副政委家呢?"我对孩子说："正因为我是副政委，他才来咱们家。雷锋已经是个党员了，被树为全团五好战士标兵；工程兵又树他为节约的标兵，为了帮助他巩固成绩，发扬光大，我规定他经常汇报外出作报告的情况。所以他才来的。”另外他和长子丹平认识而且有感情，有时还来给丹平辅导课程。我父亲说：“雷锋来了就抱孩子逗孩子玩。”中华说：“雷锋叔叔还抱过我呢。”我父亲是 1938 年在家乡参加了八路军并加入中国共产党的，从战士当到连级干部才复员回家。他就说：“雷锋这孩子是个好兵，这样的好兵难得，他看问题远，看得透，对问题能讲开，讲得通。就说灾荒这么严重的问题，他很有信心克服困难，渡过难关。雷锋说得好，有党中央毛主席的领导，有全国人民的团结一致，三座大山都被推翻了，自然灾害和人为造成的困难也一定能够克服。”我深深体会到雷锋精神的伟大是体现在各个方面的，他的思想、作风都散发着共产主义的光和热。雷锋的一生是真正地把他的生命投入到为人民服务之中了。雷锋精神所到之处都闪耀着共产主义的光芒。

雷锋和我的几个孩子，也建立了深厚的感情。我从吉林 7083 部队调到抚顺 7343 部队时，暂住望花区钢厂职工宿舍，这离望花公园只有几百米。我父亲经常领小孙女到公园玩。由于工作关系雷锋常到我家，因此，我家大人、孩子都认识雷锋，在公园里碰上总要说话。孩子们也很喜欢雷锋叔叔，雷锋见到孩子们总要抱抱，告诉孩子们听爷爷的话，不要乱跑。我家的孩子，数中华好动。1961 年秋的一天下午 4 点左右，我父亲领着中华在公园看猴子，中华从铁栏杆空中蹿了过去，手抓着圈猴子的铁丝网看猴子。突然一只猴子窜过来捉住中华的手就是一口，把手指头咬掉了一块。真是十指连心，中华痛得直哭，大声呼喊妈妈。老人没有主张慌了神，光想着这样可怎么向儿媳交待！无奈抱着中华就往卫生连走。卫生连和运输连相隔不远，雷锋不知怎么知道了，急忙跑过来问：“大爷，怎么了？”老人极度不安地说：“中华的手指头叫猴子咬掉了。”老人一边说一边擦着眼泪。“快到卫生连上药。”雷锋再没说什么，抱住中华就往卫生连跑，值班军医张宝同做了检查，中华的右手中指头被猴子咬掉了一块，没有伤着骨头。消毒上药包扎后孩子不哭了。老爷子有了笑容。雷锋抱着中华送到我家才回连队，刘中华右手中指指头部位现在还缺一块。

1961年我的长子刘丹平13岁，在抚顺一中一年级上学，成绩一般，数学差，字写得不好看。雷锋到我家除了上面讲的几件小事外，雷锋和丹平的关系尤为突出。雷锋对刘丹平从学习到思想都有些具体帮助，雷锋比丹平大8岁，但丹平个子高和雷锋站在一起高矮差不多，见面很有感情，说话也很投机。刘丹平生在红旗下，生活在军营中，对旧社会是怎么一回事还很不了解。虽然说家庭出身是穷人家，但印象不深，针对这种情况雷锋就对他讲旧社会穷人孩子不能上学，现在小青年应当抓紧时间学习，不能放松学习等等一些道理。丹平讲："因为字写的不好让父亲批评过。"雷锋说："字靠练写正楷字，开始慢一些，一笔一画地写，时间长了就会快的。"雷锋的字虽然是斜体，但写的大方好看。丹平还有个毛病就是好看小人书。雷锋对他说："丹平你不要光看小人书，能看懂毛主席著作，还是看毛著好。"雷锋还和丹平研究解数学题。由于丹平接受了雷锋的教育，进步挺快，思想中、学习中都有些提高。后来到营口一中加入共青团，不久还当了团支部书记，学习成绩不仅有提高而且还是班里的前三名。丹平前几天还说："他接受雷锋教育次数多，受教育深。"我们全家同雷锋有深厚的感情和革命友谊。也可以说雷锋精神教育了我们祖孙三代，鼓舞老小继续革命，为改革开放建设有中国特色的社会主义奋勇前进。

抓典型从有压力到动力

工程兵十团党委分工由我负责抓先进典型。开始我感到自己是团里作政治工作的副职干部就是要抓典型推动工作，所以认为这是正常的工作分工，并没有感到什么压力，因此也就当成一般工作来抓。但是雷锋的事迹越来越突出，我感到有了压力，有时感到问题严重，产生了"怕"字，也感到责任重大。主要想到了，一个青年人出了名，又住在城市，青年男女又都喜欢雷锋。雷锋毕竟是个年纪轻轻的人，还经常单独外出作报告，而且军队地方都去，谁能保证他不发生任何问题呢？我当时主要是怕出现两个问题：怕他骄傲；怕他谈情说爱。一旦发现这两个问题那么就必须立即采取措施。因为骄傲了，会使人落后不注意影响；过早地谈起恋爱，不但军队中不允许，也容易影响斗志，难以挽救。所以我认为作为一个领导要想到这些，哪怕是想得严重一些以防止于未然，这是我们历来的经验。为什么现代的一些英雄模范人物有的无声无息了？就是因为他们犯了错误。从总结历史上的经验教训来考虑这些问题，我以为是对的。因此，我和政治处的有关同志，进行研究，确定采取一些措施，要求政治处宣传股和运输连要有专人掌握雷锋的思想活动，发现问题及时汇报；并规定雷锋在必要时，可以直接向副政委汇报工作情况。经过接触和具体了解，雷锋在这几方面从没发现什么问题。实践证明，雷锋确实做到了严以律己，他的行为根本用不着领导去担心。虽然如此，我们仍坚持采取正面谈话的方式进行教育，打“预防针”。在谈话中，有时我们还运用说今道古的办法，向他讲我国古代的英雄豪杰，如三国时吕布、周瑜的故事等。往往没等讲完，雷锋很灵敏，他马上领会道：“首长，我是一个新兵，有许多东西还不懂，不会有骄傲情绪的。”事实上，他从小生在旧社会，过着苦难的生活，是中国共产党领导的解放军把他的家乡解放了，他的思想深处唯独只有中国共产党好，只有解放军好，只有社会主义制度好。因此，雷锋工作、学习和对待同志都是满腔热忱。由于他有这样的思想基础来到了解放军这所大学校，经过各级党组织的教育和同志们的帮助，所以雷锋的理论水平、思想觉悟、思想品德提高得很快，确实达到了一个共产党员要全心全意为人民服务的高度。雷锋入党以后，他的思想境界更高了，学习抓得更紧了，工作也更积极热情了，对待同志更加热情和蔼。人们常说：“金无足赤，人无完人。”雷锋是否有缺点呢？过去宣传雷锋时，很少有人提到这一点。但我以为，他坚持原则不让步，这当然是正确的，应该的，无可挑剔。但是具体问题总得具体分析，具体对待，这一点在他身上就出现过一次算不得是问题的问题。有一次他到辽阳驻军作忆苦报告，雷锋每作一次报告，当讲到亲人被迫身亡时，就要大哭一场，自然对身体有些影响。这一次作完报告后，部队首长从关心爱护雷锋身体情况出发，叫伙房炒了几个菜，做了一个汤，领导陪他到食堂就餐。可是见到桌上摆放的几个菜，雷锋不吃，并说："旧社会连吃的都没有，现在国家又正处在困难时期，我不能吃。"陪他吃饭的几位领导再三劝说，他还是不吃，弄得几位领导非常尴尬；可是饭菜已经做了，怎么办？僵持了一会，后来勉强吃了一点也不多。这件事，应该说首长的关心是对的；当然，雷锋的想法也并不是没有道理。问题是饭已经做了，不吃不也是浪费吗？一般地来说，不应该让领导感到难堪！这个问题是他亲自对我讲的；同时雷锋也认识到自己的做法不对头。当时使得几位首长很下不来台……还有个问题，就是雷锋的干劲大，"挤"时间学这都是好的；但爱护自己的身体不够。不管怎样忙，不管怎样累，谁要想让雷锋按时休息可就难了。他总会说："首长，请您放心，我不累。"他总是这样不知疲倦地在工作上拼命地干。雷锋的成长是在中国共产党的领导下，用马列主义毛泽东思想武装了他的头脑，是解放军这所大学校有严密的组织纪律，坚强有力的政治工作培养出来的。工程兵十团党委和雷锋所在的运输连党支部，虽然作了一些实际的、具体的工作，但必须看到，主要的决定的因素，还是雷锋好学上进，不断提高政治觉悟，归根结底，是雷锋同志自己不懈努力的结果。

雨夜一别难忘战友情

1962年我们工程兵十团主要任务是在一〇五工地施工。这年的任务量不大，只调用了一部分部队。其他部队有的搞农业生产，有的留守在营口、抚顺做些后勤保障工作。我和马云峰副参谋长在营口河北负责搞农业生产。8月十几号接到吉团长、韩政委的通知："副政委刘家乐同志，8月15日到团部开党委会。"1962年8月14日早晨我由营口火车站上车，下午到抚顺市瓢儿屯火车站下车。因家属住抚顺钢厂职工宿舍区，回家吃点饭晚七点左右工地来车接我。这个时候天阴好像要下雨，小车开到抚顺城往西北走，下山坡到了吴家沟果然下起雨来了。在

离团部驻地山城子村只有两里多地，于黑林子村东、石碑岭村西碰上了雷锋同志。这时雨下得很大，不能下车，只有把车窗玻璃打开向外说话，还得大声地说才能听见。我问雷锋："雨下得这样大你到哪去?"雷锋同志说："副政委，这一段我没有向您汇报，今天下雨不汇报了，我的车已到三级保养期，明天我们准备一早回连队（抚顺望花区驻地），以便好好抓紧时间保养，争取保养完，好早点回工地搞运输。"说话声音很高，否则听不见。我说："雨下得这样大，路滑要走得慢点，注意安全。"雷锋说："好啦，你走吧，副政委，雨下得太大，后天保养好车再向你汇报。"各自开车走了。我万没有想到这次路上的相遇，雨夜里的短暂交谈，竟是我和雷锋同志的最后话别。雷锋走了，他走得这样突然，真是晴天霹雷叫我无法忍受。我们俩雨夜见面的第二天，即 1962 年 8 月 15 日中午 12 点左右，接到在抚顺望花驻地留守人员打来的电话说："雷锋保养车时助手乔安山开车，班长雷锋指挥车拐弯时，车后轮压倒晒衣服的方木杆子，方木顶端打在雷锋同志的太阳穴上了，在西部医院抢救无效，现在已经牺牲。"团党委正在开会，听到这个不幸的消息震动很大，所有与会人员都惊呆了，有的哭了，政委韩万金同志宣布休会，要赶快去抚顺处理这件事。韩政委说："我和团长去处理这件事，刘副政委和郭副团长在家主持工作。"于是，他们带领机关有关人员去了抚顺市望花区驻地雷锋同志牺牲的现场。战争年代，在战场上见到战友牺牲，一种复仇的烈火会当即燃烧，于是报仇的劲头就大起来，拼命地冲上去狠狠打击敌人，也算出出气。可是知道雷锋因公殉职这个消息后，说不出是什么滋味，光掉眼泪，思想总是集中在雨夜相遇的场面，和回味那永别的谈话，我的心情已沉重到不能控制的地步。我没能参加上追悼会，回到抚顺后赶上了送殡的灵车。

雷锋的灵车从望花区人委礼堂开往戈布街后山"烈士陵园"。在送葬的队伍中，和沿大街两旁有许多人抹眼泪，有的泣不成声。出了抚顺市区到河北，简直是人山人海，墓地上花圈摆了一大片……送葬后回到家时，全家人也都沉浸在悲痛之中。雷锋的丧事处理过后，于 8 月 18 日团党委成员即回到团部驻地山城子继续开党委会，会议除前会议内容外，决定对部队进行一次化悲痛为力量的教育。特别研究确定：把雷锋的遗物归拢在一起加以整理，弄上两间房子搞个展览室，把雷锋事迹展出来。今后新兵入伍进行教育时，要叫新兵知道我团出了个雷锋。这是党委书记韩万金同志总结大家意见时讲的。韩政委还提出建立展览室，要安排人员组织些力量，把这件事办好。

团党委会后，就如何搞好展览室，政治处做了具体研究，经过大家的共同努力，克服许多困难，没用上一个月的时间就完成了，团的领导感到非常满意。这个最初的展室，对后来抚顺建立雷锋纪念馆是一个良好的开端……

雷锋同志离开我们已经三十多年了。但他的身影一直存留在我的记忆中。我们要永远向雷锋同志学习，雷锋精神永放光芒。

1993 年 5 月 29 日，于辽宁兴城市

选自戴明章编著：《回忆雷锋》。

雷锋是一个生活阳光、事业成功、以助人为乐的人

冷宽[1]

我是1957年入伍来到工程兵十团的；雷锋是1960年入伍来到工程兵十团的。我有幸和雷锋同志在一个团里工作、生活、学习了两年零八个月的时间。雷锋1960年1月8号入伍的时候，我是在团司令部当见习参谋，后来在政治处做秘书，当宣传干事。我与雷锋见的第一面，也是在雷锋入伍当天全团欢迎新兵入伍大会上，雷锋代表新兵讲话。雷锋就是和别人不一样，开始第一天就给我们非常深刻的印象。本来他有一个准备好的讲话稿。因为在户外广场开的欢迎大会，那天风刮得很大，他在台上那稿子老是念不成，所以他干脆把稿子收起来做了即兴讲话。他讲了自己的家里身世，讲了为什么要入伍，又代表新兵表示了决心。我当时印象最深的是他的这么两句话，他说：刚才首长号召我们要争当“五好”战士，别说“五好”了，“七好”、“八好”我们也能当上。下边大家哄堂大笑，笑雷锋对当时部队开展“四好连队”、“五好战士”活动不熟悉，不知道“五好”是什么意思。但是，另一方面，更主要的是反映出，雷锋一入伍就表现出那种奋发向上、自强不息的革命精神，所以给到会的每个同志都留下了非常深刻的印象。当时我们的团政治委员韩万金同志就对周边的几位领导同志说，雷锋是个好苗子，一定要好好培养；后来又跟他们连党支部作了交代，要很好地培养雷锋，很好地帮助教育他。那时团党委就开始关注雷锋，还专门开会研究培养雷锋的问

---

① 冷宽：原雷锋所在团政治处秘书、原海军副政委。

题，并且做了分工，决定由团副政委刘家乐专门负责对雷锋的培养教育工作。

由于我在团机关工作，所以有更多的机会和雷锋接触。雷锋入伍时间不是很长，就成为全团树立的节约标兵。入伍仅 10 个月，自 1960 年 1 月 8 号入伍，到 11 月 18 日，他就正式加入了中国共产党。这在当时是没有先例的。当时部队服役是 3 年期限，能入党的战士很少。真正能入党的，应是在第三年的上半年或者临复员之前。入伍刚 10 个月且在当年能入党的，也就是雷锋这么一个人。因为雷锋比较先进，就到处去作报告，到兄弟部队，到地方。我们政治处的同志都陪同他外出作过报告，我也陪他出去作过报告，所以有更多的与他接触的机会。

同时，雷锋作为一个汽车驾驶员，任务是运输施工的材料，中午吃饭都在机关食堂，和我们在一个食堂里面就餐。正常情况下，大家吃完饭把碗筷放在那里就离开食堂了，但是，雷锋不是，他每次吃完饭以后，都要和炊事员一起把碗筷洗刷干净，又帮着炊事员把地清扫干净，以后他才离开炊事班。中午按照部队的作息时间，中午有午休时间，雷锋从来不休息，他自己在驾驶室里面学习毛主席著作。有一次我就问他，我说雷锋你怎么中午不休息呀？他说我都习惯了，我抓紧时间看点书。雷锋总是这样抓紧点滴时间进行学习。

雷锋给我们的第一印象，他是一个经常面带微笑、非常阳光的人。他既是一个事业上非常成功的人，也是一个以助人为乐的人。他是一生都在全心全意为人民服务的人。雷锋在 1962 年 8 月 15 日执行任务时因公殉职。殉职以后，团党委考虑，怎样才能把雷锋的这些好思想好品德（当时还没有提出“雷锋精神”）传承下去？韩万金政委有一个想法，就是能不能把雷锋生前所在班命名成“雷锋班”？这样就可以很好地传承了。所以团政治委员韩万金就带着我，我们一起到运输连蹲点，做雷锋班命名的筹备工作。在筹备过程中，我们对雷锋的遗物进行了彻底的清理。最后从雷锋生前工作、学习、生活当中用过的物品中整理出 10 件物品，放在雷锋班作为 10 件传家宝。这 10 件大体又分为这么几类：一类就是雷锋年仅 22 岁生命就能成长为伟大共产主义战士的力量源泉——毛泽东思想，所以，第一件就选了他学习过的《毛泽东选集》1～4卷。第二件、第三件、第四件就是反映他立足本职岗位、钻研技术、岗位成长方面的三件东西。其中一个是他生前开过的13号汽车即苏式嘎斯51；一件是他曾佩戴过的那支冲锋枪；一件是他练习投弹用的那个教练手榴弹。另外还有两件，是属于雷锋到社会上，关爱社会，关爱人民，助人为乐做好事的代表性的物品，一件就是雷锋生前在抚顺两所学校——建设街小学和本溪路小学担任辅导员时佩戴过的红领巾，第二件就是他雨中送大嫂回家的那件雨衣。还有三件遗物，就是反映雷锋艰苦奋斗、勤俭节约精神方面的三件物品。一件是为同志们缝补衣物的那个针线包，一件是雷锋的那个节约箱，一件是他自己购买的、为班里同志和连里同志理发的那副理发工具。最后还有一件，就是他的那个挎包。这个挎包，是部队编制上每人都有的一个黄挎包。雷锋的挎包总是随身携带，里面装着三样东西：一样是毛主席的著作，大多是单行本，有时候也有一些英雄的故事书。第二样就是雷锋的笔记本。这个笔记本里面雷锋记录着他工作、生活和在社会上做的一些事情。《雷锋日记》就是从他这些本子里面挑选、摘录出来的心得体会等。第三样就是一支钢笔。这个挎包雷锋总是随身带。雷锋有句口头禅叫做：毛主席著作随身带，有空儿学起来。

选择这么10件有代表性的反映雷锋精神方面的遗物，作为雷锋给我们留下的10件宝。这10件宝现在还保存在雷锋生前所在团的雷锋班，正在代代相传。到今天，雷锋班已经换了24任班长，这10件宝所象征的雷锋精神还是一代一代地在传承。

上面，我简单地介绍了一下雷锋这些渊源情况。

毛主席等老一辈革命家题词“向雷锋同志学习”已经快50年了。这50年学习雷锋活动应该说此起彼伏，一浪高过一浪，50年一直没有间断，尽管中间遇到一些干扰，但是学雷锋活动仍然在开展着，在延续着，雷锋精神影响了几代人的健康成长，现在仍然在影响着我们整个的中华民族，影响着我们新的青年一代。

我在网上看到，现在有的青年同志质疑雷锋是不是真的，是不是有人捏造出来的。说 22 岁的一个青年能干出那么些事来吗？我说，雷锋是一个真实的，是一个鲜活的人，一个实实在在存在的英雄模范，所以我们要学习雷锋、走雷锋人生的成长之路，走一生奋斗、最后成功的路。所以我们要像雷锋那样学习、工作和生活，按照雷锋精神，把我们自己的事业做好。所以我说，人生要成功，就要学雷锋。这是一条 50 年学习历程给我们提供的经验。

网上朋友的质疑，归结起来主要是两个问题：一个是说雷锋是不是真的，甚至有一个帖子说你净造假，不仅在国内造假，还把雷锋造到国外去。第二个，是说雷锋是发生在 20 世纪五六十年代的人，现在还学什么雷锋啊？意思就是说“雷锋精神现在过时”了，不适合现在这个时代了。

雷锋是不是真实的？回答是肯定的，雷锋是个真实的人。我们这次搞大型雷锋事迹原创摄影作品展览的目的之一，就是想通过雷锋的影像照片来展示雷锋平凡而伟大的一生，揭示雷锋精神的深刻内涵。党中央提出来的雷锋精神概括起来是：雷锋热爱党、热爱祖国、热爱社会主义的崇高理想和坚定信念；雷锋那种服务人民、助人为乐的奉献精神；那种奋发向上、自强不息的创新精神；干一行爱一行、钻一行精一行的敬业精神和艰苦奋斗、勤俭节约的创业精神。这是新时期雷锋精神的深刻内涵。关于雷锋真实不真实的问题，涉及几个具体问题。一个就是说，雷锋当时那么艰苦奋斗，那么勤俭节约，怎么又有皮夹克，又有料子裤、又戴手表啊？这不自相矛盾吗？第二是说，雷锋做好事不留名，为什么都写在日记里啊？第三个问题，是说当时那么个生活条件，那么艰苦情况下，雷锋竟有那么多照片，那不奢侈吗？……针对这几个具体问题，我想具体说一说。

关于雷锋艰苦奋斗和他的衣着问题，雷锋的的确确是艰苦奋斗、勤俭节约的典型。他不是从个人生活来考虑的，而是从国家大局来考虑这个问题的。因为我们国家比较穷，我们要艰苦奋斗。雷锋艰苦奋斗从生活做起，工作上也是艰苦奋斗的。像刚才讲到的，我们在抚顺修建特种钢厂，每天运输水泥，而水泥总有洒落在车厢里面的，雷锋发现后，觉

得浪费了太可惜，他就每天回来以后都发动战士们一块把水泥扫下来，然后把它收起来，总共收了2000多斤水泥送到了工地。雷锋在生活上、工作上都是艰苦朴素的。他的缝缝补补也是很出名的。当时除了给战士缝补衣物之外，非常典型的一个例子，就是他们班里有一个战士，在保养汽车的时候把衣服不慎烧了一个洞。那时的战士就是一个棉衣、棉裤，连个衬衣、衬裤，什么绒衣、绒裤那个时候还没有。这让战士怎么穿？雷锋下班以后发现了，他就想办法给战士补。没有布料怎么办？想了半天，他把自己棉帽子里面那个帽衬取了下来，然后找点棉花给堵上，最后把裤子给他缝好了。可见雷锋是真真正正、确确实实地在艰苦奋斗，在勤俭节约。雷锋连瓶汽水都舍不得喝，那他把钱送到哪儿去了？一是他送给战友家里去了，再就是支援社会建设了。把钱送给战友的现在有两处记载：一处就是他寄给他们班战友周述明了。周述明家里来信说父亲得病了，没有钱治。雷锋看在眼里记在心上，他就以周述明的名义给周述明家里写了一封信，并寄去了10元钱。过了一段时间，周述明父亲病治好了，给周述明来信了，说孩子你寄的钱家里收到了，你父亲病也治好了，你就放心吧。周述明就非常纳闷，说我没有寄钱啊！他就把这事反映给指导员了，指导员一查，才知道是雷锋干的。另外，雷锋还给他们本班战士乔安山家里写过信，寄过20元钱。这是为战友解决家庭困难。再一个支援建设。雷锋在湖南家乡团山湖农场的时候，听说团山湖农场要购买第一台拖拉机，他从自己的储蓄中拿出了20块钱捐献了，成为这次捐献最多的人，最后县里决定他来开第一台拖拉机，雷锋成了优秀的拖拉机手。

再就是到部队以后，他一共储蓄存款203块钱，他取出来200块钱送到抚顺市望花区人民公社。当时工作人员不收，因为一个战士收入很低，一个月才6块钱的津贴，最后说你把这个钱寄到家去吧。一说家，雷锋想到自己过去苦难的身世，他说我没有家，人民公社就是我的家，家哪能不收孩子的钱的？好说歹说，最后公社收下了100块钱。另外那100块钱他存了起来，当辽阳发生百年不遇的特大洪水的时候，他又看到中央派飞机去救济当地的灾民，他又把另外100块钱寄到辽阳市委，并写了一封慰问信。雷锋总是这样去支援受灾的群众。

所以，他确确实实是艰苦奋斗的，平时生活上、工作上非常节约的，但是他把钱存起，用到该用的地方。那么，他买皮衣服，即皮夹克是怎么回事呢？雷锋是个孤儿，从湖南到鞍钢时的所有家当，就是这么大一个小皮箱，很小的一个小箱子，里面主要装着他的衣物、书籍和生活用品。那就是他一个家。雷锋入伍的时候跟别人的不同就在这，别人都是背个背包，雷锋除了背包以外，手里还提个箱子。箱子是什么呀？就是雷锋的家，雷锋所有的家当就这么一点东西。

所以从这个意义上看，雷锋又是一个有收入、上不养老、下不养小的一个人！他这个收入完全由自己来支配，相对来说，和同时代人比较，他生活上可能更富有一点，所以，到了鞍山以后，那是五八年底、五九年初，咱们向苏联学习，大兴跳舞之风，业余时间里，工人们到俱乐部去跳舞。那些工友们都劝他，说雷锋你老穿着从湖南带来的那些衣服，老穿着工作服，你要是去跳舞，那像什么样子啊！说你这是在鞍山，这是一个大城市，不是农村，你要买一件新衣服，不要再穿这个了！在同伴们的劝说下，他买了一件皮夹克。那个夹克衫，看着很亮，实际上质量很一般。雷锋还买了条料子裤、买了一双皮鞋，有一副新的打扮。后来，雷锋穿着这些衣服，跟伙伴们到舞厅去活动了一次。

这时候，工会就提出来，要艰苦奋斗，勤俭节约，向所有的人发出这个号召。这时，雷锋就把这些衣服收起来了，再也没有穿过。后来，雷锋提着这个皮箱子到了部队，又用过一次。那是他参加团里的演出队，作为演出用的行头，给其他同志穿过，以后再也没有碰过！雷锋啊，他也是一个青年，他也是个人，他不是神，他生活得很阳光，他也爱美，他也需要过正常人的那种生活，所以这些衣服和雷锋的艰苦奋斗精神并不矛盾。

再就是雷锋做好事不留名，雷锋怎么老写在日记里头呢？雷锋确确实实做好事不留名。我们在机关也好，他们连队也好，经常接到群众来信，就是说你们部队的一个人，他这次星期天，去卫生队，路过那个工地。工地上那个喇叭里面在喊，运砖的同志快加油啊，现在是砖供不应求啊！雷锋听说以后，把衣服一脱，就跟着工地工人一块去推砖，就干起来了。等最后问他，同志你是哪个单位的？他不说，说“我是解放军”就走了。最后，连队里迎接敲锣打鼓来送感谢信的群众，说，什么人到我们那儿干什么事。指导员就说，去把雷锋找来，肯定这事是他干的。把雷锋一找来，群众就说，就是他，就是他干的，就是这样子。像在沈阳换车时，一个老大嫂去吉林，把车票丢了非常着急，雷锋用自己的将近六块钱，那时他一个月的月津贴才六块钱，给老大嫂补了一张票，把大嫂送上火车。大嫂突然想起来了，问：同志你叫什么名字啊？是哪个单位的？你家住在哪儿啊？我回去后好把钱寄给你去啊！他回答两句话，说：“我叫解放军，住在全中国”，说完就走了。就这样，雷锋确确实实做好事不留名。但是为什么他又写到日记里呢？我想，这正是雷锋的可贵之处之一，正是值得我们学习的方面。雷锋 22 岁就能成为伟大的共产主义战士，最根本的问题，他能学习理论，并把理论和实践相结合，善于思考，善于总结。雷锋悟性很高。为什么高？因为他把自己每天所遇到的一些问题和发生的一些事情，学习的一些感受，都记在日记本里面，进行自我反思，自我总结，不断地提高。所以，雷锋才从实践到认识，再到实践，再到认识，使自己思想不断地升华，不断地成长。雷锋的日记，在生前曾经在沈阳军区《前进报》上发表过五篇。那是领导发现以后，感到很好，有教育意义，又经过他本人同意，发表过五篇！其他的雷锋日记，都是在雷锋因公殉职以后，经过整理，从他那些工作本里面摘录出来的，而不是杜撰的，也不是别人代写的。整理成册后，叫《雷锋日记》或者叫《雷锋日记选》，成了现在这个样子。雷锋日记里面记着他自己做的事情，和雷锋不留名，完全是一回事，并不矛盾，相反地看，雷锋那种认真总结经验、不断提高自己的精神，值得我们好好学习。古人讲：吾日三省吾身！雷锋就有这种悟性，有这种总结的精神，我们应该向他好好学习。

还有关于有这么多照片是不是奢侈的问题。雷锋在生前的照片，大概粗略地估计有 600 张。其中，季增同志为他照了 253 张，张峻同志为他照了 234 张。他们两人加在一起呢，不到 500 张照片。还有另外的 8

位军队的摄影者，曾经给雷锋拍过大概有十几张照片。还有雷锋在各个时期在照相馆里拍摄的，大概有50～60张照片，加在一块大概不到600张照片。因为雷锋是先进人物，从他入伍那天开始，就引起了领导对他的重视，要很好地培养他。他是进步得很快，所以，摄影员的镜头，就专门对着雷锋。这些同志跟雷锋一起生活，跟雷锋一起出车，跟雷锋一起执行任务，见到的事都把他拍下来。有些事情，虽然当时没有拍下来，后来又按照原来历史的实际情况进行了补拍，所以才留下了这么多工作的照片。再一点，就是雷锋非常阳光，非常热爱生活，他珍惜生活的每一瞬间。众所周知，雷锋为什么热爱生活，为什么这么阳光？主要是雷锋的身世，对他有很大的影响。雷锋在旧社会，本来有一个比较完满的家庭。家中有父亲、母亲、哥哥、弟弟，应该说比较完满，但是，日本帝国主义和旧社会夺去了他父亲和哥哥两条生命！弟弟又饿死在妈妈怀里了；他妈妈给地主做工，受凌辱后悬梁自尽了，雷锋就成了孤儿，所以他深知日本帝国主义和旧社会给他家带来的苦难。是共产党和毛主席解放了他的家乡，把他从旧社会苦海里解救出来，所以他对旧社会有无比的痛恨，对共产党对毛主席对社会主义制度有无比的热爱，所以雷锋他生活得非常快乐，非常阳光。正如他自己说的，我有使不完的劲！所以，雷锋总是常带微笑，这是他生活非常阳光的内心世界的外在的一种反映。你无论什么时候看见雷锋，雷锋都是笑呵呵的。他非常热爱生活，珍惜生活，他的第一张照片，是他系红领巾的那张照片，是现在发现雷锋最早的第一张照片。以后在赴鞍钢途中，在武汉长江大桥上，雷锋也留下一张影；到了北京，只有七个小时的换车时间，他还专门跑到天安门前去照了两张相。一张是提着从湖南带来的一个编织的小兜子。照片上那个时候提着这个兜子照的相，到了“文化大革命”时期，说那是属于资产阶级生活方式，结果在发表照片时，把那个兜子给去掉了。以后，雷锋看见有一个青年在那儿骑着摩托车照相，他又好说歹说跟别人借了摩托车，又在天安门前照了骑摩托车的像。照了相之后，他还不走，就坐在金水桥那儿等。等啥啊？他说等着看毛主席。最后警卫战士来说，同志你怎么老不走老在这儿坐着呀？他说我想看毛主席。战士说毛主席不在这儿。雷锋问：毛主席不在上面住吗？战士说，不在这儿住。雷锋问：怎么才能见毛主席呢？战士说，要见毛主席，得干出大事业来，得当英雄……雷锋就起来了，说：我一定要来天安门，我一定要干出大事业来见毛主席！……以后，到了鞍山；1960 年 1 月 8 日到部队前，批准他入伍时，雷锋又戴上了大红花，他又到照相馆里照了一张全身相。当年，部队驻地抚顺市给我们全团就一个人大代表的名额，最后雷锋成为抚顺市第四届人民代表大会的代表。他当了代表以后啊，也赶快到照相馆去照了一张照片。雷锋就是这样，他生活非常阳光，他非常热爱生活，所以他把生活中一些重要的关头的一些瞬间，他都要用照片留起来，保存下来，这也从另一个侧面看出雷锋热爱生活的一种感情。

大家说当时照相那么贵，他照了这些照片，这个钱是从哪儿来的？刚才我说了，雷锋是一个孤儿，相对来说啊，他经济上比他同时代人还要好一点。那时照一个 2 寸照片就是 2 毛多钱，所以，雷锋给我们留下了这么大量的影像，使我们从这大量的影像中，更好地感知雷锋，认识雷锋，学习雷锋，走雷锋成长之路……

邢德铭根据冷宽 2012 年 3 月在财政部的报告录音整理

与雷锋在一起的日子

季增[①]

1957年，我应征入伍，走进了火热的军营。也许是历史的垂青，我有幸和雷锋同志成为战友，并在两年多的时间里，为他拍摄了200多张照片。

雷锋1960年入伍时，我已经学会了摄影。那时学摄影也很简单，只要能用光、取景、聚焦摁快门就行了。雷锋入伍第一天，也就是1960年1月8日，在我们团欢迎新兵的大会上，他代表新兵讲话。雷锋的讲话非常生动，他讲的最后两句是：我们一定要好好学习毛主席著作，做毛主席的好战士。雷锋的讲话引起了在场的新兵、老兵的热烈鼓掌。这时，我挤上前去为雷锋拍摄了他入伍后的第一张照片。

雷锋入伍前就是一个先进人物。无论在鞍山还是在湖南，他都是要求上进的好青年。到部队以后，他同样在各个方面都力争走在前面。新兵刚到部队以后，先要进行共同科目的训练，学习向左右转、前后转、跑步、正步等基本动作，这些，对雷锋来说是很平常的。他学得很认真。但他随后在训练中便遇到了问题，就是投手榴弹。与他一起入伍的战友们，每次都能投出三四十米，可雷锋使足了劲只投了19米。这是为什么呢？因为雷锋是从旧社会过来的一个苦孩子，是一个孤儿，他吃不饱，穿不暖，所以身体很弱，他的体重还不到50公斤，身高只有1.54米。由于个子矮小，身体瘦弱，他使足了劲也投不到20米。

雷锋跟我讲，在入伍之前，他很长时间向兵役局同志、向接兵的同

① 季增：原雷锋所在团摄影员。

志争取参军的机会，他表示自己入伍后一定要当一个好兵。可是入伍伊始，他就遇到了投手榴弹投不远的难题，所以他心里很着急，他说：如果真要打起仗来，让我上前线去和敌人拼杀，我的手榴弹投不远，不但炸不了敌人，甚至还可能炸伤我们自己的战友。这怎么能行呢?! 于是他天天起早贪黑地练。早晨比别人早起一个小时去练投弹；晚上他晚睡一个小时也去投弹，练了半个来月的时间，可是他不但没投远，而且还越投越近。为什么呢？原来他的肩膀子都已经练肿了，肌肉肿了，筋已经抻得过力了，也就更投不远了。就在他着急上火的时候，他当时的班长薛三元给他讲，你想把手榴弹投得远，你不要单练投手榴弹，你还要练单杠，练双杠，练跑步，练篮球，练各项体育活动，只有身上的力量都强壮起来了，你才能把手榴弹投远。

雷锋在同班战友、班长以及排长的帮助下，坚持各项体育运动锻炼，经过 3 个来月的时间，终于在考试的时候投到了优秀的成绩。我出版过一本《雷锋照片的背后故事》的画册，其中就有照片记录了当时他投手榴弹、练单双杠的一些动作。尽管这本小书出得较早，印刷的质量也不怎么好，但是记录了大伙儿帮他纠正动作、教他学投手榴弹这些事儿。就这样，雷锋在不怕苦、不怕累思想的指导下，将他入伍后遇到的第一个困难战胜了。

1960 年 8 月，因为当时蒋介石总在叫嚣要反攻大陆，所以，我们部队开展了广泛的“两忆三查”运动。“两忆”就是“忆阶级苦、忆民族苦”；“三查”就是“查工作、查思想、查斗志”。“两忆三查”运动一开始，雷锋就代表新兵作忆苦思甜报告。雷锋回忆了他自己过去的苦：在旧社会不到 3 年的时间里，他死去了爷爷奶奶、父亲母亲还有哥哥、弟弟共六口人，只剩下他一个孤儿。雷锋成了孤儿以后，就以讨饭为生，后被一个远房的奶奶收养。再后来，解放军进了湖南，解放了他的家乡，乡长彭德茂将他收养起来，送他上了附近的小学。雷锋小学毕业后，他本想去当一个优秀的农民，后来被县委书记看中了，调他去当了勤务员。雷锋当勤务员时，各个方面都做出了优异成绩。后来，县里要建个团山湖农场，而且农场要买拖拉机，号召大伙捐钱。雷锋知道这个事后，把自己存了几个月的20块钱一下子捐了出来。在当时的条件下，20块钱也是一个很不得了的数字，而且雷锋又是个孤儿，所以大家都对雷锋刮目相看。拖拉机买回来后，单位就让他去驾驶这台拖拉机。于是，雷锋又成了优秀的拖拉机手。

到了1958年，鞍钢到湖南去招工。雷锋积极报名，想当一个优秀的工人。在他再三的努力下，他被录取到鞍钢当了一名工人。因为他有当拖拉机手的技术基础，鞍钢就让他开推土机。雷锋在鞍钢工作了14个月，18次被评为红旗手，5次被评为标兵，3次被评为先进生产者。1960年，正好我们部队又到他们工厂里征兵，他又想当一个解放军战士，保卫祖国，保卫毛主席。雷锋觉得，是解放军解放了他的家乡，只有解放军才使他得到解放；只有共产党、毛主席，才使他得到这样的幸福生活。可是，他的身体检查不太合格，体重轻身高矮，几次体检都没有通过。后来，我们部队接新兵的军务参谋戴明章，通过电话向我们团长做了请示汇报，说有一个非常好的苗子，他积极要求当兵，而且是一个很苦的孩子，我们团长就说你要看着好就把人带回来吧！就这样，1960年1月8日，雷锋参军来到了我们部队。

前面讲到“两忆三查”。在“两忆三查”中，雷锋的坎坷经历感动了部队的干部战士，也感动了工人、农民、学生。后来，《解放军画报》一个叫吴加昌的记者同志采访了这个事情。当稿子基本完成时，他觉得这个稿子还不够分量，觉得还应该有一张比较好的反映雷锋的照片，于是，他就给我写来了一封信，让我来拍一张既表现雷锋的职业特点又展现雷锋远大理想的照片。我虽然已经照了三年相了，但是对《解放军画报》记者同志的这种要求还是理解不了。我就琢磨，雷锋的职业特点是什么呢？那就是开汽车；雷锋是一个干一行，爱一行，见先进就学，见后进就帮的先进人物。所以我就天天到他们连汽车场去转一转，看看哪个地方能拍出好的照片。我经常让雷锋站到各种汽车的前边，有时拍他擦车的，有时拍他干活的，等等。那时，我们部队的汽车多是苏联的嘎斯51牌卡车，也有些吉斯车。显然，在吉斯车上拍照片，肯定展示不出雷锋的精神风貌。正当我在车场左看看，右看看，不知转了多少圈，不知跑了多少趟，正着急的时候，突然看到运输连来了一台解放牌汽车，是用它来拉水的。当时我们部队正在施工，就用这台汽车从地下抽水拉到工地。当这台汽车一开进车场的时候，看到汽车前脸上那“解放”两个字，我脑子忽然一亮，因为雷锋对“解放”、对解放军、对共产党、对毛主席的热爱之情总是溢于言表的。我想：雷锋既然是一名驾驶员，这回又来了一台解放牌汽车，把这两件事儿结合起来应该是个不错的构思，于是，我想给雷锋拍一张在解放牌汽车前的照片。后来我就跟雷锋商量，我说，咱们拍一张你擦解放牌汽车的照片怎么样？他说，那“解放”对我来说真是救命恩人，没有解放就没有我，我同意你的想法。于是，在一个礼拜天，那天天气很好，阳光很充足，我和雷锋一起来到这个汽车场，把汽车的头调好，我们就在那汽车前后转着拍，拍了有 10 来张照片。我选几张表情好的照片寄到《解放军画报》去了。吴加昌一看，说这张照片拍得真不错，前边有“解放”两个字，而这台解放牌汽车又体现了雷锋的职业特点，那表情也充分体现出了雷锋的高昂情绪，较好地反映了他热爱党、热爱毛主席、热爱社会主义的思想。后来，《解放军画报》1961 年第 3 期，就把这张照片放到《苦孩子、好战士》那组稿子的前边。这张照片后来在一些报纸、信封、信纸上以及一些笔记本上不断地被登载，在社会上产生了极大的反响。这是继那组练投手榴弹的照片之后，我为雷锋拍的第二组照片。

大家都知道，雷锋在部队内外做了很多好人好事。其中，也包括他经常帮助同志学习。特别是他有一个战友叫乔安山，是与他一起参军的，文化程度比较低。雷锋为乔安山买笔记本，买纸，买书，帮他一起学习文化，学习毛主席著作。战友们衣服破了，雷锋就帮着去补；战友们衣服脏了，雷锋就帮助去洗。雷锋帮助战友洗衣服、洗被子、洗褥子的照片，我拍了很多。我还为雷锋拍了他替战友补被子的照片。雷锋每天晚上学习毛主席著作，一篇文章看了一遍，不一定能理解，他就躺在被窝里继续看。因为部队要求 9 点就熄灯，为了不影响别人的休息，他就买了一个手电筒，用手电筒在被窝里照着学毛主席著作。学完之后，他还要把对它的理解记下来，以便用在工作上，用在生活上。为此，我专门为雷锋拍了他在被窝里打着电筒学毛主席著作的照片。虽然我的构思很好，可是当时我没有闪光灯，也没有其他的设备，只有一台莫斯科五型那种折合式照相机。因为我放过电影，为解决灯光问题，我就找到放电影淘汰下来的那种旧电影机上的300瓦灯泡，拿两个电线把它两极焊上，缠上，用这个灯泡照着去给他拍照片。结果，拍出来的效果不够理想。照片面世以后，有些人就问：这明明是白天拍的，怎么说是躺在被窝里拿手电筒照着看书呢？实际上，我原来的设想因为技术问题没能实现。过了几十年以后，不久前我让一个照相馆用电子技术把照片给做出来了，做的效果很好。

另外，我还给雷锋拍过一张雷锋送老大娘的照片。这个照片是怎么拍成的呢？那一次，我陪雷锋上丹东去我们工程兵的舟桥82团作报告。作报告回来路过沈阳，在沈阳换车的时候，在候车厅出来个老大娘，老大娘提着一个包袱，累得满头大汗，同我们一起往月台上走。雷锋见到这种情况后，马上走过去替老大娘提包袱，问大娘到什么地方去。老大娘就说上抚顺去。雷锋一听是上抚顺，就说我们也是回抚顺的，咱们是一个路，咱们就一起走吧。于是雷锋就把老大娘搀上了火车，并为她找了座位，之后，雷锋就站在老大娘的旁边，向老大娘问长问短。老大娘说，我上抚顺去看我的儿子，我的儿子在某某矿上班。雷锋说虽然不知道这个单位在什么地方，但都在抚顺市，我们还是离得很近的。火车走了半个多钟头，我们到了抚顺瓢儿屯车站。当时，我们部队就在瓢儿屯车站附近施工，帮助地方建钢厂。雷锋下车时已是下午3点多钟。因为我比他早当兵，我是个中士，雷锋就说，季班长你先回部队得了，咱们报个到，我把老太太送到她的儿子家去。我说那不行啊，你送老大娘你要去做一件好事，我是为你拍照片的人，我也要跟你一起去。我们俩就搀着大娘，根据她儿子写的那个信封上的地址，在抚顺郊区来回地找。50年前的抚顺市也是很落后的，尤其是那个露天矿，路很不好走。经过两个多小时，终于在一个小街道上找到了她儿子家。到了她儿子家后，看到老太太儿媳妇在家，她一个孙女在家，儿子还没有下班。这个时间已经是晚上7点了，屋里很暗，拍不了照片。我左看右看也没有办法照相。雷锋就跟老大娘说，大娘您到家了，好好休息吧，我们走了。这样我和雷锋就出来了。出来以后，我们一边走一边商量。我说，你把老太太送到家了，你完成了任务，我呢？我想照一张照片却没照下来，我这多遗憾呀！我确实很难受，心里放不下。走到半路时我们俩商定：等过个 10 来天，等老太太恢复恢复，咱俩有时间的话再来一趟。10 天后，我们俩又到老太太家里。那天，老太太也精神了，不是那么疲惫了，小孙女也打扮得很干净了。进屋一看，还是照不了。因为他家那小毛坯房里头，堆着很多捡的炭渣子，还有一些柴火，用来生炉子。没办法，我就把老大娘领着往前走了 10 米左右，到别人家的一个房前拍了一张雷锋送老大娘的照片。拍了大概有五六张，效果还算可以。虽然这个实际上是后补，但是事实一点没变。雷锋所做的像这样的好事确实很多，很多。再就是雷锋把饭让给战友吃的故事。1960 年 10 月，连队里要挖一个菜窖，贮存点白菜、萝卜什么的准备冬天吃。当时生活标准低，一个解放军战士标准的供应量是每天 1 斤半粮食，而那时要求每个战士每天要节约出半斤，把省下的粮食给周围的老乡们吃。就在一个礼拜天，连里要求大家吃完早饭后拿上饭盒上山去砍柴火，棚那个菜窖。我离运输连很近，那天也没别的事，也跟着他们班一起上山了。大伙割了一上午柴火，到中午吃饭时，大伙都拿出饭盒来吃，雷锋也拿出饭盒来吃饭了，可他一抬头看到他们连那个外号叫“大肚汉”的战士在那里磨镰刀。这个战士个大头大，力气也足，能干也能吃。原来早晨吃完饭后，炊事班把饭盒发下来，他就说我干脆把午饭一起吃了，带在肚子里得了。所以他把午饭和早饭一起吃了。大家吃饭的时候，他坐在那磨镰刀。雷锋见了就走过去问：王延堂你怎么不吃饭呢？王延堂说，我的午饭和早饭一起吃了，我现在不饿。雷锋知道他不可能不饿，就把饭盒拿过来给他吃。王延堂说什么也不吃。后来雷锋说，你要真是不吃，我还得带回去，因为我这两天正拉肚子。你说，这要带回去是不是更费事？你干脆吃了得了。在雷锋真挚地劝说之下，王延堂接过了他的饭盒。我当时离他们俩大概有 10 来米远，我转过身就摁了两次快门，照了两张照片。当时照相不像现在拿数码相机照完之后，立即就能看效果怎么样。我担心照得很不理想，所以我又走过来让雷锋重把饭盒送给王延堂，王延堂又接过饭盒，又照了好几张。

雷锋是一个汽车兵，他的本职工作就是要开好一部汽车。雷锋除了做好事以外，他对自己开的这个汽车也特别关爱。当时我们那个连队有一台汽车，是苏联嘎斯 51 型，服役时间已经很长了，非常非常费油，大伙就把它叫“耗油大王”。连队战士谁也不愿意开这台车，雷锋却主动要求去开这台汽车。他一有时间就去保养。经常钻到汽车底下，无论是阴天下雨、下雪，他都钻到汽车底下去修，去查。这样的镜头，我拍到十几张。雷锋保养车辆，不单保养车的下边，也保养车的里头，什么液化器，什么出水的地方，出油的地方，他都把它卸开，一点一点地去擦，一点一点去洗，然后再把它装上。这台耗油大王，经过雷锋拆了两三个月，付出了很多劳动，终于修好了，后来这台车成了节油模范，比一般的车要省油不少。我当时拍的雷锋修汽车的照片，在我们工程兵还得了奖。

1962 年 8 月 15 日，雷锋光荣牺牲了。当时抚顺市父老乡亲们悼念雷锋和为雷锋送葬等情景，我都用镜头记录下来了。后来，连队大多数人都去施工了，家里只剩下几个人。因为雷锋辅导过的学生们，经常到部队施工的地方，去问有关雷锋的情况。为了不影响部队的施工和生活，我们团政治处领导就决定办个雷锋照片展览，就跟我说：小季，你把你的照片放大几十张，贴在一个红布上，挂到他们炊事班，让大伙看，让大家缅怀雷锋精神。当时，我一次放了 40 张 8 寸的照片，贴在一个 15 米长的红布上，挂在炊事班墙上。红布一挂，大家都来看雷锋，忆雷锋、学雷锋。因为来参观的人越来越多，结果食堂这个展览显得小了。为了不影响连队工作，经过团首长和我们俱乐部的人研究，又想搞一个较大型的雷锋事迹展览。而要搞一个较大型的展览，我们部队又缺乏能写会画的人才，所以，我们又求得抚顺市委宣传部、抚顺市工会以及抚顺市共青团的大力支持。他们给我们派来两个画家和一个书法家，由我们专门负责放大雷锋照片。照片放到 24 寸，每块展板 80 厘米高，60 厘米宽。开始我们还怕没观众哩，就让共青团学生部给我们组织一些群众来参观。可是，不到一个礼拜，参观的人越来越多，有的观众要排上一个礼拜才能参观上。因为观众多，解说员嗓子都讲哑了，还是满足不了需要。于是，我们又跟抚顺市工人俱乐部联系，在抚顺市搞了一个大型的展览。这个大型展览在抚顺市影响很大，后来，辽宁省就决定在全省搞十个雷锋展览，在沈阳周围的十个比较大的城市，一个城市搞一个。为了提高展览的水平和力度，就请各位领导批示、题词。当时抚顺市委书记沈越签了字，之后沈阳军区搞展览时又找宋任穷签了字。雷锋展览和雷锋精神当时就宣传得很热烈。

第二年，也就是 1964 年春天，我就向领导要求复员，因为我已经当兵 8 年了。部队想让我当俱乐部主任，我觉得没有那个能力，仍然要求复员。在复员之前我把我给雷锋拍下来的 260 多张照片，最佳的 200 张底片都装在底片夹里，原原本本地交给了政治处。我觉得我给雷锋照相，是党交给我的任务，我用的照相工具都是部队让我使用的。我复员回到了承德，在承德日报社当摄影记者。

在我当摄影记者 42 年里，我处处发扬雷锋精神，没做过一样违规违纪的事情。我的成长是在雷锋精神的指导下成长的，乃至后来我又获得国务院特殊津贴，获得摄影家协会终身成就奖。——这都是雷锋精神鼓舞我做到的。

雷锋是我永远的榜样，我要一辈子永学雷锋！

邢德铭根据季增 2012 年 3 月在财政部的报告录音整理

2012 年 9 月 10

我接触过的雷锋

张时扬①

我是雷锋生前战友，比雷锋早入伍两年，时任沈阳军区工程兵工兵十团技术营营部书记，和雷锋同在一个营里当兵；既目睹雷锋带着甜蜜的微笑走进军营，又见证了雷锋的模范事迹和崇高品德，还眼含热泪为雷锋战友送葬。在与雷锋的接触中，雷锋给我留下了许多深刻的印象，至今历历在目。

孤儿，特批的新兵

1960年1月8日下午两点多钟，雷锋入伍来到营口市我们团的驻地。当天，我作为技术营的一名老兵代表，参加了团里在营口火车站举行的“欢迎新战友入伍大会”；全团100多名官兵代表，有的拿着锣鼓，有的举着欢迎新战友入伍的大横批，列队站在检票口的两侧，团首长站在月台上等待载着新战友的列车进站。当火车进站时，我们这些老兵代表立即敲响了锣鼓，喊着热烈欢迎新战友的口号。当新战友走下车厢时，团首长上前同他们握手表示欢迎，我们敲打锣鼓，呼喊口号，锣鼓声和口号声连成一片。整个火车站沸腾起来了，广场显得特别热闹。雷锋代表新兵在大会上发言。会后，我随同技术营副营长阜右东和参谋徐仁祁等老兵代表，带领雷锋他们新兵排的30多名新战友返回技术营营

---

① 张时扬：原雷锋生前所在团技术营营部书记。

房牛屯驻地（今营口老港区）。一路上，雷锋最引人注目，他小个头，穿着显得有点肥大的棉军衣，棉大头鞋，背着背包，手提皮箱，面带微笑，昂首挺胸，一蹦一蹦地走在队伍的最后头。正当我聚精会神地观看着每个新战友时，突然前面响起了锣鼓声和口号声，我抬头一看，技术营的全体官兵，列着长长的队伍，一个个手举着小红旗，从营区大门外的道路两旁，走出30多米向我们走过来，营长王柱根，教导员张景贤，副教导员姜洪贵，走在欢迎队伍的最前头。我们刚走近欢迎队伍，营首长就上来同新战友们一一握手，表示欢迎。当王营长、张教导员同最后一个新战友握手时，新兵营营长荆悟先（技术营参谋长）主动介绍说，他叫雷锋，是个孤儿，苦大仇深，当兵心切，但体重少两公斤，是我们特批的新兵。这时我看到营首长紧握着雷锋的手，表情显得特别亲切。随后，营首长们把雷锋他们新兵送到宿舍。新兵宿舍就在我们营部楼下的小礼堂。小礼堂里搭有地铺和火墙。当我们走进礼堂时，热气扑脸，老兵们急忙争着上前，有的为新战友解背包铺床铺，有的端着热水盆让新战友洗脸烫脚。老战友们欢迎、关心新战友的兄弟感情，生动感人。这是我第一次认识雷锋。他给我们留下最深刻的印象。雷锋是个孤儿、特批的新兵。他是个牢记阶级苦，具有远大理想的好青年，是我们学习的好榜样。正如雷锋在当天晚上写的日记中所说："我好几年的愿望在今天实现了，真感到万分的高兴和喜悦，这是我一生中最大的幸福。我一定要在部队争取立功当英雄，我一定要做一个毛泽东时代的好战士，我要把我可爱的青春献给祖国最壮丽的事业。"

从新兵排"查出"雷锋

雷锋所在的新兵排，就住在我们营部楼下的小礼堂里。雷锋做好事是从他走进军营的第二天早上就开始的。这天早晨，雷锋早早就起床打扫小礼堂的积雪和垃圾。被正在巡查机械场机械车辆和岗哨回营房的营长王柱根看见，问雷锋怎么起得这么早，雷锋说他当上了解放军，心里高兴睡不着，就出来打扫卫生。王营长听后就觉得雷锋与他当兵以来所见到的新兵绝然不同，后来，不仅责成新兵排表扬了雷锋，而且，还亲自在全营军人大会上表扬了雷锋，要求全营官兵要向雷锋同志学习。

雷锋当兵后不仅在军营内做好事，而且还到军营外的营口火车站和军营附近的小学做好事。一天，我接到团部打来的电话，说有一个战士，近几天经常在营口火车站候车室里不声不响地打扫卫生，帮助旅客扛行李、抱小孩、搀扶老弱病残上下火车，使火车站的工作人员和旅客很受感动。问他什么都不说，团里要求我们一定要把这个小战士“查出来”给予表扬。我放下电话，立即向营副教员姜洪贵作了汇报。姜副教导员听完汇报，当即就让我到各个连队去查找。我到三个连队都没查到，最后到新兵排没费劲就查出那个做好事不留姓名的小战士就是雷锋。

我回到营部向姜副教导员汇报了“查出”雷锋做好事不留姓名的经过。随后，又用电话向团里做了汇报。从此，雷锋的名字不仅在新兵排、技术营传开，而且在全团开始传开。

又有一次，我同阜副营长在营部值班，哨兵领进来两位女同志，说有事要见首长。阜副营长接待了她们。其中一位姓李的女同志自我介绍说，她们是劳动小学的老师，在上个星期天，她们学校组织老师清扫学校的积雪，你们部队有个战士路过学校门前看见了，就主动到学校同老师们一起扫雪，有的老师问他是哪个连的、叫什么名字，为什么帮助我们扫雪，他什么都不讲，只是一个劲地扫雪，直到把雪扫完，才悄悄离去。当时，校领导和老师们很受感动。于是，校领导特意派我们俩到部队向首长表示感谢，并要求部队帮助查出这个做好事不留姓名的战士并给予表扬。阜副营长听完情况，又向她们打听了这个战士的体貌特征后，立即就让我到新兵排把雷锋找来。当我领着雷锋走进值班室，那两位女教师就指着雷锋说，“做好事的就是他”。这是我最早见到做好事不留姓名乐于助人的雷锋。

战严寒刻苦训练

练“三九”战严寒，这是上级对寒区部队的训练要求，而雷锋他们新兵训练正好在寒冬中进行。这种训练对刚入伍的新兵来说，是要付出辛苦的，对雷锋这个从小生长在南方的小个头新兵来说，付出辛苦一定要比别人更多。而雷锋总是不怕艰苦，认真去做，并取得了优异的成绩。

有一次，我到训练场去叫荆参谋长（新兵营长）接电话，一眼就看到雷锋正在进行新兵队列训练，穿着显得肥大的棉军衣、棉大头鞋在列队里走着。可能是他个头矮小，在走队列时总是稍后他人小半步，使列队的排面显得不整齐。班长叫他出列做单兵教练，他出列后直挺挺地站在队列前，两眼盯着班长听讲解。在班长做示范时，他的手腿也跟着动。当班长让他操练时，他总是一次次地用力迈着大腿，身子直挺挺地不随着大腿向前，致使脚落地的距离太近，达不到要求。我看得着急，而雷锋却不厌其烦地在那里练着，直到最后达到了要求为止。

又一次，是在一个星期天的下午两点来钟。这天天气特别冷，大家都在宿舍休息，等着到三点钟开晚饭。我帮完厨没事了，就去看菜窖，刚走过机一连营房的东山墙，看见雷锋独自一个人伏在地上练习步骑枪射击瞄准。我走到他身边，雷锋好像什么都没看见一样，照常练习瞄准，我看到他睁一只眼闭一只眼，眉毛上蒙上了白霜，两脸蛋和鼻子冻得通红，流着鼻涕，右手没带棉手套食指扣着扳机，样子特别可乐。当我听到扣扳机的击发声，知道雷锋的瞄准动作完毕，于是喊了一声：“雷锋”！雷锋转过身子，抬头同我打了招呼，我说：“雷锋呀！你冻成这个样子，还不进屋休息！”雷锋说：“我的瞄准要领还掌握得不太好，趁着开饭前再练习练习。”我说：“今天太冷，手脚冻坏了怎么办？”雷锋还没等我说完就接着说：“怕冷就练不出过硬的本领，一个军人没有真本领怎么保卫祖国？你劝我不如帮我看看瞄得对不对。”雷锋这么一说，弄得我不好再说什么，只好伏在他旁边看，在我看他瞄准击发时，发现雷锋的手小、食指短，扣扳机时费劲，造成枪身摆动枪口向下不能击中目标。于是，我让雷锋改用中指扣扳机，用中指和虎口的合力，还让他在击发时屏住气，保持枪身平稳，才能击中目标的要领。经过雷锋的反复练习，我看他已经掌握了要领，就劝他回去休息，以后再练练就行。雷锋这种艰苦奋斗的精神，一直记在我心中，并成为我学习的榜样。

受到团通令嘉奖

雷锋入伍时，部队的物资生活困难，新兵训练期的伙食不太好，又逢春节，团首长为了让新兵在部队过好第一个春节，决定提前结束训练，把新兵分到连队过春节。新兵训练结束后，我随营参谋长荆悟先、营参谋罗源忠及各连连长去参加团里召开的新兵训练总结表彰大会。当我们刚走到营口火车站前的交通岗口，就听到扩音喇叭连续播放雄壮的《解放军进行曲》，看见三营大操场上红旗招展，操场周围站满了围观的群众，操场里有不少新兵列队站在主席台前。我们进入会场后不久，团首长就坐到主席台上。大会宣布开始，团首长首先做新兵训练总结，而后进行表奖。团首长宣布团嘉奖令。嘉奖令说雷锋同志在新兵训练中，不仅战严寒，勤奋好学，刻苦训练，在内务条令、队列、投弹、射击等军政基础训练都取得了优异的成绩，而且还继承和发扬了我军拥政爱民的优良传统，在军内外做了很多好事，受到群众的好评。要求全团官兵及家属要向雷锋同志学习，做好施工前的准备工作，为更好地完成上级交给的各项任务而努力奋斗。这时，会场里响起了热烈的掌声。我边鼓掌边把目光转向雷锋，看见雷锋胸前佩戴着大红花，面带笑容挺直地站在主席台上鼓掌。此时，小小个头的雷锋，在我眼中的形象显得特别高大，真让我敬佩。大会结束后，当荆参谋长带领我们及被分配的新兵走出会场时，我看见雷锋高兴地跟着汽车连（后称运输连）连长李超群朝

着会场道东的汽车连驻地走去，心想，雷锋你虽然人被分到了运输连，但是，你光辉的名字连同你那先进事迹，却已经铭刻在我和全团官兵的心中。

带病到工地干活

1960 年 3 月，我们全团奉命到抚顺市望花区执行新建抚顺钢厂任务。到抚顺后，运输连归我们技术营代管，两家营房的东西山墙，只隔一条两米多宽的泥土路。我记得，在一个星期天的午后，我刚参加完技术营与三营的篮球比赛后，正躺在宿舍休息，忽然，听到由远而近的阵阵锣鼓声，到营部门前响个不停。我好奇地走出去看个究竟，只见几个工人师傅站在营部门前敲打着锣鼓，其中，还有两位师傅举着一张用红纸写的表扬信。我上前一打听才知道，原来是抚顺市第二建筑公司的领导派他们到部队送表扬信，表扬雷锋同志在本溪路小学工地，帮助建筑工人们运砖、推沙子、搬水泥的事。他们说，有一天，雷锋在工地帮他们干活，干得汗流浃背，有的工人给他水他不喝，问他姓名他不讲，直到收工后，雷锋穿衣服往回走时，工人师傅发现雷锋的衣服领上缀有汽车符号，就拽着他，硬逼着雷锋说出了自己的姓名和部队驻地才让他走的。雷锋在工地干活，加快了工地的工程进度，使工地的领导和工人师傅们，很受感动。大家一致要求写封表扬信送到部队，不仅是要表扬雷锋个人，而且更要感谢部队培养出了这么好的战士。

我听完情况后，因当时营首长都到工地去了而不在家，只好带着几位工人师傅敲着锣鼓，拿着表扬信向运输连走去。我们还没有走到运输连连部，就看见连长李超群、指导员高士祥已经站在连部门口，我急忙上前向连首长介绍了雷锋做好事的情况。李连长说，雷锋早上说肚子痛，请假到卫生连去看病，怎么会到工地参加劳动呢？高指导员马上让身边的通信员，去把雷锋叫过来。当通信员把雷锋带进连部时，那几位工人师傅立即异口同声地喊了起来，“就是这个雷锋”。雷锋还没等连首长说话，就红着脸解释说，早上，我是肚子痛，请假去卫生连看病，途中，路过本溪路小学工地，我看到工地上工人师傅热火朝天的劳动场面，被深深地吸引住了，特别是听到工地上的广播里说，施工现场的砖供不上时，就情不自禁地走进工地，推起小车运砖，拉起沙子来，在干活时渐渐地把肚子痛的事儿给忘了，直到中午工人师傅收工要吃饭，这才想起来要看病的事儿，但肚子已经不痛了，请假的时间也到了，只好返回连队。我认为这事也没有什么好讲的。

听完雷锋的解释后，李连长带着关心的语气批评了雷锋没有去卫生连看病的事儿。然后，李连长、高指导员送走了几位工人师傅。

优秀文化辅导员

1960年，部队正处在学习文化的热潮中，学习文化、扫除文盲，也是部队的一项重要任务。当时我在营部当文化教员，雷锋在运输连当文化辅导员，我们同做文化教员工作。我到连队了解情况时，亲眼见到雷锋热爱连队业余文化辅导员工作，诚心诚意帮助战友们扫除文盲，学习文化的事迹。雷锋为了方便战友们读书学习，平时经常用自己的津贴费，买来一些政治、文化和技术方面的书籍，先是装在挎包里随身携带，供大家在休息时看；后来买的书多了，挎包装不下，雷锋自己又做了一个小书架，放在宿舍里，供大家阅读，这样，出车就用挎包装书，供大家借阅，回到宿舍后就有书架上的书，战友们可以随时随地借去看。

雷锋所辅导学习小组的战士，按文化程度在全连是最低的，还有文盲，他们没有学习兴趣，一提到学习文化就头疼，找理由不参加。雷锋对此是看在眼里，记在心上，暗自下定决心要为这些战友们学习好文化，扫除文盲。于是，雷锋耐心细致地反复给大家讲学习文化知识的重要性，讲解一个解放军战士，没有文化就不能掌握军事知识，不能完成保卫祖国的任务的道理。然后又给大家传授学习方法和技巧，鼓励战友们用“挤”、“钻”的“钉子”精神学习文化知识。雷锋所辅导的学习小组的战友们端正了学习态度，学习中进步快，在语文考试中平均分数在90分以上，乔安山还得了100分。

但在学习算术时，雷锋所辅导的学习小组的战友们就更不爱学习了，有的干脆就打退堂鼓，说什么“白天工作了一天太累”、“业余时间要休息”。雷锋对此没有气馁。他买来了有关英雄故事的书籍给大家看，鼓励大家要向英雄人物学习，增强战胜困难的信心和勇气，讲自己的学习体会，教大家克服困难的方法。他还用自己的津贴，买来钢笔、本子等学习用品送给大家，用感情激励大家克服困难好好学习。功夫不负有心人。雷锋的实际行动终于打动了战友们的心。有的人就说，“雷锋跟我们一样工作，我们怕累，难道雷锋就不怕累吗？再说学习文化，也是为了我们自己好，雷锋这样苦口婆心地帮我们，我们再不好好参加学习，真是对不起雷锋，太没有良心。”他们开始学习了，雷锋高兴极了，就利用一切可利用的时间为大家辅导。战友们遇到问题也虚心地向雷锋请教，不放弃一个问题。经过雷锋和战友们的共同努力，这个全连文化基础最差的学习小组，最终跨入了全营的前列，受到了营首长的表扬。雷锋也被评为全营的优秀文化辅导员。我当时也深受感动，觉得雷锋真是一个干一行爱一行、专一行精一行，干什么都能干好的人。

作忆苦思甜典型引路

1960年秋，我们部队开展“两忆三查”（忆阶级苦，忆民族苦；查思想、查作风、查斗志）教育。有一次，营党委召开会议，研究分析教育的开展情况。我参加会议做记录。会议针对部队少数青年官兵，在学习讨论中，有思想顾虑，发言不积极，认为讲过去的苦难家史有些害臊，说现在的幸福生活又无嗑可唠等问题，决定推广运输连运用雷锋忆苦思甜，进行新旧社会对比的学习教育经验，把雷锋作为全营忆苦思甜的典型，在全营军人大会上，作忆苦思甜的典型引路报告，进一步深入发动全营官兵，增强对忆苦思甜学习重要性的认识，积极参加学习讨论，为搞好“三查”做准备。

会后，阜右东副营长让我把雷锋叫到他办公室，同他一起听雷锋的忆苦思甜发言。雷锋的发言，没拿稿子，既讲了在旧社会他家五口人被日本帝国主义、国民党反动派、地主、资本家逼死四口，成为孤儿的苦难家史，又讲了他家乡解放后，自己在党和政府关怀下幸福成长的经过及如何树立克服困难做好工作的信心和决心。雷锋的发言生动感人。我在一旁听得也不时流泪。只是雷锋在发言时，一讲到他母亲悬梁自尽就哭得讲不下去。每当阜副营长问他为什么哭时，他反而哭得更厉害，在阜副营长的反复劝说和追问下，雷锋最后才说出了他母亲在旧社会给地主当佣人，不仅是受尽了劳苦，还受到地主的欺凌走投无路而被逼死的经过。阜副营长听后眼含泪花对雷锋说，你的发言讲得很好，很有代表性。你既有阶级苦，还有民族恨，你的苦不只是你自己一家的，而是代表全中国人民在旧社会的苦难。因此你在讲苦难家史时，要表现得坚强些，让你的发言引起大家的回忆，使大家在回忆对比新旧社会中，形成强烈的共鸣，才能收到好的效果。

几天后的一个星期天下午，雷锋在营部门前的球场上，给全营官兵作了忆苦思甜典型引路的报告。当时在运输连蹲点的团政治处宣传股长吴广信、干事庞士元也参加了报告会。雷锋的报告讲得很感人，特别是对旧社会的血泪控诉，激起全营官兵们对阶级敌人的仇恨，许多人掉下辛酸的眼泪，有的泣不成声，大会开得很成功。最后营教导员崔东基、团宣传股吴股长先后在会上作了讲话。崔教导员在讲话时肯定了雷锋忆苦思甜典型引路的报告，夸他讲得好，要求全营官兵一定要像雷锋那样，牢记阶级苦，深知新社会的幸福，要更加坚定信心，热爱党，热爱社会主义，克服暂时困难，做好自己的工作。吴股长在讲话中，除肯定了雷锋的报告讲得好外，还表示要向团首长汇报推广技术营的做法，让雷锋在全团作典型报告。

由于雷锋报告的效应，会后，各连官兵在忆苦思甜学习讨论中，纷纷表示要以雷锋为榜样，端正学习态度，打消顾虑，敞开思想踊跃发言。因此，他们在“三查”中主动检查自己有忘本思想，怕艰苦，贪图

享受，缺乏克服困难的信心等各种表现，并表示决心，坚决相信党，用实际行动做好自己应做的工作，使“两忆三查”收到了很好的效果。

雷锋忆苦思甜的报告，以及他的先进事迹和崇高品德，后来在团首长和团政治处的继续指导和帮助下，不仅到各营、连讲，全团讲，而且还到我们团以外的军队、地方到处讲。此后，在军内外报刊也陆续刊登雷锋的先进事迹，雷锋成为全国人民学习的楷模。

榜样，特批的共产党员

雷锋入伍正好 10 个月，于 1960 年 11 月 8 日，参加中国共产党，成为一名光荣的中国共产党预备党员。这在当时，大家认为雷锋入党还是比较快的。如果要按雷锋的实际表现来看，雷锋入党的时间还应提前。

雷锋同志出生在湖南望城县的一个贫苦的农民家庭里，7 岁沦为孤儿。解放后，使他苦尽甜来，懂得怎样做人，为谁活着，从而，树立了热爱党，热爱祖国，热爱社会主义的崇高理想和坚定信念。他从参加工作开始，在家乡的农业线上，是“治沩模范”，优秀拖拉机手，参加了县委召开的社会主义建设积极分子大会。在工业战线上，到鞍山钢铁公司仅 14 个月，3 次被评为先进生产者，18 次被评为标兵，5 次被评为红旗手，3 次被评为节约能手，出席过鞍山市青年社会主义建设积极分子大会。参加了中国人民解放军后，被分配到营口市驻军工兵十团。在新兵训练中，雷锋不仅各项训练成绩优秀，而且还在军内外做了很多好事不留姓名“被查”出来，受到团通令嘉奖，成为全团最早的新兵典型；在抚顺市执行任务时被评为“节约标兵”；为抚顺市望花区成立人民公社和辽阳市灾区各捐款 100 元；带病到建筑工地参加劳动，带病参加抗洪救灾等先进事迹，被荣记三等功一次，二等功一次。虽然，雷锋已成为我们学习的榜样，具备了中国共产党预备党员的条件，党支部也根据雷锋的入党要求和申请，早把雷锋作为党员的培养和发展对象做过研究。但由于当时雷锋对自己的要求高，“在工作上要向积极性最高的同志看齐；在生活上要向水平最低的同志看齐”，再加上当时人们思想观念和方法上的问题，如“当兵不满一年，不能入党”这样不成文的规定，致使雷锋的入党未能如愿。

1960 年 11 月 7 日，是前苏联十月革命节，我组织了营部的共青团员进行学习，晚上，接到教导员崔东基从沈阳军区第二招待所打来的电话，让我给运输连送去一份入党志愿书；说他到沈阳参加沈阳军区工程兵连队政工会时，团政委韩万金找他谈话，说工程兵首长已定让雷锋在工程兵连队政工会上作先进事迹报告，听说雷锋还没有入党，很不满意，要营党委和运输连党支部赶快认真研究雷锋的入党事宜。此事，他已在电话里征求在家的营党委副书记、营长荆悟先，营党委委员、副教导员姜洪贵他俩意见，同意雷锋同志入党。只要运输连党支部通过了同意雷锋同志入党，营党委就可以把在沈阳参加工程兵政工会的各连党支部书记（他们都是党委委员）召集起来，召开临时营党委会，审批雷锋同志入党。

第二天运输连高士祥指导员，从沈阳回来找我取入党志愿书，我不好意思地说，要是早点送去了，就免得你亲自来取了。高指导员笑着说，你早送去了也得我今天回来办，只要你等我从沈阳审批回来盖戳儿就行。高指导员拿着入党志愿书回到连队，按组织程序，召开了党支部会议，一致同意雷锋同志加入中国共产党。高指导员拿着全部手续又返回沈阳，由技术营党委书记、教导员崔东基同志主持召开临时党委会，审查批准雷锋同志为中国共产党预备党员，预备期为一年。当高指导员从沈阳拿回技术营党委审批的雷锋同志入党的志愿书，由我在雷锋入党志愿书的党委审批栏内，盖完营党委书记名章和营党委公章后，不禁使我想起，雷锋不仅是个特批的新兵，而且还是一个特批的中国共产党党员。雷锋真是一个淡泊名利，锐意进取的人，让我崇敬。

为雷锋战友送葬

1962 年 8 月 15 日，雷锋因公殉职的噩耗传出，全团官兵万分悲

痛。当时，我受营首长的委托，代表全营官兵为雷锋同志敬献了花圈，参加了“公祭雷鋒同志大会”。会场设在抚顺市望花区政府礼堂。礼堂里布置庄严肃穆。雷锋同志的灵柩放在礼堂的舞台上，周围放满了鲜花和花圈，两旁站立着腰佩手枪和手持步枪的官兵各两人。沈阳军区工程兵首长和雷锋生前所在团首长及抚顺市的党政领导干部轮流为雷锋守灵，并随同部队官兵和抚顺市各界群众代表一起参加了“公祭雷锋同志大会”。大会开得庄严、隆重。团政委韩万金致悼词。

会后，我眼含热泪随同送葬的队伍把雷锋的灵柩护送到抚顺市戈布烈士陵园，沿途看到一些闻讯自发前来为雷锋送葬的群众。他们从区政府礼堂门前一直排到浑河大桥桥头。数以万计的群众站在道路两旁，秩序井然，有的含着眼泪泣不成声，目送雷锋。灵车途经的路上，很多车辆自行停下，鸣放喇叭，向雷锋致哀，以表达他们对这位抚顺市人民代表的无限敬意。

1963 年 8 月 15 日，我参加了沈阳军区在雷锋生前所在部队驻地营口市举行的纪念雷锋因公殉职一周年大会。9 月中旬，我被调到沈阳军区工程兵政治部干部处工作。虽然我离开了工兵十团，但雷锋与我们共同工作、生活两年零八个月的那段闪光年华，却永远铭记在我的心中。在部队当兵 28 年，我从战士成长为团副政委，不论在部队的基层工作或上级机关工作；不论当战士或领导干部，都能以雷锋为榜样，做好自己的本职工作；曾荣立三等功三次，被评为先进工作者一次，受其他奖励多次。1985 年，从部队转业到辽宁省营口市委综治办，先后当科长、副主任 14 年，从不以自己是雷锋生前战友来显示自己，而是继续以实际行动实践雷锋精神，曾六次被评为省、市先进工作者。1999 年退休后，为弘扬雷锋精神，传承雷锋文化，推动雷锋事业的发展，曾向营口市党史部门提供过有关雷锋和雷锋生前所在部队在营口市驻军时的史实资料，为营口市中小学当校外辅导员，作雷锋故事的报告。我愿为宣传雷锋，捍卫雷锋历史的真实性做点工作。

2012 年 9 月 20 日

雷锋和雷锋事迹的真实性毋庸置疑

夏孝栋[①]

1982 年初，我转业到地方工作后，有些同志听说我曾经和雷锋在一起工作过，又是雷锋生前所在团的领导，便向我提出各种各样的疑问。有的问“雷锋是不是真的有这样好?”、“雷锋事迹是不是真的?”有的问“雷锋日记是他自己写的，还是别人替他编出来的?”有的甚至说雷锋事迹是笔杆子编造出来的，等等。我觉得，持有这种疑问的人不在少数，带有一定的普遍性，应当予以澄清。现在，就我所了解的雷锋给大家作些介绍。

首先，我要负责任地告诉大家，雷锋的事迹是真实的、可信的，雷锋的人格是高尚的、可敬的，雷锋的精神是永恒的、是万古长青的。他确实是一个好战士、好党员、好青年。在我和他的接触中，他给我留下的印象是非常美好的。他个子虽然不高，但长得非常英俊，非常机灵，对人很热情，很有礼貌，又乐于助人，善解人意。你如果见到他，肯定也会喜欢他的。他爱国爱党、坚定不移；他光明磊落，言行一致；他克己奉公，助人为乐；他虚心好学，从不自满；他待人热情，暖如春风；他艰苦朴素，以俭为荣；他热爱劳动，见活就干。他的这些高贵品德和崇高风格，乃至他的人格魅力，至今还深深地留在我的记忆中。下面讲几件与雷锋交往中我亲身经历的事：

1960 年，全国开展“两忆三查”活动（即忆阶级苦，忆民族苦；查立场，查斗志，查工作），雷锋是沈阳军区工程兵有名的忆苦典型，

---

① 夏孝栋：雷锋生前战友、原雷锋生前所在团副政委。

曾经到沈阳、大连、吉林、通化、长春、丹东、本溪等地作过数十场忆苦报告。当时，我担任雷锋生前所在团三营营部书记，团里安排雷锋到我们营作忆苦报告，营里领导让我全程陪同。一天下午，我还在午睡，雷锋就早早地来到我的办公室，看到我办公室里的报刊杂志摆放得杂乱无章，桌椅板凳也不大干净，便帮助我把书报杂志整理得整整齐齐、摆放得有条不紊，又打来一盆清水帮助我把窗户和桌椅板凳擦洗得干干净净。上厕所时，发现粪坑里不大干净，便从炊事班找来一双水桶，挑了两担水将粪坑冲洗干净。

又一次，我乘雷锋驾驶的 13 号汽车，去抚顺市购买办公用品。当时，我们部队正在沈阳市新城子区铁背山地区施工，离抚顺市约有二三十公里。回来的路上，遇到一位农民拦车，雷锋将车靠边停了下来，和蔼地向这位农民解释说："我的驾驶技术不高，山路弯道又多，怕不安全。再说我们团里规定，不准带人，我不好违反团里的规定。"说着，从兜里掏出两元钱塞到这位农民手里，对他说："对不起了，请你去买张票，乘公共汽车回去吧。"这位老农民拿着两元钱愣在那里，感动得手足无措，不知说啥好。你可别小看了这两元钱，它可是雷锋当时 10 天的津贴费啊！

还有一次，雷锋开车给我们营部送粮食。当时，我们营部住在一个叫后房身沟的山沟里，路很不好走，天气又热。当他来到我们营部时，已经累得满头大汗。我倒了杯开水给他，让他歇歇喝点水。可是，他硬要和我们一起卸车。我见他个子小，一百多斤重的米袋子压在他背上很吃力，便让他去休息，说啥他也不肯，硬是和我们一起卸完了满满一车粮食。午饭后，我们营部的同志集体上山去刨地瓜，雷锋知道后对我说，我今天下午没有任务了，和你们一起去刨地瓜好吗？我说，没有任务你就不能休息休息吗？他说，劳动不就是最好的休息吗！而且还能锻炼身体呢。再说老牛拴在树底下还不是一样老吗。说罢，他从老乡家里借了一把镢头，和我们一起上了山，他一边干，一边和大伙儿唠嗑，干得非常卖劲。晚上，我们营部吃地瓜，我硬是留他吃了地瓜再走。天快黑了，他才开车回了连队。

有人问，雷锋的事迹是不是真的？我可以肯定地回答说，雷锋的事迹是千真万确的。他不是黄继光，没有用胸膛堵过枪眼；他不是董存瑞，没有舍身炸过碉堡；他不是罗盛教，没有跳进冰窟中抢救过落水的儿童；他也不是欧阳海，没有拦截过惊马。一句话，他没有惊天动地的壮举，也没有冲锋陷阵的英勇行为。他是从平凡小事中孕育出来的伟大战士，他的伟大是寓于他的平凡之中的。他生前做了数不清的好事，人们都夸他说，雷锋出门一千里，好事做了一火车。他所做的好事都很平凡，是人人都可以做到的。

首先，雷锋同志的生平事迹是经过认真核实的。宣传雷锋的初期，特别是毛主席给雷锋题词之后，各种报道风靡全国，所有雷锋工作过的单位以及和雷锋有过接触的同志都在写文章回忆雷锋的生平事迹。一时间，报刊上、杂志上、电台上、银幕上、舞台上，雷锋的名字响彻四面八方，宣传雷锋的文章铺天盖地。在这种情况下，有可能出现鱼目混珠、以讹传讹的现象。为确保雷锋事迹的真实性，防止出现虚假不实的报导，中央宣传部、解放军总政治部、共青团中央、沈阳军区政治部和雷锋生前所在部队联合组成三个调查组，分头对雷锋事迹进行调查核实，一个组赴湖南长沙望城县雷锋的故乡，对雷锋的苦难家史和他在家乡活动的情况进行调查核对；一个组赴雷锋生前工作过的鞍钢弓长岭矿和雷锋的第二故乡抚顺市，调查核对并挖掘雷锋的生平事迹；一个组在雷锋生前所在部队负责调查核实雷锋的先进事迹。这些调查组对雷锋苦难童年的史实和他的生平事迹，一件一件地进行了核实，对报道中出现的一些失实之处，及时地进行了更正。当时，我被分配在部队调查组，具体负责调查核实雷锋在自己连队发生的一些故事。在《雷锋送月饼》的故事中，原来是这样描写的："八月十五，一轮明月高挂中天，连队俱乐部里传出《良宵》一曲，雷锋手捧月饼，不由得两行热泪滚落下来。"经过调查，雷锋送月饼确有其事，但俱乐部里传出《良宵》一曲却是虚构的，问遍了全连每一个战士，不仅没有一个会演奏《良宵》，而且连《良宵》是个什么样的曲子也没有一个人知道。在后来的报告和报道中，便取消了《良宵》一曲的描写。在最初的报道中，天津一家美术出版社出版了一套题为《毛主席的好战士——雷锋》的宣传画，其中有雷锋把脚插在牛粪里取暖和雷锋贴在老母猪肚皮下睡觉的画面。湖南调查组在雷锋家乡调查时，老百姓对此很有意见。因为雷锋成了孤儿之后，是由他的六叔奶奶收养的，晚上跟六叔奶奶睡。老百姓说，把雷锋说成和老母猪睡，用老母猪的肚皮温暖身体，是不符合事实的，这不是在污辱雷锋的六叔奶奶吗！说雷锋把脚插进牛粪里取暖，也是违背事实的，一双脚怎么能插进牛粪里去呢？还有雷锋出生的时间，他自己也记不大清楚。在起初的报道中，说雷锋是生于1939年，后来听雷锋的舅舅杨庆松说，雷锋的小名叫庚伢子，因为雷锋是庚辰年生的，是雷锋的祖父给取的。庚辰年应该是1940年。调查组了解到这些情况后，很快作了纠正。在后来的宣传报道中，再也没有出现过这样的描写。

其次，对雷锋的宣传是十分严肃和慎重的。雷锋是在我们党和国家经历了1958年出现的浮夸风带来的严重危害，并在60年代初纠正了浮夸风之后出现的典型。因此，各级领导和各新闻媒体对宣传雷锋都持十分慎重的态度。当时，沈阳军区政治部有一条明确的规定，凡是宣传雷锋的稿件，必须统由军区政治部新闻科审查把关，任何人不得乱写乱投。这里讲一个例子。当时，和我同在政治处宣传股工作的一位老领导，是1947年参加工作的老同志，参加过晋南战役、临汾战役、太原战役、扶眉战役以及贵州剿匪，为祖国的解放事业作出过贡献，文字水平较好，人也很厚道，事业心很强。1963年，我们团在辽宁省营口市驻防，当时，正是全国宣传雷锋的高潮时期，《营口日报》的同志再三找他约稿。他在盛情难却的情况下，写了一篇题为《雷锋连党支部是怎样培养雷锋的》的文章，未经军区新闻科审查，发给了《营口日报》，很快被该报发表了。军区领导发现后，不仅召开会议对他进行了严厉的批评，给了处分，而且作出决定，不让他参加宣传雷锋的任何活动。因为培养雷锋成为伟大的共产主义战士，是一个重大的题材，不是一两个人能够写出来的，也不是一般小报可以任意发表的。后来，这篇文章由《解放军报》组织专门班子进行撰写，并以《解放军报》编辑部的名义发表，题目叫《培养教育雷锋成为毛主席的好战士的经验》，全国各大报纸都进行了转载。

再次，雷锋从学校到机关、到农场、到鞍钢、到部队，结识了许多老教师、老领导、老学友、老农友、老工友、老战友，这些人和雷锋都有过面对面的接触，他们都是雷锋和雷锋事迹的见证人，他们都可以证明雷锋事迹的真实性和可信度。雷锋生前死后，曾有数百名记者、作家、文学家、艺术家和电影工作者采访过他的事迹，有的还亲自采访过雷锋本人，他们也都可以证明雷锋事迹的真实性和可信度。他们曾经为雷锋著书立传，赋诗作画，写歌编剧，用各种形式为宣传雷锋、弘扬雷锋精神作出过重大贡献。他们的作品决不是凭空捏造的，而是通过艰辛的采访、挖掘和提炼，真实地反映了雷锋的本来面貌。再则，雷锋因公殉职后，除毛泽东、邓小平、江泽民党的三代主要领导人亲自为雷锋题词，号召全党、全军、全国人民向雷锋同志学习外，刘少奇、周恩来、朱德、陈云、董必武、华国锋、叶剑英、杨尚昆、李鹏、乔石、姚依林、宋平、李瑞环等党和国家领导人以及数以千计的元帅、将军，各级党、政、军和社会团体的主要领导，社会贤达，知名学者，艺界名流，著名英模等也相继为雷锋题词，这也足以证明雷锋和雷锋事迹的真实性。

有人问，《雷锋日记》是他自己写的，还是别人替他编出来的？当然是雷锋自己写出来的。雷锋生前写的日记我都看到过，其中有一部分属于记录和摘录的名人名言，多数是他自己学习的心得体会，包括学习毛主席著作的心得体会。这些日记本一直珍藏在北京军事博物馆。“文革”期间，为免遭破坏，曾转移存放到地下室。我曾参加过《雷锋日记》的摘抄工作。当然，摘抄决不是改编，其内容是决不允许改动的。所谓摘抄，就是根据不同时期的政治需要，从雷锋的日记中摘抄适合当时形势的内容，汇编成册，予以出版发行。我参加摘抄雷锋日记是1972年5～6月份。当时总共六个人，其中工程兵派的三个人中有我、洪建国和叶运君，另外沈阳军区派了三个人。我们摘抄的雷锋日记，在1972年8月由解放军文艺出版社出版了《雷锋日记选》。其中，收集了雷锋日记118篇（原来所说的108篇是不准确的）。这本书，1973年10

月，由辽宁人民出版社重印；1977 年 7 月，由人民出版社第二次印刷。为了消除读者的怀疑心理，每次摘抄时，都配发了《雷锋日记》的手稿影印件。雷锋的日记确实写得很深刻，很有哲理性，有些同志不相信雷锋同志有如此高的水平，也是可以理解的。不错，雷锋靠刻苦自学，也只有初中文化程度。但是，他写的日记是从他的亲身实践中总结、提炼出来的，而且都是他亲身经历的事件。因此，写起来自然入木三分。他在日记中阐述的“有限与无限”、“车头与车箱”、“钻劲与挤劲”、“土壤与种子”、“滴水与大海”等辩证关系，确实深入浅出，很有见地。据说，1963 年 5 月 11 日，毛泽东主席在杭州召开的一次中央工作会议上曾说：“雷锋同志的日记我看了一半，看来雷锋同志是懂哲学、懂辩证法的！”

在部队第二次整理摘抄《雷锋日记》的时候，也曾邀我参加，因为我随部队去老挝了。所以就没参加。

三、雷锋生前所在部队沈阳军区工程兵机关领导的回忆

回忆我们对雷锋的认识过程

王寄语[①]

回忆三十三年前，我当时是沈阳军区工程兵政治部副主任、工程兵党委常委。在1960年夏，军区工程兵党委遵照军委和总政治部关于机关干部下基层的“四、五、六”制度（即军机关下基层每年不少于四个月；师不少于五个月；团不少于六个月），我们派出团职以上干部深入基层连队“蹲点”，帮助基层和连队总结经验、改进工作。按我们工程兵部队的实际情况，驻地分散，环境艰苦，多数部队担负繁重的国防施工任务，因此党委明确指出：下基层的主要任务是发现、培养典型，指导和推动面上的工作，这也是贯彻毛主席实行一般号召与个别指导相结合的工作方法。在党委分工时，责成我掌握各工作组蹲点情况，听取汇报、搜集反映。当时，雷锋所在的工程兵工程第十团正在辽宁抚顺执行“751工程”任务，分配到这个团的工作组，是由司令部副参谋长朱玉山和政治部宣传处副处长赵琪两同志率领。他们在蹲点中了解到，雷锋在入伍后短短的几个月里所表现的一些先进思想、模范事迹以及部队业已提出在各连队要开展向雷锋学习的活动情况……在一次交流蹲点情况

---

① 王寄语：原沈阳军区工程兵政治部副主任。

时，向我作了汇报，我听后感到这是一件好事，是应该认真对待的一个战士典型。特别是在1960年，国家正处于暂时困难时期，雷锋能从小处注意节衣缩食，对于浪费粮食的现象，他通过读报给大家讲清节约每一粒粮食的道理……这虽然是先进事迹中一个小小的例子，但很有普遍的教育意义。对此，我向工程兵主任王良太和政委吕清作了口头汇报，并亲自专程到了工兵十团调查了解雷锋的全面情况。我到十团后，约团政委韩万金、政治处主任刘家乐等一起参加，召开座谈会听取汇报，同时看了团政治处整理的“解放后我有了家，我的母亲就是党”的雷锋事迹材料……我将调查的情况和搜集到的材料带回机关，首先个别向党委书记王良太同志作了一次简要汇报，他当即提出要召开党委会专门研究这一问题。同时，对于在此之前，政治部的组织、宣传、青年部门一些同志，同十团一起在运输连深入了解雷锋，积累了雷锋怎样学政治、怎样学技术、怎样勤俭节约等一些大大小小事例，都在党委会上作了如实的汇报。党委会上就雷锋的身世、入伍前的表现、政治思想基础等进行了讨论研究。经过对全部调查情况的研究，使我们对雷锋同志有了比较全面、系统的了解。

首先我们感到雷锋的阶级觉悟很高，对党的感情特别深，最突出的表现在他入伍后仅仅是8个月，就将积蓄的100元钱支援了人民公社。其次是雷锋孜孜不倦地学习马列主义毛主席著作以及爱看英雄人物的书籍，还有他在学习军事技术方面刻苦钻研、勤学苦练……总之他处处带头，处处起模范作用。因此，党委在研究怎样看待、怎样培养雷锋这一典型时，大家都认为，他入伍半年多就成长进步得这样快，说明他的政治思想基础确实好，决定的因素在于他主观上能处处严格要求自己，树立了无产阶级的世界观。同时也指出，雷锋尚年轻，必须正确、科学地对待他的进步，要责成工十团不放松地对他进行培养教育。这就是军区工程兵党委最初认识雷锋并把雷锋作为典型提到议事日程进行研究的简要过程。

我第一次接触雷锋，是在1960年7月份，工程兵部队于丹东召开体育运动大会时，我曾单独同他进行了交谈。从谈话中更使我深刻了解了雷锋确实是一个很不平凡的兵，他对党，对社会主义，特别是对毛主席的深厚感情，从他的每句话中都能听得出来。他的思想觉悟高，对问题认识敏锐，心怀国家，关心集体，那次交谈，给我留下了更为深刻难忘的印象。

1960年11月初，军区工程兵党委开了一次常委扩大会议，研究贯彻军委扩大会议精神，整顿基层党支部和在部队开展“两忆三查”教育问题，同时会上决定召开工程兵部队连队政治工作会议，让所属部队团、营、连三级政治工作人员都来参加，除贯彻上级会议精神外，把学习宣传雷锋事迹作为会议的一项重要内容，并让雷锋本人到会作忆苦报告，以典型引路，把连队的政治工作扎扎实实地开展起来。在这次连队政治工作会议期间，我们对待雷锋，对待宣传雷锋事迹所做的几项工作，不论当时还是到今天看来都是很有意义的，对宣传和扩大雷锋事迹在全军区、全军乃至后来在全国的影响起到了重大作用。

摘抄发表雷锋日记最初经过

从军区工程兵机关来说，发现雷锋这个典型，是在1960年六七月间。我先后从工作组的汇报中，以及从工兵十团政委韩万金、宣传股长吴广信等同志那里，了解了不少雷锋同志的先进事迹，我从大家反映的情况中得知雷锋还经常记日记。1960年10月，全军部署开展“忆阶级苦，忆民族苦；查立场，查斗志，查工作”的“两忆三查”教育运动。雷锋在9月间被团队树为“节约标兵”，接着首先在本团队忆了苦。随后，经我们政治部研究并经党委同意，便把雷锋调来沈阳，从11月2日开始到军区工程兵所属各单位作忆苦报告。也就在这个时候，正是连队政治工作会议期间，我为了进一步从思想上了解雷锋这个先进人物的成长过程，便给工十团政委韩万金打电话，让他转告雷锋在来沈阳时把日记带来。雷锋按照要求，把他的日记本和笔记本带来了四五本。当时开会的人员是住在军区第一招待所。一天晚饭后，雷锋带着日记直接送

到了我住在和平广场一号楼的家。雷锋对我说："首长，我现在就这几本了，其实在鞍钢的还有，一下子找不到啦!"我笑着说："我就看几天，保证一页不会少，给你写个保证书都行。"就这样，雷锋的日记本便到了我的手里。我连夜看了一遍，越看越感到一个普普通通的战士，在日记里竟能记下这么好，不仅思想境界高而且极富哲理性，我被日记深深地打动了！所以看后的第二天，我就安排政治部的赵志华同志，组成了一个小组，让他们抓紧对日记进行一次摘抄整理，并严格要求不准修改，不准补充，一定要实事求是地原文照抄。对于摘抄的部分，我让送给党委常委们阅读。常委们一致反映强烈，对雷锋的日记都极为赞赏。这件事使党委成员又进一步深刻地了解了雷锋。随后我把日记还给了雷锋。

一天，《前进报》总编辑嵇炳前同志带领新华社军事记者佟希文、李健羽到机关来找我，对雷锋作了进一步的了解。就在这次调查了解的过程中，他们到雷锋在沈阳作报告临时住的办公室内，从雷锋的床上见到了几个本子，总编拿起来翻了一下，发现是雷锋写的日记，又看了几段，觉得很好；并问我能否借来看看？我当即表示赞成。当总编又看了一下，原来这几个本子不全是日记本，还有工作或学习的笔记本。他挑了一下把日记本带走了。后来知道，嵇炳前总编辑带走雷锋日记回去后交给了董祖修同志。就是这一次，促成了雷锋日记不久于 1960 年 12 月 1 日在沈阳军区机关报《前进报》上首次以一个版的篇幅摘录发表。

编者在按语中写道：雷锋同志的事迹，在本报 1309 期上已作了些介绍，这里再把他的日记摘录一部分发表。当我们翻开他日记本，开始阅读的时候，就把我们的精神完全吸引住了，每一篇、每一句都对我们是一个极大的教育和鼓舞，使我们久久不能动笔割爱。雷锋同志确实是我们祖国的优秀青年，是毛主席的好战士。他热爱祖国，热爱人民，热爱我们伟大的领袖毛主席，热爱自己的阶级弟兄，热爱社会主义，热爱新生活。他用毛主席的思想武装着自己的头脑，指导着自己的行动，处处把方便让给别人，把困难留给自己，大公无私、舍己为人。他真正做到了：对同志像春天一般的温暖，对工作像夏天一样的火热；对困难从不畏惧，对敌人恨之入骨。他没有好了疮疤忘了痛，时时刻刻都保持着劳动人民艰苦朴素的美德。雷锋同志的行动具体地表现了这些先进思想和高贵品质；他的日记又真实地记录了他的内心情感和具体行动，言行一致，表里如一。希望同志们再仔细地阅读一下这组日记，把雷锋同志作为一面镜子，来对照检查自己，学习雷锋，赶上雷锋，发一发阶级之愤，图一图祖国之强！

我之所以把这篇按语原文抄录，是因为，据说这个按语在发表之前，经过沈阳军区政治部有关部门领导同志的敲定，并经过沈阳军区政治部主要领导同志的审阅。所以它反映了当时军区领导机关对雷锋这个“祖国的优秀青年”、“毛主席的好战士”的基本认识和基本态度。

日记发表时，加了一个醒目的标题：听党的话，把青春献给祖国——雷锋同志日记摘抄。在这个总题目下，共摘发了雷锋从 1959 年 8 月 30 日～1960 年 11 月 15 日的日记 15 篇。发表之后，在军区部队内引起了很大的反响，为各部队广泛开展向雷锋同志学习的活动，提供了宝贵的学习材料。

催促十团积极培养雷锋入党

雷锋入伍时间尚不到一年，军龄太短，这是个实际情况。按说对一个入伍不到一年的新兵就考虑接纳为党员，这可以说是破例，是打破了常规；但是，我们必须看到雷锋入伍后 9 个月就被评为“节约标兵”；也就是这 9 个月，他先后荣立一次三等功和一次二等功。况且在他入伍前，早已是“治沩工程模范”、“红旗手”、“标兵”、“先进生产者”和“青年建设社会主义积极分子”。他提出入党申请也不是到了部队后，而是入伍前，早在望城县委当公务员时就有要求入党的强烈愿望。事实上，在部队时间固然不长，但在入伍前他就按党员的标准接受了严格的考验。就此，我向十团的领导同志讲：“在雷锋身上不要过分强调军龄长短，应重在一贯的思想政治表现……”并建议他们最好能尽快研究讨论；当然不能降低党员标准和违背党章规定。他们都很赞同我的意见。后来知道，就在政工会议期间，他们已经讨论通过了雷锋入党。

建议党委接见雷锋给以勉励

在连队政治工作会议期间，我曾提议要党委成员集体接见一次雷锋，通过接见可以对他进行一次当面教育，同时也在于让雷锋感受到党组织时刻都在关心着他的思想进步、健康成长，从而激发他力戒骄傲、谦虚谨慎，进一步加强学习，真正做一个经得起任何考验的毛主席的好战士。但因会议期间日程太紧难以安排。后来，于 11 月 21 日下午 1 点半钟，党委成员集体接见了雷锋。党委书记王良太同志赠送他一套《毛泽东选集》，并在书上签名鼓励他继续前进。其他常委也都赠送了书籍给他，对雷锋是一次很大的触动！他向党委表示了决心："首长的教导，我深深地印在脑海里，永远忠于党，忠于人民，绝不会辜负党的希望，做一个毛主席的好战士。"

授予雷锋模范共青团员称号

雷锋入伍后，各个方面的表现都是比较突出的，尤其在工作和学习上表现出众，这已被大家所公认。因此，工兵十团曾先后两次给予记功奖励，授予"节约标兵"称号。为了表彰他的模范事迹，工程兵机关的组织、宣传、青年三个处联合提出建议，授予雷锋以光荣称号，为此，在连队政工会议期间，经我提议，经过党委常委讨论，也认为应以军区工程兵机关的名义给以表彰。就这样，经青年处起草，由我代表党委签发，在 11 月 23 日正式作出了中共沈阳军区工程兵委员会"关于授予雷锋同志模范共青团员称号"的决定。

在此前后，从几份行文中也可以看出，各级组织对树立雷锋这一典型是极为重视的。例如：

11月16日，工兵十团政治处下发了第1期《开展学雷锋赶雷锋运动简报》。

11月23日，工程兵政治部宣传、青年两处，提出了《关于运用雷锋典型事迹做活教材配合部队当前教育的报告》。

11月23日，军区工程兵政治部提出了综合材料：《关于在部队开展学雷锋赶雷锋运动的情况》。

11月23日，军区工程兵党委作出了：《关于工程兵运用雷锋典型向军内外进行活的教育的总结报告》。

11月23日，工兵十团党委的报告是：《人人都来学雷锋、赶雷锋，做雷锋式的好战士》。

12月6日，军区工程兵政治部向所属部队下达了：《关于转发工程兵党委关于授予雷锋同志模范共青团员称号决定的通知》。

12月9日，工兵十团政治处下发了第2期《开展学雷锋赶雷锋运动简报》。

所有这些都反映了各级组织对宣传雷锋这个典型的重视程度。

与此同时，从11月2日开始，军区工程兵政治部组织雷锋在本系统内作忆苦报告，并汇报他的先进思想和模范事迹，至1961年1月15日，共在本部队内，并应邀到兄弟部队和地方大中小学作报告27场，听众达2.2万余人。

这里要特别提到的是，1960年11月26日的《前进报》，用两个整版的篇幅，套红宣传雷锋的事迹，在一版发表了《毛主席的好战士》的长篇通讯，刊登了杜平副政委意义深远的重要批示手迹，报道了沈阳军区工程兵党委决定授予雷锋同志"模范共青团员"称号的消息，同时配发了《不忘过去发愤图强》的社论。尤其军区副政委兼政治部主任杜平中将11月24日的批示，我们认为是揭开学习雷锋序幕的重要批示："雷锋同志受的苦难，是整个阶级、民族的苦难。在解放前受到像雷锋同志那样遭遇的人比比皆是，他只是千千万万受苦受难人中的一个。解放后，全国人民在党和毛主席的领导下彻底翻了身，正为建设美好幸福的生活而忘我地劳动，可是有的人竟在短短的十一年中忘了本，生在福中不知福。因此，雷锋同志这种精神显得十分重要，值得学习。现将此材料印发军区部队，结合两忆三查运动进行教育。”这一批示，我们也感到，实际上，是对雷锋同志作了最恰当评价，给了雷锋同志以崇高的荣誉。所以，在这期《前进报》发到部队之后，一场大规模宣传学习雷锋的活动，便在沈阳军区范围内逐步展开了。

最后，还有两件事，也是我印象最深的。即在 1961 年秋，经过研究决定让雷锋参加两个会议。其一，军区决定召开首届团代会，我们一致同意呈报军区将雷锋作为特邀代表参加，很快即得到了军区的同意批准。后来在 1962 年的 2 月 19 日他出席了军区首届团代会，被选为大会主席团，并在大会上作了典型发言。受到了军区首长的亲切接见。其二，军区给我们工程兵部队一个名额，让在先进模范人物或突出典型中推选出一名，作为参加 1962 年北京国庆观礼的代表。我们研究结果确定让雷锋参加。这件事机关的少数人员已经知道；而且也向工十团领导打了招呼。当时没有向下作正式通知，更没有通知雷锋本人，目的是由组织上掌握，以便对雷锋作进一步的考验……可是万万没有想到，在 1962 年国庆节前的一个半月，即 8 月 15 日，雷锋同志因公牺牲了，未能实现他日夜盼望见到毛主席的衷心愿望！

1993 年 11 月 24 日，于辽宁沈阳市

选自戴明章编著：《回忆雷锋》。

对雷锋在部队中成长过程的回忆

王良太①

1991年3月5日，雷锋生前所在团——工程兵工程第十团，为纪念毛主席题词“向雷锋同志学习”发表二十八周年，在驻地抚顺召开学雷锋的纪念表彰大会，我前往参加。会前，团的领导同志向我问起，当年我们是怎样宣传雷锋这个典型的，我一时未能详细作答。雷锋同志离开我们已经快三十年了，在他牺牲后的第三年，我已调离沈阳军区工程兵部队的领导岗位。这次前来抚顺，又一次参观了雷锋纪念馆，当我重新看到雷锋照片那一幅幅熟悉而亲切的面容，看见我向他赠送《毛泽东选集》，俩人坐在一起的照片时，伫立良久，件件往事涌上心头。我想到，当年自己作为沈阳军区工程兵主任、党委书记，和其他同志一道，在培养、宣传雷锋的工作中，尽了一份责任，并同他结下了深厚的战友之情，思想上得到宽慰；同时又想到雷锋在世时，我们从政治上爱护他，从工作、生活上关心他，但却未能保护好他宝贵的生命，让他过早地离开了我们，因而内心又感到愧疚。雷锋在我们工程兵部队战斗、生活只有两年零八个月的时间，而他创下的英雄业绩，却在全军广大官兵中、在亿万青年中、在整个中国大地上被传诵、被发扬。战友怀念雷锋，群众歌颂雷锋，社会需要雷锋，时代呼唤雷锋。想到这些，我深感自己有责任把我记忆中印象深刻的，加上此次同行一些知情的老同志提供的有关雷锋成长过程中一些片断，作些回顾。对于雷锋的光辉思想、先进事迹，已有《雷锋日记》、《雷锋的故事》广为发行供人阅读，还有

① 王良太：原沈阳军区工程兵主任。

雷锋纪念馆供人参观，工兵十团运输连党支部是怎样培养雷锋成长的，早已成文。我想侧重就培养、宣传雷锋过程中，我们各级党组织的同志是怎样对待雷锋这个英雄人物的，对于工作中遇到的一些矛盾和问题是怎样解决的，加以记述，以飨雷锋生前所在团的同志们和热爱、崇敬雷锋的人们，并以我一个老革命战士的身份，祭慰先逝者雷锋的英灵。

（一）

我们军区工程兵党委的同志，认识雷锋，了解雷锋，是在雷锋同志入伍半年之后。

1960年夏，我们遵照军委和总政治部关于机关干部下基层的“四、五、六”制度（即军机关下基层每年不少于四个月、师不少于五个月、团不少于六个月），派出团职以上干部深入连队和基层蹲点，“种试验田”，帮助连队总结经验，改进工作。工程兵部队驻地分散，环境艰苦，多数部队担负繁重的国防施工任务。在抓基层的工作中，党委明确规定主要任务之一是发现、培养典型，运用典型指导推动面上的工作。这既是按毛主席一再指示的实行一般与个别相结合的工作方法办事，又是适应自己部队的特点，提高工作成效的迫切需要。

当时，工兵十团正在辽宁省抚顺市担负建设钢厂的基建任务。被分配到这个团的工作组，由副参谋长朱玉山和政治部宣传处副处长赵琪同志率领。他们在蹲点中了解到雷锋在入伍后最初几个月的一些先进事迹，向负责掌握工作组蹲点情况的政治部副主任王寄语作了汇报。王寄语很快把这件事告诉了我。我听后非常高兴，决定让他专程去工兵十团详细调查了解雷锋的全面情况。他去十团后，约团政委韩万金、政治处主任刘家乐一起参加，召开座谈会，听取汇报，还借阅了雷锋同志的日记，审阅了团政治处整理的《解放后我有了家，我的母亲就是党》雷锋事迹的最初材料，然后将调查的情况和收集到的材料带到我们党委会上，大家就雷锋的身世、入伍前的表现、政治思想基础等进行讨论研究。在此前后，我们政治部的组织、宣传、青年部门一些同志，在党委统一安排下，同十团的同志一起深入连队，进一步了解雷锋，开始积累雷锋怎样学政治、怎样学技术、怎样勤俭节约等一些素材。

经过反复的调查之后，我们对雷锋同志有了比较全面、系统的了解。首先，我们感到雷锋的阶级觉悟很高，对党的感情特别深，按当时的话来说，他的“根子正”，是“好苗子”。对旧社会的深刻仇恨和对党、对社会主义的无比热爱，是支配他一切言行的基本动因。最突出的例子，雷锋入伍才仅仅 8 个月的时候，他听到抚顺望花区成立街道人民公社，就把自己积攒的全部津贴，加上原来的积蓄拿出 100 元钱，支援了公社，这种把自己的命运同社会主义制度紧紧联在一起的奉献精神，使我们党委中这些革命几十年的老同志都深为震动和敬佩（这件事即使在今天来看，我们也不能苛求一个年轻的战士了解公社化运动中曾有过的“左”倾错误，雷锋说：“公社就是我的家。”从本质上是出于他对党、对社会主义制度的无比热爱）。

雷锋孜孜不倦地学习马列主义、毛主席著作，时时刻刻注意向英雄模范人物学习，改造自己的世界观，使他的成长进步获得无尽的力量源泉。他入伍初期就随身带着一些毛主席著作单行本，还带着《方志敏》、《董存瑞》、《安业民》等英雄人物的传记书籍，结合连队当时进行的阶级教育、社会主义教育，随时随地抓紧学习。当时连队担负繁重的施工物资运输任务，每天还要上技术课，雷锋还主动担任连队文化教员，教其他同志学文化，要抽时间备课，批改作业等等。在这种紧张的环境中，他很快就总结出“饭前饭后抓紧点，课外活动多看点，星期假日少玩点”的经验，就是这些经验，后来凝结成有名的“钉子”精神。雷锋学习的成果不仅表现他特别旺盛的革命精神和拼命的革命干劲上，也表现在他超出一般人的革命智慧上。因为他善于运用新旧对比、阶级分析的方法说明道理，使连队的社会主义教育效果也提高了。一些战士的思想疙瘩，因为他有理有据地说服工作，而顺利解开，因此，他很快就被评为连队学习毛主席著作标兵。

雷锋因为有坚定的阶级立场，又善于学习，因此他在部队的各种活动中都表现出勇于实践，艰苦奋斗，“甘当细小的螺丝钉”的献身精神。他在刚一入伍代表新兵讲话时就说，“要保证服从命令，听从指挥，党指向哪里就冲向哪里。”在新兵训练中他苦练军事技术；连队组织学文化他是文化教员；进行政治学习他是读报员；为活跃部队的文娱生活，他积极参加了业余文艺演出队。他积极响应党增产节约的号召，爱护车辆，节约汽油，拣废旧物品，个人生活不乱花一分钱，把节省下来的钱用于支援灾区；节假日他主动做好事，抗洪抢险他奋勇当先……

雷锋的这些事迹，在我们党委成员中引起了强烈的反响。这些年来，我们的部队，初春上山施工、干部战士夜以继日地在坑道里作业，入冬后下山整训，抓思想、作风建设，抓第二年的施工技术、物资准备。为了保证完成艰巨的任务，我们除了抓好上级统一部署的政治教育、思想工作外，每年都要结合部队任务的特点进行热爱工程兵、热爱山区、热爱劳动，过好苦累关、生死关的教育。雷锋的出现，使我们获得了一种新的教育自己、说服群众的推动力。当时，我还未同他直接见过面，大家都说他是个小个子，我突然间觉得他的形象是那样的高大，他已经站到了我们的前面，似乎他早就是我们工程兵队伍中的一名排头兵。

（二）

我们党委在研究怎样看待、怎样培养雷锋这样的典型时，大家都认为，他入伍半年多，就成长进步得这么快，说明他的政治思想基础确实好，决定的因素在于他主观上处处严格要求自己，牢固地树立了无产阶级的人生观。同时，我们也要历史地、科学地看待他。他生活的年代，他周围的环境对他的成长进步有重大的影响。当时。我们正处在全面进行社会主义建设的时期，全军正在大力加强政治思想工作，加强基层建设，雷锋是满腔热情地投身到这种环境中来的。但雷锋毕竟是一名普通战士，他工作、生活在一个战士的岗位上，生活在一个具体的环境中。

工兵十团所担负的国防施工和支援社会主义建设任务的范围，也就是雷锋作为一名汽车驾驶员大体活动的范围，而运输连就是他天天直接工作、生活的一个单元。因此，团和连这两级，在雷锋所处的具体环境中居于关键的部位上。

我们能把雷锋这样“根子正”、基础好的同志接收到工程兵部队中来当士兵，确实是我们的荣幸。而雷锋被分配在工兵十团运输连，这个具体环境是有利于他的成长、进步的。工兵十团是我军组建较早的工兵团之一。战争年代他们有着优良的传统，随第二野战军进军西南时，曾获得“万难莫当”的光荣称号，50 年代，他们在执行国防施工任务和支援社会主义建设中屡建功勋。这个团领导班子是坚强的。政委韩万金，抗战中 17 岁参加革命，很快就担任了领导职务，有较丰富的政治工作经验，作风艰苦深入，善于抓典型。团长吴海山善于联系群众，积极支持政治工作，同政委密切配合，他们深受全团官兵的拥戴。当韩万金同志初步发现雷锋的一些先进事迹，就亲自组织机关人员下功夫培养，并派人调查了解雷锋的家史、身世，了解雷锋做好事的思想基础，有意安排雷锋多参加团里组织的学习毛主席著作经验交流会，让他同其他先进分子多接触，使他吸取别人的先进经验，进而又培养雷锋在全团范围内作忆苦的引路报告，引导雷锋把个人的苦难同整个阶级、整个民族的苦难联系起来，立志为解放全人类而献身。

1960 年春，我们根据上级指示，抓了基层政治干部的培训和选配工作。4 月份，高士祥同志从高级工校政治系毕业，被分配到运输连担任政治指导员，这对帮助雷锋顺利成长起了很好的作用。他及时发现雷锋以战友的名义给有困难的同志家里寄钱，便给予鼓励和正确的引导；他在连队整理了几十名苦难家史的统计资料，引导雷锋进一步提高阶级觉悟，增强同战友之间的阶级感情；他在连队举办了增产节约的专题展览，推动雷锋发扬艰苦奋斗精神，并及时向团党委申请树立雷锋为“节约标兵”。特别是在辅导雷锋学习毛主席著作中，他有较好的理论基础，帮助雷锋注意领会精神实质，避免简单对号，进而同雷锋一起，逐步总结出在执行繁重运输任务条件下，解决学习和工作之间矛盾的一些经验。

雷锋不会没有缺点，他周围的一些战士也总会有人对他有不同看法。运输连的干部和高士祥，对这类问题的态度和处理方法都比较好。比如，雷锋外出做好事不请假，自己埋头干，不注意带动其他同志，有时学习，不遵守连队统一的作息时间，影响别人休息，等等，连的领导一方面肯定他的积极性，另一方面直率地指出在连队生活中必须遵守制度的重要性，雷锋接受了批评，认真改正。而对有的战士因有某种嫉妒心，讥讽雷锋做好事是“爱拔尖”，连里则理直气壮地进行批评教育，支持雷锋，发扬了连队的正气。

像雷锋这样先进的同志，应不应该早日吸收他入党？这件事既关系雷锋以后的成长发展，也是检验我们党组织如何看待雷锋这个典型的严肃问题。当时按上级要求，发展新党员必须订计划，摸底排队，严格考察。一般来说，新兵入伍第一年是排不上“号”的。雷锋入伍不久，就写了入党申请书，高士祥找他谈话，给以鼓励，还送给他一本《党章》，一本《论共产党员的修养》。这年 6 月底，团的领导同志到运输连了解情况时，提出应考虑吸收雷锋入党的问题。当时连党支部讨论，有人提出不同意见，认为他入伍才半年，考察时间短，又缺少政治审查材料，如列入发展计划可能会影响老兵中非党积极分子的情绪。经过讨论，雷锋被列为培养对象。到 8 月份，连支委会第二次讨论雷锋入党问题，多数同志赞成列为发展对象上报到团政治处。团机关也有人认为当年兵不能入党，韩政委知道后说：“只要条件具备，又有在地方参加工作的考验，可以不受入伍时间的限制。”于是，团的政治处两次派人到湖南雷锋的家乡，调查了解他的家庭历史和社会关系，责成组织股股长赵玉瑞同志协同运输连党支部抓紧做好对雷锋的培养工作。随后，运输连支委会第三次讨论，一致通过将雷锋列入第四季度的发展计划中。

11 月初，军区工程兵党委召开了一次常委扩大会，研究贯彻军委扩大会议精神，整顿基层党支部和在部队开展“两忆三查”教育问题。我和常委其他同志认为雷锋这个典型是成熟的，站得住的，应大力宣传、推广。于是，决定将已初步形成的雷锋事迹材料转发所属部队，同时决定召开连队政治工作会议。这个会让所属连队和基层党支部的代表都来参加，把学习宣传雷锋事迹作为重要内容，邀请雷锋本人到会作了报告。会议期间，我们党委决定授予雷锋“模范共青团员”称号，政治部发出开展学雷锋、赶雷锋运动的指示，工程兵十团党委也发出了“人人都来学雷锋、赶雷锋，做雷锋式的好战士”的号召书，这次连队政工会议对雷锋先进事迹的宣传达到了一个高潮。在这同时，沈阳军区正在筹备召开军区首届共青团代表会议，我们报请上级批准雷锋作为特邀代表出席会议。在审查代表资格时，我和党委的同志都认为像雷锋这样的好同志以党员身份出席会议更为适宜，催请工程兵十团党委于11月8日批准雷锋加入了中国共产党，使他踏上了人生道路上新的起跑线。他兴奋地写下了一段精彩、深刻的日记，表示了他永远跟党走的赤诚之心。雷锋同志在参加几个会议期间，还被邀请到部队领导机关、分队和地方一些单位作忆苦和事迹报告，他的名字和先进事迹很快在工程兵部队和兄弟部队广大官兵中，在当地群众中传播开来。11月21日，我和军区工程兵党委的其他同志一起集体接见了雷锋，我赠送给他《毛泽东选集》1～4卷，并题字签名，鼓励他读毛主席的书，做毛主席的好战士。在我们将雷锋的身世、先进思想和事迹等有关材料上报沈阳军区后，11月24日，杜平副政委专门题了词（刊登在26日《前进报》上），号召军区部队学习雷锋，《前进报》对雷锋事迹作了长篇报道。

（三）

雷锋的事迹在我们工程兵部队广泛宣传之后，确实给部队面貌带来很大变化，人心齐、干劲大、风气正。各单位也都相继培养宣传了自己的学雷锋、赶雷锋的先进典型，部队完成各项任务指标都有了新的突破。这种局面使我们党委的同志精神振奋，但同时也给我们增加了压力。我们和工兵十团党委都在考虑下一步的工作怎么办？以往有些先进模范人物在宣扬出去之后，变得无声无息，有的还走了下坡路，在雷锋身上会是怎样的？雷锋现在已经有名气了，但他才是一个20多岁的青年，我们各级领导应采取什么态度去对待他？怎样帮他继续提高？

1961年的开头，党中央提出了大兴调查研究之风的号召，要求领导必须深入实际亲自进行典型调查，并定出制度。这一精神给了我们新的动力。在这种大气候下，我们和工兵十团党委定出了具体措施。在指导思想上，我们提出要紧紧把握培养、宣扬雷锋的正确方向，对雷锋同志要坚持“支持、爱护、教育、提高”的原则。雷锋是贯彻我党宗旨，全心全意为人民服务的好战士，我们一定要有坚定的立场支持他、爱护他。但爱护决不是袒护，有缺点、错误必须及时指出，帮他改正。在对他没有大力宣传前，我们这样做了，今后更要坚持这样做。雷锋还是年轻的战士，正处在重要的发展时期，我们必须帮他百尺竿头更进一步。但提高决不是“拔高”。已形成的雷锋先进事迹材料都是实实在在的，今后更要坚持这一条。

工兵十团党委根据上述精神，具体规定：抓典型的人不换，班子不散；宣传上有一说一，有二说二，不讲过头话，不讲无准确根据的话，严格把关。运输连党支部提出，对雷锋事迹宣传一要广、二要真，要在自己连队真正把雷锋这面旗帜举起来；对雷锋同志遇到的实际问题、实际困难一定要实事求是地解决，帮他出主意，总结经验；连队要保持一定数量的学雷锋的骨干，保证连队各项工作不断线。

为使我们制定的上述原则措施落实，我们对雷锋同志提出他在新的年度里要解决两个问题，第一，必须时刻防止骄傲情绪。我除了在工作场合同他谈这个问题外，他每次外出作报告回部队路过沈阳时都愿到我家里“做客”，我总是同他谈要虚心向人家学习，外出时要处处有礼貌。我曾送给他一张照片，背面题字是：“赠给雷锋同志：虚心使人进步，骄傲使人落后。祝愿我们共同进步，建设美好的未来。”其他领导同志也都一再叮嘱他保持谦虚谨慎的作风。工兵十团鉴于各地群众给雷锋的信件数量太大，他自己根本没有精力去处理，同时社会是复杂的，有的信件可能对他产生消极的影响，所以决定由组织上抽出文化教员、文书等三名同志专门负责处理这些信件。所有这些工作，有利于雷锋同志正确对待荣誉，保持清醒的头脑。他在日记中多次写道，自己取得的成绩“应该归功于党，归功于帮助我的同志”，要把已取得的成绩，“当作下一步革命的起点，要永远做群众的小学生”。

雷锋要解决的第二个问题是，由于一段时间里他外出活动太多、太累，政治学习、军事技术学习时间没有保证，渐渐地有落在其他战士后边的趋势，这样，对他本人成长不利，也势必影响他的威信。十团党委决定，要减少雷锋外出报告的次数，必须外出时，要经团领导同意，并派专人陪同，严格控制部队内部对雷锋的访问。并决定组成专门的“小班子”帮助雷锋，由政治处宣传股长吴广信、干事庞士元同高士祥一起负责帮雷锋学习毛主席著作和学习政治；由教员王广湘和副连长虞仁昌负责帮助雷锋提高驾驶技术。为使雷锋熟悉车况，还确定对13号车不轮流换人驾驶，把它固定下来由雷锋驾驶。

雷锋同志非常理解各级领导对他的关心爱护，他虚心地请求各级领导的批评指点，也更多地从各级领导那里得到鼓励和支持，因此，他同各级领导的关系都很融洽，遇到困难就如实地反映，要求帮助。1961年春天，雷锋驾驶车辆从抚顺去营口执行任务，车过苏家屯，突然发现汽车转向支臂折断，方向盘失灵，无法行驶。他急忙搭车返回到沈阳找我。因为他驾驶的苏式嘎斯车已属淘汰车型，转向支臂早有裂痕，很容易折断，更换这种配件很难找到，我先是找到军委工兵器材基地，又找军区后勤部，转了两三个地方才领到配件。雷锋更换了转向支臂，又驾车上路了。

我们领导上及时帮助他解决一些具体困难，同时，在部队工作上遇到难题也随时找他商讨，注意从政治上培养、锻炼他。同年春天，吕清副政委去工兵十团检查连队基层建设工作情况。当时因上年农业受灾减产，加上农村工作政策上的失误，农村生活很困难，辽阳、鞍山籍战士的家属纷纷来部队吃、住，给部队工作和生活管理造成很大压力。吕副政委找来雷锋，一起商量怎么办好，雷锋说，要发动所有辽阳、鞍山籍的同志，写家信，号召家乡亲人要有克服困难的精神准备，搞好生产自救，不误春耕，渡过困难时期，不要来队给部队增加负担。领导采纳了雷锋的建议，果然效果很好。

1961年5月，雷锋被提为副班长，6月升调四班班长。这给我们培养雷锋又增加了新题目，就是让他能尽快适应新岗位，掌握带好一班人的管理经验。雷锋是个直性人，对缺点多的同志批评多，有时方法不当，事与愿违，这曾给他带来一些苦恼。比如：本班战士高××有缺点，雷锋在班务会上批评了他，他心里有气，卧床不起。雷锋沉不住气，向虞仁昌连长汇报，并要求连长亲自叫高××起床。连长说："我是可能把他叫起来，但以后你和他的团结会不会有问题呢？"然后告诉雷锋不要性急，拿"三十条"——《连队管理教育工作条例》对照一下，找高××征求意见，检查一下自己的缺点。雷锋受到教育，改变了对高××的生硬态度，给他打洗脸水，做病号饭，主动征求意见，俩人很快消除了隔阂。雷锋的品德高尚，心胸坦荡，所以接受新鲜事物特别快，当了班长后，接触他的一些干部无论谁帮助出点子，他都能很快吸收采纳，变为自己的工作经验，从前不大善于发动群众的缺点，管理方法生硬的缺点，在不长的时间里就较好地得到了克服。年底，他们班被评为先进班。

自从雷锋事迹全面宣传以后，在我们工程兵部队范围内，人们对雷锋有了更全面的了解，对雷锋精神的实质有了比较深刻的认识。绝大多数人都是心悦诚服的，学习雷锋是实心实意的。1961、1962年这两年，我们在培养雷锋这个典型的工作上，没有出现什么大的偏差，总的来说，是成功的。雷锋本人谦虚谨慎，严格要求自己，思想境界更高了，时时处处为革命、为人民做贡献的功绩更丰厚、更全面了，在成长为伟大的共产主义战士的道路上，步子迈得更快，也更坚实。我们对此感到由衷的喜悦。但是从我们党委的领导工作上检讨，是有教训的，其中一个主要问题，就是在调整工兵十团领导班子时，有考虑不周、用人不当之处。本来原团长吴海山同韩万金配合一起形成了比较坚强的领导核心，在发现、培养、宣传雷锋的工作上是得力的，但在1961年底组建担任特种工程任务的201部队时，我们调吴海山同志出任该部队参谋长

（副师职）。工兵十团换了新的行政领导后，给培养雷锋的工作带来了不利的影响。他们至少是在思想方法上存在片面性，对雷锋这个典型缺乏全面的认识。有人片面反映雷锋驾驶技术不好，耗油多，还损坏了汽车零件，他们就找雷锋的“岔”。曾几次三番要将雷锋调离出运输连。韩万金同志为此专门派人调查了解情况，据理批驳他们对雷锋的不正确指责。尽管如此，这一时期还是使培养雷锋的工作抵消了力量，受到了干扰。团里其他方面的工作也连续出了一些漏子。这件事提醒我们，一个独立团的主要领导干部，他的思想作风，对部队的思想作风，对一个重大典型的成长、发展，有着多么直接的影响。在这种情况下，1962 年 8 月，我们党委研究，鉴于 201 部队已于 7 月撤销，决定调吴海山重新回工兵十团任团长。我同吴海山同志作了一次细谈，鼓励他发扬成绩，保持荣誉，再次同韩万金合作，团结好“一班人”，把雷锋的旗帜举高。他对雷锋有感情，意识到自己责任的重大，对这次降职调动，毫无怨言，愉快地服从了分配。可惜就在他即将到任时，雷锋同志不幸牺牲了。

（四）

1962 年 8 月 15 日这天，我因在外开会，傍晚才回到家，正在吃晚饭时来人报告：雷锋同志今天中午牺牲了。我猛一震惊，哽咽着说不出话。我同雷锋直接见面相识，还不到两年的时间，这期间，我们俩人除开会接触、个别谈话、研究问题外，他先后 7 次到我家里“做客”，我虽然是 30 年代初期参加革命的老战士，同雷锋在一起相处，就觉得自己年轻了许多。在我家里，我们每次谈话都很投机，没有领导对部属的训示，没有长者对下辈的指教，而是一种新老战士战友间的感情交流，是相互间的告诫和勉励。记得有一次，他谈到学习《纪念白求恩》的体会，自己要争取做毛主席说的“做一个高尚的人，一个纯粹的人，一个有道德的人，一个脱离了低级趣味的人，一个有益于人民的人”时，表

情稳重、深沉，语言朴实，一点也没有做作浮夸的表现，我的妻子左瑾同志及几个年纪大些的孩子都听得入了神。他每次来访，都使我的家庭里产生出一种新奇的感觉，给我们带来新的活力。我们怎么也无法想象，他竟突然永远地离开了我们。悲痛之情，无法抑制。他的牺牲使我们部队失去了一位好战士，我们党失去了一名好党员，我失去了一位好战友。但是他给我们党委、我们部队留下了最宝贵的精神财富，他创造的英雄业绩将永世不灭。

在雷锋同志牺牲后的第三天，开完追悼会后，工兵十团党委在悲痛的气氛中又一次开会，韩万金同志两眼满含泪水，庄重提出：为继承发扬雷锋精神，要将雷锋遗物完整地保留，建立纪念雷锋的展览室；在部队进行一次化悲痛为力量的教育，动员全体官兵，沿着雷锋走过的道路，为加强部队建设，为加速完成施工任务做出贡献。军区工程兵党委也立即决定由工兵十团、军区工程兵机关和其他部队抽调骨干，组成雷锋事迹报告团，经过培训，分赴所属各部队大力宣传雷锋的英雄事迹。

1962 年 10 月，我们向沈阳军区政治部报请授予雷锋生前领导的运输连四班为“雷锋班”的光荣称号，1963 年 1 月 7 日国防部批准命名“雷锋班”。总政治部于 2 月 9 日，共青团中央于 2 月 15 日相继发出通知，号召全军和全国青少年广泛开展学习雷锋的活动。

3 月 2 日的《中国青年》杂志和 3 月 5 日的《人民日报》发表了毛泽东同志等党和国家领导人的题词，号召全国人民“向雷锋同志学习”，从此，在全国亿万人民中形成了开展学习雷锋活动的新高潮。

1964 年春天，在纪念毛主席题词发表一周年之后，我带领工作组到雷锋生前所在连队蹲点。经过连队干部战士共同总结经验，统一认识，我们提出，一定要把运输连建成以雷锋精神为特色的连队；将《雷锋日记》作为连队传统教育的教材；新兵入伍的第一课，讲雷锋的故事，老兵退役的最后一课讲保持和发扬雷锋精神；每月 15 日作为学习雷锋日，讲雷锋事迹，参观雷锋遗物展览，表扬学雷锋的好人好事，进行忆比活动；“五前一路”的歌声要先唱《学习雷锋好榜样》；连队点名时第一个呼唤雷锋的名字，由“雷锋班”班长回答：“雷锋同志永生！”这些形式并不一定能准确地包容我们继承发扬雷锋精神应做的工作，有的也可能不那么恰当，但我们的目的是想尽可能地通过各种不同途径教育我们的干部战士永远纪念雷锋、学习雷锋、走雷锋同志成长的道路。

选自戴明章编著《回忆雷锋》。

阅读链接 3－1

雷锋 1960 年 2 月 15 日的日记

“敬爱的毛主席，我看到您写的《纪念白求恩》这篇文章，深受教育，被感动得流下了热泪。”

过去有人讽刺我说：“你积极有什么用，那么点的小个子，给你 150 斤重的担子，你就担不起来。”我听了这话，还埋怨自己为啥长这么点小个子呢！

可是，您老人家说：“一个人能力有大小，但只要有这点精神，就是一个高尚的人，一个纯粹的人，一个有道德的人，一个脱离了低级趣味的人，一个有益于人民的人。”这话给我很大鼓舞。个子小，我也要尽我自己最大的力量，做到毫不利己，专门利人，向伟大的国际主义战士白求恩学习。

阅读链接 3－2

一辈子学习毛主席著作（节选）①

（1960 年）

……我想，学习毛主席著作，是为了改造思想，不断地提高共产主义觉悟。我学习了《纪念白求恩》那篇著作，给我的印象最深刻，到现在我一共学习了 20 多遍，看一遍有一遍的体会，有一遍的心得。毛主席热情地赞扬了白求恩同志专门利人、毫不利己的精神，我就按照毛主席这些话来鞭策自己，检查自己。毛主席说，我们要学习白求恩同志那种毫无自私自利之心的精神，从这一点出发，就可以变为有利于人民的

---

① 本文是根据雷锋的录音报告整理的，录音只有报告中间的内容。标题是编者加的。

人。无论什么工作，只要是党的需要，革命的需要，只要是对人民有利的，我就要做好。……

阅读链接 3－3

雷锋 1961 年 2 月 21 日的日记

……以实际问题为中心，到毛主席著作中找答案，按主席指示办事，学习公式：问题——学习，实践——总结。

一、学习主席著作与改造自己思想相结合，树立全心全意为人民服务的思想和辨证唯物主义世界观。

二、学习主席著作与改进自己的工作相结合。

三、学习主席著作与搞好训练和提高技术相结合，指导自己学习技术。

四、国内外形势和党的方针、任务、政策相结合。

阅读链接 3－4

雷锋 1961 年 3 月日记："汽车驾驶经验"

会车时，因为灰尘大，让发动机熄火，利用惯性冲力滑行，等飞扬的尘土消失后再开电门。每当汽车开到灰尘较大的路线上，停下车子，用涂有黄油的大布给滤清器戴上口罩。

不要抢道，遇有会车，险道，便道，过桥过河，下坡，拐弯，要"慢、让、站、看"。正常行驶中保持 40 公里左右的经济速度。保证车况良好，安全生产，持续运行，从实际效果上看这种慢就是快，否则快就是害。

"只要人听党的话，车子就会听人的话。""我们光感到新社会好，还是很不够的、还要用自己的劳动使它变得更好。"

"汽车是党和人民给我们建设社会主义的武器，每个驾驶员爱不爱

这个武器，爱到什么程度，这决定于每个驾驶员的阶级觉悟。”

事实证明：只要付出了艰苦的劳动，车子就会听使唤，平时不愿下苦心，不肯做艰苦细致的工作，要想车况好，那就像坐着不动，想让苹果掉到嘴里来一样，是根本不可能的事。

阅读链接 3－5

精通业务　熟练技术

——1962 年 2 月 1 日写的 1961 年全班工作总结（节选）

（六）技术学习目的明确，态度端正。

1. 刚开始学习技术的时候，有的同志说：“只要把技术学好了，就有了铁饭碗……”还有的同志认为，技术学好学赖是个人的事，与别人无关。还有的同志对技术学习不重视。针对这些思想，我们学习了报纸上论“红与专”的文章和毛主席的有关著作。学习之后，大家提高了认识，统一了思想，明确了学习目的。

2. 学习虚心，不懂就问，不装懂，有打破砂锅问到底的精神。表现在：①每当教员讲完课后，有不懂的问题，大家能及时提出，互相争论和讨论，实在弄不明白的，就请教员解释，直到把问题弄懂为止。②走到哪学到哪。如乔安山和韩玉臣等同志在沈阳执行任务时，主动请兵部（编者注：即沈阳部队工程兵领导机关）的老司机介绍经验，虚心向他们学习。再如：庞春学和雷锋等同志外出坐公共汽车时，也留心地方司机的驾驶动作，学人之长，补己之短。他们为什么这样虚心呢？这是因为学了毛主席著作后，懂得了，“学习的敌人是自己的满足，要认真学习一点东西，必须从不自满开始。”

3. 学习方法灵活。主要有以下三种方法；

①采取互教互学的方法。比如：我们根据教员所讲过的科目，在出车中结合实际（在不妨碍完成任务的情况下）互设各种故障排除，互问互答，互相纠正驾驶动作。

②采取包教保学的方法。如我班周述明同志技术较高，主动包教接受能力差的乔安山同志。有疑难问题反复给他讲解，经常利用休息时间和假日把乔安山带到车上，对照实物给他讲解。由于教者耐心，百问不烦，学者虚心，不懂就问。因此乔安山技术提高很快，由以前考试不及格，到最近考试得 5 分。

③采取了（理论、图表、实物）三结合的方法。比如教员讲了联合调节器的工作情况，和外部线路的连接后，我们记不住，有的地方还弄不清楚。下课后，我们对照图表讨论。大部分同志懂得了，可是还有少数同志不太懂。然后我们一同到车场打开汽车发动机盖看实物，把联合调节器卸开来仔细观看。经过实物实验，全班同志才真正突破了这个难点。由于采取了以上 3 种方法，大家的技术普遍提高。所以冬训 3 次测验，取得了全班满堂红的优秀成绩，被评为军事训练标兵班。

（七）认真贯彻了安全措施，严格遵守了交通规则，做到了四勤、三先、五不超、六不走、九慢。

四勤：1：勤检查，2. 勤保养，3. 勤督促，4. 勤清洗。

三先：1. 会车先慢，2. 先让，3. 先停。

五不超：1. 不超速，2. 不超载，3. 不超高，4. 不超长，5. 不超宽。

六不走：1. 行车文件不齐不走，2. 车辆检查不好不走，3. 油料不足不走，4. 人员没坐好不走，5. 操纵机械有故障不走，6. 没有上级首长的指示不走。

九慢：1. 转弯慢，2. 交叉路口慢，3. 坡道慢，4. 人员多的地方慢，5. 复杂气候慢，6. 过铁道慢，7. 道路不熟慢，8. 桥梁渡口慢，9. 错车慢。

（八）建立了出场前后的检查制度、汇报制度。全班共行驶 266 万多公里，没有发生任何事故，圆满完成了首长交给的运输任务。

阅读链接 3－6

原沈阳军区工程兵主任王良太向雷锋赠送《毛泽东选集》时签名

阅读链接 3－7

雷锋同志在部队的成长——汇报提纲

1963年3月5日，毛泽东同志等老一辈无产阶级革命家题词“向雷锋同志学习”发表后，接上级通知，要韩万金政委到中央马列主义学院和解放军政治学院等单位汇报培养雷锋的情况。遵照这一指示，由部队党委责成政治处主任陈志军同志负责，组织吴广信、庞士元、过晋甫、王漪南等撰写了这份材料。它真切地反映了在雷锋成长过程中，党和部队各级领导以及同志们所付出的心血，尽到了帮助、教育的责任。正是伟大的中国共产党、伟大的毛泽东思想和伟大的中国人民解放军的优良传统，才是培育雷锋成长为一名伟大的共产主义战士的思想源泉。

今天，在江泽民总书记等中央领导重新发出“学习雷锋同志，弘扬雷锋精神”这一伟大号召的新形势下，当年的老团长吴海山同志对雷锋的回忆和提供所保存下来的这份从未公开发表的文字材料，对于我们学习雷锋，研究有关历史实在是一部难得的珍贵资料。

这里需要说明的是，由于这份材料历史背景的原因。有些词语在今天是不合时宜的。但本着尊重历史真实这一原则出发，除极个别的地方难以重提而作了删掉外，其他全文基本未作任何改动。

——编著者

首长、同志们：

根据首长指示要我在这里介绍一下对雷锋同志的培养教育情况。但是由于我们工作做的很不够，又受思想水平的限制，不可能把雷锋这个伟大的无产阶级革命战士的全貌反映出来，只能把我们做的一些零零星星的工作做一个汇报。我的汇报分三个部分。

第一部分谈一谈雷锋同志的简单情况；

第二部分雷锋在部队的成长和党对雷锋的培养；

第三部分通过雷锋的成长给我们的教育和启示。

首先讲一讲雷锋同志的身世和简单的历史。雷锋同志只活了 22 岁，他的生命是短促的，但他却经历了两个不同的社会，两个社会给了他两种截然不同的命运。在旧社会，雷锋有着血海深仇，三大敌人夺去了他亲人的生命，使他成了孤儿，过着饥寒交迫的生活。解放后，党和人民给了雷锋很大的教育和关怀，人民政府收养了雷锋，免费送雷锋读书，不久他当上了红领巾的大队长。正是由于他不断地受地方党组织的教育与关怀，所以他能积极响应党的每一号召，在农业合作化的高潮中，他走上了农业生产战线；在大跃进的年代里，他从湘江畔到达鞍钢当了工人；在保卫祖国的斗争中，他成了优秀的人民战士。不论在哪个岗位，雷锋同志都是勤勤恳恳地工作。他先后被评为先进生产者、生产标兵、红旗手、社会主义建设积极分子，并加入了共产主义青年团。1960 年 1 月，雷锋参加了中国人民解放军，在部队里他多次立功，被评为五好战士、节约标兵，得到模范共青团员的称号，被选为抚顺市人民代表，在社会活动中，他还成了附近几个小学的优秀辅导员。并且光荣地加入了中国共产党。

雷锋的出现不是偶然的，他是在伟大的毛泽东时代，是在毛泽东思想的哺育下成长起来的。雷锋入伍时正是新的军委，在全党、全军批判了错误的军事路线和建军思想；纠正了过去一段时间内政治思想工作的偏向，高举毛泽东思想伟大红旗、坚持四个第一、大抓活的思想、大兴三八作风、开展创造四好连队运动，大大加强了部队政治思想工作，充分调动了人的积极因素，部队的精神面貌发生了深刻的变化，雷锋就是在这样一种气候下面产生的。

雷锋的成长是党和上级培养教育的结果。雷锋的阶级觉悟是逐步提高的。他每前进一步，都是在党中央、毛主席、军委号召下、在人民群众的鼓舞下，通过历次政治教育运动提高的。军区、军区工程兵党委、首长和领导机关，对雷锋的成长非常关怀，给了许多亲切的教导，运输连党支部对雷锋的培养教育做了一些具体的工作。

那么，雷锋是怎样成长的呢？党对雷锋是怎样培养的呢？运输连党支部究竟做了哪些具体工作呢？现在我就向首长和同志们汇报第二部分。

第二部分　雷锋在部队的成长和党对雷锋的培养。

（一）雷锋的初步发现。

雷锋是 1960 年 1 月 8 号从辽宁省辽阳市入伍的。1960 年征兵开始的时候，他为了保卫祖国，决心应征入伍，经过体检，身高倒勉强合格，就是体重不够，不合征兵条件，就决定缓征。但他的决心很大，说什么也要当兵，几次找接兵干部要求参军，还把他在辽阳市报纸上发表的一篇文章——《我决心应召》拿出来给接兵干部看，文章不长，有三四百字，主要是讲自己是个苦孩子，党解放了他，他决心要当一名人民战士，保卫祖国。根据这个情况，接兵干部和兵役局（现在是武装部）的同志商量后，就批准了他的请求，雷锋就这样入伍了。接兵干部在汇报新兵情况的时候，就特别提到了雷锋，说雷锋在地方上就是个很好的同志。

雷锋刚一入伍，我们就发现他有这样几件事：一件是新兵讲话。这批新战士来部队时（当时我团驻在营口），按传统习惯，在车站组织了欢迎会，车站周围张贴着许多欢迎标语，欢迎的人抢上前去给他们背背包，送开水，握手问好，呼口号，做这些工作的有战士也有干部。这些生动场面对新战士是一个很大的鼓舞，团的领导同志对他们讲了话，新老战士也推选代表讲了话，代表新兵讲话的就是雷锋，讲话内容很大一部分是他受到欢迎的感受。当时我们只是看到，雷锋个子不大，精神很饱满，讲话声音洪亮，很有感情，讲得很好。

另一件事是学习辩论。新兵训练开始，先进行社会主义教育，教育的内容主要是人民公社问题。在那次教育中和雷锋一个班的新战士李清云说："人民公社不如高级社好。"雷锋听了觉得这种看法不对头，就和他辩论起来。休息时两人到厕所还在争论，争得脸红脖子粗，难解难分，但谁也说不出一个好办法来，谁也说不服谁。从这个问题的争论，领导上认为雷锋认识较好、观点明确，就把雷锋当成这次教育的骨干。

再一件是班里的读报员。新兵连读报，一般都是老同志和干部读。雷锋也很爱学习经常找报纸看，后来不仅自己学，还主动给班里读报，时间长了，有些新同志就有些反映，认为他做了老同志做的工作。因此，每逢雷锋读报时候，个别新同志听得就不那么认真，班长看出了这种情绪，觉得雷锋这样做很好，所以就表扬了雷锋，并且提议推选雷锋为班的读报员。

第四件事是半个馒头的事。新兵到部队不久，有个礼拜天，连队改善伙食，有个新同志把吃剩下的半个馒头扔了，雷锋看见就把这半个馒头拣起来，交给了连长说："有个同志把吃剩下的馒头扔了，多可惜啊！"连长接过馒头，觉得雷锋做得很对，给领导上提出了一个问题，这不仅仅是半个馒头，而是青年人身在福中不知福的问题。事后，用这个事实教育了全连的同志，并且表扬了雷锋。

从以上这几件小事，给领导上一个印象，认为雷锋和其他的新战士表现不一样。是一个很好的同志，但是这个新战士为什么表现这样好呢？当时的运输连和我们都没有认真的研究。直到 1960 年 5 月间，我们收到了抚顺望花区和平人民公社一封感谢信，说雷锋支援人民公社 100 元钱。这一下，引起了我们的重视，当时我们想，一个新战士，每月只发 6 元钱的津贴费，他能支援公社 100 元钱，这的确是一件了不起的事。从此，我们就开始对雷锋进行了全面的调查了解。从了解中，我们又发现了雷锋许多好事。各级领导同志曾多次找雷锋谈话。他详细地谈了他在旧社会的苦难，也谈了他寄钱的想法："我的钱是给我家的，人民公社就是我的家。"从这里，我们开始认识到雷锋是个好苗子、好战士。我们更加注意了对雷锋的培养教育（上述"直到1960年5月间，我们收到了抚顺望花区和平人民公社一封感谢信……"这一段的历史史实似有出入。但为了维持材料的原始性，未进行修改，特作如下几点说明：①按雷锋同志本人1960年的日记中写道："8月20日，望花区成立了一个人民公社，我把平时节约下来的一百元钱支援了他们；辽阳市遭受了洪水的灾害，我把省吃俭用积存的一百元钱寄给了辽阳灾区人民……"证明上述所说的"5月间"是不符合实际的；又辽阳太子河发大水的时间是在8月初，也证明"5月间"的时间有误。应是9月间。②按当时在团政治处接到感谢信的宣传股干事庞士元同志几次来信说明：雷锋给望花区和平人民公社送钱的事在先，给辽阳寄钱在后，这是无疑的。但辽阳市委退回钱并建议表扬雷锋的信是我先接到的并亲自拆阅。当时把表彰信件汇报给韩万金政委后，指示要宣传股股长吴广信和我了解此事。在和雷锋同志谈话时，才知道在此之前，他还给和平人民公社100元。经过调查证实了这个情况。后来，和平人民公社也给部队送来了感谢信……说明上述先收到的应是辽阳市委的一封感谢信。③编著者就此事从湖南雷锋纪念馆查证：有关表扬雷锋捐款的信函，其中"中国共产党辽阳市委员会"是1960年9月6日；而"中共抚顺市和平人民公社委员会"是1960年11月11日。显然，从时间上来看辽阳市委的表扬信先于和平人民公社两个月零5天。文字记载应该比回忆更可靠。但如果文字记载有误，那就只能另当别论了——编著者）。

（二）教育雷锋用毛泽东思想武装头脑。

学毛主席著作，是雷锋成长的根本道路。雷锋是个好学上进的战士，他入伍的时候就带来了一些革命的书籍。如《方志敏》、《董存瑞》、《安业民》等，还有几本毛主席著作单行本。但是学习的目的性不够明确，拿到什么学什么，对学习主席著作更是零零星星，断断续续，也不善于联系实际。当时文化学习是部队的中心任务，提出十年大学毕业，干部、战士有空就学习文化，把学习毛主席著作扔在一边去了。雷锋因文化水平比较高，就叫他担任文化学习辅导员，时间更紧，就把带来的那几本书锁在箱子里了。正在这个时候，军委发出了高举毛泽东思想红旗，把毛泽东思想真正学到手，坚持在一切工作中用毛泽东思想挂帅的口号。我们部队迅速响应了这一号召，很快掀起了学习毛主席著作的热潮，运输连就购买毛主席著作书籍二百多册，人人买书，个个读书形成风气。雷锋这时又从皮箱里把那些书拿出来，并且和大家一样，又买了不少主席著作单行本学起来了。但怎样把毛主席思想真正学到手，怎样做到活学活用还没有经验，只是埋头苦学，背诵警句比较多，还不善于联系思想，指导行动。支部为了推动学习，组织大家进行了一次毛主席著作学习评比，雷锋虽然联系实际还不够，但他的学习精神很好，就评为全连学习毛主席著作的标兵。团政治处当时发现四连班长任佐芝带领全班单独执行任务，能根据形势，结合任务联系实际地学习毛主席著作，完成任务也突出。我们就派人到四连总结了他的经验，组织了一次毛主席著作学习经验交流会。会上任佐芝介绍了学习体会，那时他就提出了用毛主席的话指导自己的行动，看主席是怎样讲的，自己是怎样想的，又是怎样做的，符合不符合，如果不符合，就是没有按主席的指示办事。雷锋也参加了这次会议，对他也有些启发，这是雷锋第一次参加毛主席著作学习经验交流会，这次会议使他初步掌握了怎样学习毛主席著作的方法。为了让他把先进经验学得更好，领导上又让他单独访问了任佐芝，任佐芝进一步把自己的学习体会概括为四句话，这四句话是："见缝插针、恒心毅力、精读多想、联系实际。"从此，雷锋的学习方法有了改进，开始注意了联系实际。他们班组织学习《反对自由主义》一文的时候，大伙围在一起学习得很认真，读一条，对照一条，检查一条，大家觉得这样学习很好。以后雷锋也就经常拿主席的话检查自己哪一点不够，注意改正，发现别人某些地方没有按毛主席指示办事，也像要求自己一样要求别人，但是过急了一些。时间一长，有的同志对雷锋这种做法就有点反感了，有的人说："我们班出了个'马列主义者'。"这样，雷锋在一些同志中显得有些孤立，有一次卸车扛麻袋，同班战士

韩玉臣指着一袋高粱米（有二百斤）对雷锋说：“你不是很能干吗？来一袋试试！”雷锋听到这句话是刺激他的，很不好受，情绪有点消沉。当时班长在场，因大伙正在干活，没有来得及处理，事后就把这件事向指导员汇报了。指导员就找雷锋了解，雷锋当时心里很窝火，认为同志们丢他的面子，埋怨自己个小，力气不大，连一袋高粱米也扛不动。指导员了解到雷锋这种心情，安慰了一番，但雷锋的思想疙瘩仍然没有解开。于是，指导员就给他指出毛主席著作中《纪念白求恩》的文章，叫他回去好好学，应该怎样对待这个问题。他反复学了多次，当他真正领会了这篇文章精神以后，明白了一个真理，“一个人的能力有大有小，只要有毫不利己、专门利人的精神，就是一个高尚的人，有益于人民的人。”他向指导员说：“我虽然扛不动二百斤重的袋子，但我一定要干好能干的工作；比别人干得更出色。”雷锋从这篇文章里尝到了甜头，并且解开了这个思想疙瘩，初步摸到了学习毛主席著作怎样联系实际，怎样学用一致的问题，提高了学习毛主席著作的积极性，工作的积极性也越来越高了。他除了做好自己本职工作外，像带病帮助建筑工地运砖、送老大娘、帮大嫂买车票，都是在这以后做出来的。根据雷锋的事迹，经过群众评议，领导批准他记三等功一次，这对雷锋是个很大的鼓舞，他学习的劲头更大了。

但运输连经常出车，学习时间得不到保证，怎样解决工作和学习时间的矛盾问题，成了雷锋和运输连的一个现实问题。支委会就根据本连特点，提出了一个毛主席著作随身带的号召，大家也就把书带进了驾驶室。雷锋坚决按党支部的指示办事，不论是出车或休息，平日或假日，他总是随身带着那个小书包，挤时间学习。哪怕只有几分钟的时间，他也要读一页或一小段，饭前饭后，会前会后，看电影前，运送物资的空隙时间，他都没有放过。他是当时抓时间学习最好的一个，连里就帮助雷锋总结经验，让他向大家作了介绍。他就提出了“饭前饭后抓紧点，课外活动多看点，星期假日少玩点，行军走路多想点”的四点。雷锋在日记中写的钉子精神，就是在这“四点”的基础上总结出来的。当时他还作了形象的比喻：一快好好的木板，上面一个眼也没有，但钉子为什么能钉进去呢？这就是靠压力硬挤进去的，硬钻进去的。我们在学习上，也要提倡这种“钉子”精神，善于挤和善于钻。根据他的体会，不仅可以自学，而且还可以集体学。当他当了班长的时候，对全班的集体学习抓得很紧，他们班不仅天天学习、天天自学，还规定了每星期一、三、五集体学习毛主席著作的制度。把自学和集体学结合起来，解决了工作和学习时间的矛盾，提高了学习效果，获得了党支部学习毛主席著作的流动红旗。

由于雷锋学习得好，各级领导都很重视，军区和军区工程兵首长都先后接见了他，送书题词，鼓励他好好学习，还让他访问毛主席著作学习标兵廖初江。这样一来，更加鼓舞了雷锋的学习劲头，学习的自觉性大大提高了，他先后通读了《毛泽东选集》一、二、三、四卷，对《纪念白求恩》、《为人民服务》、《反对自由主义》等十几篇文章，反复学习了十几遍，每学一次，都有一次新的学习体会。正像他在日记中写道：“毛主席著作学得越深，思想越开阔，胸怀越宽广，立场越坚定，思想越远大。”并且他在实际工作中，通过运用毛主席著作加强了班里的团结，提高了工作方法，改造了后进战士等等，使他深深体会到干革命不学毛主席著作不行，毛泽东思想是“粮食、武器、方向盘”。雷锋学习毛主席著作不但有坚强的毅力，而且有明确的方向，他给自己作了这样的规定：学习毛主席的著作，要学习毛主席的立场、观点和方法。要以实际问题为中心，到毛主席著作中找答案。根据他学习的体会，提出了学习毛主席著作的四个结合。即学习毛主席著作与改造自己思想相结合；树立全心全意为人民服务的思想和辩证唯物主义世界观，学习毛主席著作与改进自己的工作相结合；学习毛主席著作与搞好训练提高技术相结合；学习毛主席著作与学习国内外形势、党的任务、方针政策相结合。通过他的反复学习，反复实践，终于总结出了一个学习公式，这就是：“问题——学习——实践——总结。”到这个时候，雷锋的思想觉悟已经达到了一个更高的境界。一个入伍不到三年的战士，通过毛主席著作学习后，就在自己的日记中写了这样一段话：“学习主席著作，使我深刻认识到：一个人活着，就应该像白求恩同志那样，把自己的毕生精力和整个生命为人类的解放事业——共产主义全部献出。”“人活着就是为使别人过得更美好。”“我要把有限的生命投入到无限的为人民服务之中去。”雷锋同志真正把毛泽东思想学到了手，在为共产主义革命事业而奋斗的这个伟大集体中，成为一个永不生锈的螺丝钉。总之，一句话，毛泽东思想就是雷锋英雄行为和高贵品质的无尽的源泉。雷锋正是这样：他反反复复读毛主席的书，老老实实听毛主席的话，时时刻刻按毛主席的指示办事，一心一意做毛主席的好战士。这是雷锋所以成为一个平凡而伟大的共产主义战士的最根本的原因。

政治工作最根本的任务，就是用毛泽东思想武装全体指战员的头脑，坚持在一切工作中用毛泽东思想挂帅，真正做到人人读毛主席的书，听毛主席的话，照毛主席的指示办事，做毛主席的好战士。

（三）教育雷锋提高无产阶级觉悟。

阶级教育是一切思想教育的基础，雷锋就是通过不断的阶级教育，逐步懂得了自己的苦就是整个阶级的苦，自己的仇恨就是整个阶级的仇恨，逐步提高了自己的阶级觉悟。

雷锋到了运输连以后，首先进行了一段军事训练，主要是队列、射击、投弹，雷锋个小，队列、射击问题不大，投弹就很困难，投不远，成绩不好，老在别人后边。雷锋很着急，班排干部也觉得是个问题，怕他掉队影响整个成绩。当时一些人对雷锋也有些风言风语，又是他们班的韩玉臣，当着他的面说：“你长得矮，再练也白费。”这句话不要紧，更增加了雷锋的压力，同时也激发了雷锋苦练的决心，他恨不得一下过关，白天练、晚上练，一有时间就练。连里干部觉得雷锋这种练兵精神很好，但是过于心急也不行，过急了容易把身体搞坏，指导员便找他谈话，见他脖子肿了，就问雷锋：“脖子痛吧？可不要把身体搞坏，不能一锹挖个井。”雷锋说：“痛是有点痛，这算不了什么，比起过去孤儿生活好多了。”说着，他指着左手被地主婆砍伤的刀痕向指导员说：“我就是为了这个才决心苦练的。”这究竟是怎么一回事呢？指导员当时摸不清，雷锋过去的痛苦生活，领导上知道一些，但刀痕的来历就不大了解。于是指导员就和他谈起来，雷锋也就痛哭流涕地向指导员叙述了自己的身世，接着他说："共产党解放了我，才使我有了幸福生活，可是我现在连投弹都不及格，怎么能对得起党，对得起毛主席。"

从这里可以看出，他所以积极苦练，是从对不起党、对不起毛主席这个角度出发的，对练兵的真正意义还不十分明确。通过这次谈话，雷锋在领导印象中又加深了一步。因此，领导上从各方面加强了对他的教育，提高他的阶级觉悟。而雷锋由于得到领导上的教育，工作学习越来越好，虽然入伍时间不长，但是做出了一定的成绩，不断受到表扬和奖励。因此团决定在全团宣扬。但当时遇到了一些阻力，有些同志不大服气，有的说："雷锋并没有什么了不起，不过是两双破袜子，几个牙膏皮。""雷锋没有家，有钱花不了，不给公社给谁，我要是没有家也能做得到。"这些反映归根到底是对雷锋认识不足，怎样解决这个问题呢？正在这个时候，军委首长视察兰州部队，提出了忆阶级苦、民族苦的问题。这一下子教育了我们，我们就联想到雷锋，于是我们就召开了全团军人大会，让雷锋诉说了他的身世。通过这次大会，不仅解决了一些人对雷锋的不同看法，而且使全团官兵受到了一次深刻的阶级教育，有百分之七十以上的同志流了泪。不久，总政正式发出"两忆三查"的教育运动指示，我们全团立即展开了这个教育运动，雷锋又在运输连忆苦大会上忆了苦，指导员高士祥、副排长薛三元等同志也先后忆了苦。雷锋听了后就问指导员："你也受过苦啊！"他这一问，指导员就觉得雷锋对旧社会广大人民的苦难、阶级的苦难认识还不高。同时考虑到雷锋这种认识在青年战士中具有代表性，所以就把全连的苦情搞了个展览，组织大家参观，雷锋看得很认真，他特别注意的是一张统计表，这个统计表上列着全连有百分之八十五的人在旧社会都有苦难，都有仇恨。这个表对雷锋教育很深。他才开始认识到旧社会受苦的不是他一个人。不久，雷锋的事迹在军区报纸上公布出来了，特别是看到了军区杜平副政委的题词："雷锋同志的苦难是整个阶级的苦难民族的苦难。在解放前受到像雷锋同志那样遭遇的人比比皆是，他只是千千万万受苦受难人中的一个……"这一下他才真正明白了自己的苦就是阶级的苦，把自己的苦和阶级的苦联系起来，把姓唐的地主和整个地主阶级联系起来了。

在这个基础上，又组织大家讨论了地主为什么能剥削农民这个问题。大家发言很热烈，一致认为地主剥削农民是地主地多、牲口多，可是究竟怎样才能使劳动人民不受剥削呢？大家就有点糊涂了。有的说：土地、牲口、房子分给劳动人民就不会再有剥削了，有的认为劳动人民地多了富裕起来还会有剥削。各有各的道理，雷锋对这个问题，也分不清哪个是对的，哪个是错的。在休息的时候，他向指导员提出了这个问题，当时指导员觉得这又是一个带有普遍性的问题，没有直接答复他，先让他考虑一番，这样通过思考对雷锋的教育会更深刻一些，提高也更大一些。随手拿给他一本书，告诉他："回到班里好好看一看，问问大家，土改后翻身的穷人有没有像书里说的这样的事？"雷锋连夜看完了那本书。这本书的名字叫《两个共产党员》，一个是坚定走社会主义道路，一个是只顾个人发财致富，添车添马，结果变成了像刘介梅那样的人。雷锋看过之后，思想上有了些亮堂了，但是还是觉得一下不好理解，主要是缺乏社会阶级斗争知识。第二天各班都讨论了这个问题，战士周述明说："我们家乡有个农民过去很穷，连饭都吃不上，因为交不起租子还坐了五次牢。解放后分了土地，日子过得一天比一天好，生活很富裕，两个大儿子搞副业，自己雇人种地，成了暴发户。"周述明这么一讲，大家都摆出了本地本村土改后两极分化的许多事实。后来指导员在小结时，又着重讲了这个问题，用事实说明了土改后所以出现新富农就是生产资料私有制造成的。如果不走集体道路，发展下去穷富两极分化是不可避免的，而且会越来越严重。这时候，雷锋的思想之闷才豁然大亮。后来他对指导员说："这次学习对我教育太深了，过去我只知道劳苦人民解放了就不再受苦了，还不知道解放后不消灭私有制，劳苦人民就不能摆脱穷困的日子，这下我真正明白了私有制是劳动人民受苦的总根子。"经过这次阶级教育运动，雷锋在思想上产生了一个认识上的飞跃。过去，雷锋的觉悟还是停留在自发的阶段上的，只是感性地认识到：哪一个地主害死了他全家，他就恨透了哪个地主，而不能从理性上认识，这是阶级斗争的反映，是一个阶级对另一个阶级压迫的现象。经过这次教育运动，他懂得了穷人受压迫，不只是他一家，也不只我们中国有，而是全世界范围的事，要想人类求得彻底解放，就只有在全世界实现共产主义社会。到这时，他由一个自发的感恩思想的革命者，而跃进为一个光辉的共产主义者了。雷锋一生所做出的平凡而伟大的事情，都是这种高贵品质的表现。通过这次教育，雷锋的无产阶级立场更加坚定了，阶级的憎爱更加分明了，认识到天下穷人是一家，蒋介石就是美帝国主义的走狗。世界上还有三分之二的人没有解放，他决心将革命进行到底。他读了毛主席的《中国社会各阶级的分析》以后，写下了这样的学习心得："我学了毛主席的《中国社会各阶级的分析》的文章，受到了很大教育。拿目前来说，我国虽然已经是社会主义社会，但是在国际上还有帝国主义存在，在国内还有阶级斗争存在的时候，阶级分析这个马克思列宁主义的斗争武器，就绝不会过时。我们每一个革命同志，必须认真用它来武装自己的头脑，做一个真正自觉的无产阶级革命战士。"在读《将革命进行到底》的文章后，他在心得中写道："现在肯尼迪似乎成了一个很爱'和平'的人，其实说的都是伪和平，是想欺骗世界人民。我们懂得狗忘不了吃屎，帝国主义改不了它的侵略本性。全世界人民只有紧紧地团结起来，全部彻底干净地消灭帝国主义和一切反动派，才能求得人类的彻底解放。"他还写道："有人叫人民放下武器，不要革命了，说帝国主义愿意和平了，这个说法有利于敌人。我们知道，羊和狼是不能生活在一起的，我们和帝国主义是死对头，誓不两立。"当美蒋阴谋窜犯我国东南沿海大陆和美帝国主义进攻古巴的时候，他恨之入骨，多次要求到前线参加战斗，消灭敌人。他对古巴人民必胜充满了信心，他说："大风是吹不掉月亮的，古巴人民必胜。"

雷锋就这样一步步地提高了无产阶级觉悟，树立了共产主义世界观，逐步地懂得了没有阶级的解放，也就没有个人的解放，没有集体、阶级的幸福，也就没有个人的幸福的道理，阶级的爱、阶级的恨，拼成了鲜明的阶级立场，而使雷锋成为一个伟大的无产阶级革命战士。毛主席教导我们：阶级教育，一抓就灵，从雷锋的成长过程完全说明，这是千真万确的真理。

（四）教育雷锋把我军的光荣传统作风接过来传下去。

我军的光荣传统作风，就是三八作风。三八作风是人民军队本质的集中表现，是我军教育、作战和一切行动的准则，是我军团结自己、战胜敌人的重要因素。雷锋的成长过程，就是我军的优良作风对他的影响教育的过程。

雷锋入伍的第三天，突然病了，他没有讲，大家也没有注意，晚上就休息了。但是，雷锋翻来覆去折腾了半夜也没有睡着，正在这个时候新兵营营长荆悟先同志查铺来了，发现雷锋没有睡着，走到跟前一摸，头很发烧，问他："找医生看过没有？"他说："没有。"营长让他好好休息，就出去把医生找来，看了病，服了药。荆营长的行动给雷锋很大的感动。他想到了过去孤儿的流浪生活，想到了新社会地方和军队的领导又是怎样关怀自己，想着想着睡着了。他醒来的时候，发现被子上面盖着荆营长的大衣，雷锋更受感动了。这是雷锋受到我军光荣传统教育的第一课。

新兵学习结束后，领导上根据雷锋的特长，他在地方上开过拖拉机推土机，对内燃机原理有一定的基础，就分配到运输连二班学开汽车。到运输连老战士多了，学的东西也就多了，班长薛三元见他个子小，身单力薄，分配工作处处照顾他，有些工作还经常帮助他干。一次，轮到雷锋班值日，起床后，别人出操他负责整理内务卫生，他忙活了一早晨，累得满头大汗，室内室外打扫得很干净，但内务不整齐。雷锋脸也没顾得上洗，就去吃饭，毛巾还在盆子里，班长看见后，觉得这个同志干工作很认真，内务不整齐主要是没有经验，不会做，班长便重新整一遍，还把他盆子里的毛巾洗净晾在铁丝上，雷锋回来后看到班长重新整了内务，帮助洗了毛巾，受到很大启发。身教重于言教。干部和老同志处处以身作则的模范行动，在雷锋的身上发生了明显的作用。有一天班里执行任务，班长把他留在家里，他整了全班的内务卫生，有些同志换下来的脏衣服、袜子，因为学习忙没有顾得上洗，放在床底下。他看到后就一件一件都给洗了，听说大家快回来了，他就提着桶到炊事班打了一桶洗脸水，同志们一进门，见屋里收拾得有条有理，就你一言我一语地称赞雷锋。第二天俱乐部的黑板报上表扬了他，大家都围着看，雷锋也想看一看，但因为个矮看不见，就从后面挤到前边，一看原来是表扬他的，便觉得不好意思起来，扭身就走，正被副指导员碰见，就告诉他说："雷锋，黑板报表扬你了，看看去。"雷锋红着脸半天说了一句话："这是我向班长学来的。"

1961年上半年，雷锋当了班长，班长和战士的要求不一样了。不仅要自己带头干，还要把全班管理好。但他只顾自己埋头干，不善于发动群众，自己累得满头大汗，班里还是动不起来，战士反映："班长干全都是一个人忙，就让他一个人干去吧！"支部发现后，认为雷锋刚当班长不久，缺乏领导工作经验。这时，雷锋也觉察到有些问题，这样下去对创造四好、五好会有影响，但是究竟是个什么问题呢？他还没有找到。连长虞仁昌就在这个时候找雷锋谈话，最后讲了这样一段话。他说："火车头的力量很大，如果脱离了车厢，就起不到什么作用。一个人做工作，如果脱离了群众，就会一事无成……"连长的话给了他很大的启示，雷锋才明确了要搞好全班的工作，要创造四好班，要争当五好战士，光靠自己干不行，还必须发动群众。从此以后，有事他就发动大家一齐动手，对好的同志及时给予表扬，这样，全班都积极起来了。这个事例反过来教育了雷锋，使他懂得了走群众路线的工作方法。雷锋还有一个问题，管理教育的方式方法有些生硬，对缺点较多的同志批评的多，有点恨铁不成钢。结果事与愿违，有些同志反而有些意见，还是不能充分调动大家的积极性。就在这个时候，军委颁布了连队管理教育三十条在部队中进行教育，为了加深教育效果，采取了两种军队两种不同管理方法的对比教育。连长虞仁昌是从旧军队解放过来的，以他亲身体会，向全连讲了两种军队和两种不同的管理教育方法，对雷锋有教育，但是体会不太深，管理方法仍然有些生硬。有一次本班战士高奎云，有点缺点，雷锋在班务会上批评了他，高奎云和雷锋是一起入伍的，雷锋当上了班长，他还是战士，思想上就不大痛快，受了批评就更憋气，第二天就不起床，说病了，雷锋叫他也不吭声，雷锋有点沉不住气，就找连长汇报，要求连长亲自去把他叫起来。当时连长就给他说："咱们不

正在学习三十条？那上边是怎么说的，你考虑考虑。”雷锋没有吭声，连长又说：“我去叫，他可能会起来，可是你们今后的团结就成了问题，你先回去找他谈谈是什么问题，征求一下他的意见。”雷锋听了之后，想了想觉得连长的话有道理，连高奎云为什么不起床都没有搞清楚，就来找连长，太简单了，回去就改变了原来的态度，问长问短，打洗脸水，找卫生员，做病号饭，高奎云看到班长对自己这样关心，他就躺不住了，起了床，吃了饭就干工作去了。以后雷锋又找高奎云征求意见，这时，才弄清了高奎云不起床的原因，原来是对自己工作方法有意见，通过这件事对雷锋是个实际教育，连队干部又帮助雷锋从中取得经验，告诉他对待老同志，即要严格要求，又要耐心说服的道理。雷锋又重新学习了管理教育条例。他又联想到毛主席说的：“我们都是来自五湖四海，为了一个共同的革命目标走到一起来了。”这些话使雷锋才真正认识到领导和被领导不只是一个上下级之间指挥与服从的关系，更重要的是阶级兄弟要互相照顾、互相帮助、互相体贴、互相爱护。从此，雷锋在工作中不仅善于发动群众，走群众路线，而且也改变了领导方法，密切了同志关系，对同志更加爱护。有一次，新战士佟占佩，病了很想吃松花蛋，雷锋同志了解他在家有病时，妈妈总要给他买几个松花蛋。雷锋跑了几家商店买不到，去辽阳作报告时，市兵役局政委送给他几个松花蛋，雷锋同志没舍得吃，经过鞍山、沈阳、抚顺等市巡回报告，一直带到连队，一到家就拿着松花蛋去看望佟占佩。小佟知道了松花蛋的来历后，抓住雷锋的手，感动地流出了眼泪。还有像帮助同志洗衣服、理发、经济上接济更是经常的了。

雷锋对待缺点的态度和来自群众的意见能够认真地对待，严格要求自己。一次中午休息时，雷锋和几个战士出去逛，就溜到大街去玩了，以后又有一次，他去学校参加辅导员会议，吃过晚饭没有请假，又出去了。连队干部就找他谈话，首先给他提出了组织纪律的重要性，又讲了邱少云的故事，雷锋恍然大悟，没想到不请假还是这样一个严重的问题，雷锋觉得很惭愧，并且严格检查了自己，从这以后，雷锋的组织纪律性逐步加强了。有次雷锋带领全班在外单独执行任务，突然接到连长的一封信，要他把全班的行驶卡片当天下午三点钟送到连部。这封信是上午十一点收到的，他们的驻地离连部有五十多华里，公共汽车下午三点钟才有，有的战士说："坐公共汽车去吧，迟一些怕什么？"有的说："开一台车回去也花不了多少油。"还有的说："今天是星期日，明天再送吧。"雷锋毫不犹豫地说："这是连长的指示，一定要坚决执行，按时送到。如果平时不坚决执行首长指示，耽误了时间，到了战时，就会给人民造成严重的损失。"这种组织纪律观念，促使他不能等到明天。于是他投奔小道，翻山越岭，用三小时五十分钟的时间走了五十多华里路程，终于提前三分钟送到。在他的日记中有这样一段话："我每次外出执行任务，在最复杂的环境中，就想起邱少云，就能严格地要求自己，很好地遵守纪律。"

又有一次，吃早饭时，雷锋看到炊事班饭盆里有很多锅巴，便随手拿了一块吃，有个炊事员顺嘴说："自觉点啊！"雷锋觉得吃一块锅巴有什么，堵气把那块锅巴放到饭盆里走了。这时，正好通讯员送来一张报纸，他接过来一看，首先看到报头上毛主席的语录。毛主席说："因为我们是为人民服务的，所以，如果我们有缺点，就不怕别人批评指出。不管是什么人，谁向我们指出都行。只要你说得对，我们就改正。"他一口气读了好多遍，越想越觉得自己不对，好像毛主席的话就是对自己说的。他自己问自己："你多不虚心呀！人家批评重一点，你就受不了啦！"想来想去，觉得自己错了，应该承认错误，就跑到炊事班承认了自己的缺点。雷锋这种严格要求自己、一丝不苟的行动，许多炊事员都受到感动，称赞他真是个好同志。由于雷锋能严格要求自己，由于全班团结一致，不但任务完成得出色，而且原来比较后进的韩玉臣、高奎云终于在他的影响下积极起来，就这样，雷锋所领导的四班年终被评为四好班，雷锋被评为五好战士。

这一切说明，只要按照三八作风的原则办事，只要正确地贯彻连队管理教育条例，部队就会团结得好，组织纪律观念就强，落后战士就能很好地改造，人的积极因素就能充分调动起来，各项任务就一定完成得很出色。

（五）雷锋的艰苦奋斗思想是怎样树立起来的？

我党我军艰苦奋斗的革命传统，是我们政治工作上不可缺少的抗菌素和防腐剂，是我们进行阶级斗争防止产生修正主义和反对现代修正主义不可缺少的精神武器。因此，部队经常地进行艰苦奋斗、增产节约的思想教育。雷锋对这种教育接受最快，贯彻执行得最好。

1960 年中央发出：以保粮保钢为中心的增产节约的指示，要在部队中进行教育。增产节约对我们来说主要是爱护武器装备，节省粮食、经费开支。但因当时我们在抚顺执行工业基本建设任务，因此节约施工器材又是一项重要的内容。这个教育对雷锋是个震动。一方面他看到连里每个干部、战士无论吃的、穿的都很俭朴；另一方面他想到入伍时带的那只手提皮箱、一件皮夹克、一条料子裤和一件毛线衣，还在连部存着，另外还有一块手表。雷锋一想，这些东西怎么能和当前节约精神相符合呢？可是这些东西又怎么处理呢？思想上产生了矛盾，在情绪上也受到影响。班长发现他情绪不高，就找他谈话，在谈话中雷锋谈到皮箱、手表的问题，认为这些东西就不符合节约的精神，准备送给别人或者上交，班长感到这样做不太恰当，又不敢做主，就把这个情况反映到连里，连里领导认为雷锋这种精神倒是很好的，但他只是单纯地从经济意义上来理解增产节约，还没有提高到从政治意义上来认识这个问题。指导员就找雷锋谈话，说明了增产节约的重大意义，对他说：这些东西是过去买的，不要为它苦闷，主要是从思想上提高认识，今后在日常生活中注意保持和发扬艰苦朴素。接着指导员又讲了红军长征时期、抗日战争时期、解放战争和抗美援朝时期，我军艰苦奋斗的光荣传统，现在比过去好多了，但是我们的国家，正如毛主席说的还是一穷二白，还要继续艰苦奋斗，像爱护车辆、节约油料、拉砖不损坏、送水泥不要撒了、不要乱花钱、不要乱买零食吃。通过这些教育，雷锋放下了包袱，解开了疙瘩，认识迅速提高。以后他把个人和社会主义事业的关系比为细胞和整个身体的关系，他说：“当人的身体受到损害的时候，身上的细胞就不可避免地要受到损害。同样道理，我们每个人的幸福只有依赖于祖国的繁荣，如果损害了祖国的利益，我们每个人就得不到幸福。”

他处处以主人翁的态度，对待社会主义革命事业。在参加工业基本建设中，他是汽车司机，一停下来，不是帮助卸车，就是搬砖抬石。有人劝他歇一会儿，他说，多搬一块砖就等于给社会主义建设增加一块基石；运送水泥漏了一些，他就一点儿一点儿地扫起来；地上掉了一颗小钉子，他也拣起来放到节约箱里……还有，像少领衣服、鞋袜、缝补衣服、制作针线包等都是通过这次教育后做出来的。他在个人生活上更加注意节省，瓷缸的瓷几乎都脱落光了，还仍然使用；肥皂盒破了几处也不换一个，连块香皂也舍不得买。还有这么一件事情，1960 年七八月间，他到安东参加体育体育运动会，天气很热，休息时大家去买汽水喝，雷锋也想买一瓶，于是从口袋里掏出三角钱，当轮到他买的时候，看了看汽水又看了看钱，结果他就把钱装进口袋里转身走了。从这以后，有的人就对雷锋有反映，说他是“小气鬼”，没家没业的有钱舍不得花，是个“傻子”。雷锋同志甘愿做革命“傻子”的日记就是在这个时候写的。他写道：“如果说这是‘傻子’，那我就是甘心情愿做这样的‘傻子’的，革命需要这样的‘傻子’，建设也需要这样的‘傻子’。我就是长着一个心眼儿，我一心向着党，向着社会主义，向着共产主义。”他还经常说：“在工作上要向积极性最高的同志看齐，在生活上要向水平最低的同志看齐。”他处处发扬了艰苦朴素的革命精神，后来连里就把雷锋评为节约标兵。

在增产节约教育运动中，出现了许多好人好事，运输连准备在俱乐部里搞个展览，决定把俱乐部重新布置一下，需要买些色纸、颜色粉笔等，要花点钱，但当时提倡少花钱多办事，不花钱办好事，连里就提了个建议，让大家想办法办好俱乐部。雷锋当时是俱乐部委员，对这件事情更关心，和大家张罗了一阵，也没有想出什么办法来。一天早上雷锋洗脸，看见有的同志把用完了的牙膏皮扔了，这一下办法来了，他想，全连这么多人要是把这些牙膏皮集中起来，就可以卖不少钱。他就开始收集牙膏皮，后来在工地上拣了几块废板头，钉了一个小木箱，把拣回来的牙膏皮放到里面。以后，他看到废铜烂铁、废钉子等觉得也是一批财富，就拣回来也放在里面。这就是大家都知道的“雷锋节约箱”的由来，在展览会上，展出了全连的节约事迹共二十九种，其中雷锋就占九种，他的小木箱也展出来了。这个“雷锋节约箱”作为一件宝传给了雷锋班，现在雷锋班把这个节约箱继承下来了，成了雷锋班的一个百宝箱。

艰苦奋斗的革命精神教育了雷锋，雷锋的艰苦朴素的革命精神又教育着部队，他成了我们进行反对现代修正主义、自力更生、奋发图强、艰苦朴素教育的一部活教材。

（六）教育雷锋永远保持谦虚、谨慎的态度，虚心向人民群众学习，不断前进。

雷锋对毛主席“虚心使人进步，骄傲使人落后”的教导记得最牢，他经常用这两句话来检查自己的思想和行动。

雷锋入伍刚到连队，各级领导就向新战士们进行了我军光荣传统、革命英雄主义教育，讲到了英雄黄继光和其他英雄人物。雷锋听了，感情十分激动，他觉得做一个革命战士，就应该像黄继光那样，为党干出一番轰轰烈烈的事业来，他下定决心要做一个黄继光式的英雄，还把黄继光的画像剪下来，贴在自己的日记本上，他在讲话中也曾讲过：“我要做第二个黄继光。”领导上根据雷锋的思想，曾多次向他进行教育，一方面指出，他想立功，想当英雄，这是好的；另一方面指出，必须在平凡的工作岗位上，当个无名英雄。革命事业需要有像黄继光式的战斗英雄，更需要成千上万的忠心耿耿的无名英雄。雷锋很接受教育，从这以后他做的许多好事，一般都不让人家知道他的名字，当人们问到他的名字时，他总是说：“叫解放军。”雷锋同志的这种高贵品质，就是经过教育以后出现的。

当雷锋做出了一定的成绩时，军区和军区工程兵首长接见了他，报纸、电台宣扬了他的事迹，人民群众来信称赞他。在这种情况下，我们考虑到，我团以往树立的典型，往往因为教育工作跟得不紧，在荣誉面前不能正确对待，产生了骄傲自满情绪，因此巩固得不好，雷锋虽然没有骄傲自满情绪，但是我们还是根据过去的教训，对雷锋要求更严格，把防止骄傲的教育当成了个重点。根据工程兵首长的指示，团党委专人负责教育，尤其是雷锋每次外出前，各级领导都找他谈话，教育他处处有礼貌，虚心向别人学习，严格要求自己。雷锋是个很听话的同志，领导的教育，他都记在心里。有时也有些过分，有一次到兄弟部队作报告，首长请他一块吃饭，他饭也不吃，小车也不坐，像也不照，弄得这个单位的首长也很为难。像这样的事，雷锋也如实地向领导汇报，听取领导的意见。雷锋就是这样严格按照毛主席“虚心使人进步，骄傲使人落后”的教导去做的。

为了使雷锋有更多的机会向人民群众学习，领导上让雷锋参观工厂、支援公社、访问先进人物，担任小学辅导员，瞻仰烈士陵墓，参观博物馆等，并推选他为抚顺市人民代表，这些活动对雷锋都有很大教育。有一次雷锋到人民公社参加劳动，在休息时帮助房东扫院子、担水，出乎雷锋意料，做这点小事，却使房东老大爷乐得不得了，赞扬雷锋说：“多好的队伍，多好的孩子啊！”雷锋亲自享受到人民群众对解放军的热爱，使他越发热爱人民群众，以后不论到哪里，他处处助人为乐，扶老携幼，在乘火车的时候“好事做了一火车”等等动人事迹，大家都是很熟悉的。全面了解雷锋以后，就可以看出雷锋随时随地都是在一点一滴地按照毛主席的教导“毫不利己，专门利人”、“关心党和群众比关心个人为重，关心他人比关心自己为重”去做的。而且做得很认真，一丝不苟，一点也不打折扣。

1961 年 8 月间，雷锋作为部队代表，参加了抚顺市第四届人民代表会议。他在会上见到了六位六七十岁的老大娘，也参加会议，谈论国家大事，对雷锋启发很大，觉得他们这样大年纪，还精神焕发管理国家大事，我这样年轻就更应当为国家出力。基于这种心情，雷锋给她们倒水、端茶，上楼、下楼也要扶着她们。这次会议，雷锋看到了群众的智慧，看到了群众的干劲，对人民也就更加热爱了。还有这样一件事：在运输连菜地的旁边住着一位 60 岁的张大娘，她儿子参加志愿军在抗美援朝战争中牺牲了。他们在劳动休息的时候，顺便到这家看了看，雷锋也去了，当时了解到她是烈属。老大娘对军队很好，时间一长就熟了。1960 年底，连队进行拥政爱民教育，连里提出了个要求：开展人人为群众做一件好事的活动。雷锋就去帮助张大娘扫了院子，担了几担水，以后经常去干这干那。大娘有了病，雷锋带些东西去看望，很关切。有一次大娘跟雷锋谈起她的儿子在朝鲜白云山一个高地争夺战中牺牲了，老大娘说："我的儿子很有出息，为人民出了力，现在你们这些孩子都很年轻，要好好干。"大娘的话，教育了雷锋，雷锋也就更加热爱大娘，帮助大娘做事也就更多了。当这位大娘知道雷锋牺牲的消息后，很难过。她是一个刚摘掉文盲帽子的人，亲笔写了一张悼文来到部队，对着雷锋的遗像，一字一泪地说："孩子，大娘再也见不到你了，你对大娘太好了。大娘永远也忘不了你，你真是毛主席的好战士。"

以上就是我们对雷锋培养教育的一些情况。现在汇报第三部分，从雷锋成长的过程中，给了我们以下的教育和启示。

一、给我们的第一个启示是四个第一的威力。雷锋这个典型的出现，是四个第一的结果。四个第一是根据毛主席的历年来指示和军队的实际情况提出来的。坚持四个第一，就是高举毛泽东思想红旗，在一切工作中，坚持用毛泽东思想挂帅。这是军队政治工作的方向，也是军队建设的方向。四个第一一经贯彻和落实，就会发生巨大的威力。实践证明只要按照党中央、毛主席、军委和上级的指示办事，方向就明确，部队就朝气蓬勃，新人新事就大量涌现。雷锋入伍时间不长，很快成长起来，就证明了这个问题。雷锋每前进一步都是在中央、军委号召之下，在党的培养教育下，通过不断的政治思想教育提高的。特别是通过学习毛主席著作武装了雷锋的头脑，通过以忆苦、对比为中心的阶级教育，使雷锋懂得了团结的力量，集体的力量，养成了严格的组织纪律观念，使雷锋终于成为一个伟大的无产阶级革命战士。

雷锋这个典型的出现，使我们深深认识到大抓活思想的重要性。军委扩大会议《关于加强军队政治思想工作的决议》指出："应当把思想工作当作政治工作的突破口"，萧副主任在1961年全军政工会议的报告中指出：抓活思想的关键是抓好两头。雷锋就是抓两头的结果。我们在实际工作中，一方面需要抓上头的，即党的方针、政策和上级的指示、命令；另一方面要抓下头的，即部队的思想动态、实际问题，并且把这两头结合起来。雷锋这个典型正是这样，他一方面是党的方针、政策和上级指示、要求的具体体现，另一方面又是认真贯彻上级指示精神的结果。宣扬雷锋，就是把党的方针、政策、上级的指示、要求，通过典型人物更加具体化、形象化了。

二、抓典型是个活的领导方法。

宣扬雷锋，使我们深刻认识到罗总长指示的用典型指导工作这一种活的领导方法的重要性。用先进典型教育青年战士，实质上，也就是用生动、具体的毛泽东思想教育青年战士。树立典型，开展比学赶帮活动，是促进革命化的一个重要方法。典型，人们看得见，摸得着，最有说服力，最容易被人们接受，最容易激发人们的上进心。我们过去工作一般化的毛病比较突出，一般号召多，具体指导少，抓消极的东西多，抓积极的东西少，批评多，表扬少。通过雷锋这个典型，使我们认识到用一般指导一般还是一般，用典型指导一般才能突破一般的道理，进一步认识到了在点上下功夫，在面上见效果的道理。宣扬了一个雷锋，出现了千万个雷锋式的人物。从我们团里来讲，学习雷锋，向广大官兵进行毛泽东思想的教育，也是规模最广、影响最深、效果最好的一次。当然我们对雷锋的认识也是逐步加深、逐步提高的。大体上可分为三个阶段。开始我们对雷锋只是作为一般的好人好事进行宣传，这是第一个阶段，这个阶段虽然也起了一些积极的作用，但印象不深，阻力很大。第二阶段是雷锋寄钱支援公社和灾区，特别是部队“两忆三查”教育运动以后，我们对雷锋的认识提高了一步，雷锋同志那样毫不利己、专门利人，处处关心同志、关心集体、关心国家的高贵品质，不愧是毛主席的好战士，把雷锋作为一个典型进行了宣扬。第三个阶段是主席题词，号召我们向雷锋同志学习，学习他平凡而伟大的共产主义精神，学习他憎爱分明的阶级立场，言行一致的革命精神，公而忘私的共产主义风格，奋不顾身的无产阶级斗志。以后，才提高了我们的思想，开阔了眼界，使我们受到了一次极为深刻的教育，加强了我们对雷锋这个伟大的共产主义战士的全面认识。

三、从对雷锋的培养教育中，我们感到具体工作上，要做好以下几点：

毛主席历来教导我们，在工作方法上，要培养典型，树立旗帜，突破一点，推动全盘，可是，我们过去体会得不深，贯彻执行得不够。主要原因是我们对培养典型、树立旗帜的目的性还不够明确，因此，工作跟得不紧，故使一些典型、模范巩固得不好，通过以往的教训和雷锋的成长，我们感到要使典型保持光荣，发扬光荣，不断前进，还要做好以下几个方面：

第一，首先要选好苗子，这就是通过群众许多细小而具体的工作，大量涌现出来的好人好事中，选拔阶级基础好，思想觉悟高，事迹突出，群众公认，经得起考验的先进人物，作为典型积极培养。这里，苗子是不是好，要认真地进行调查，而且要由水平比较高的领导同志亲自调查，调查以后再宣扬。我们发现雷锋以后，于1960年10月曾派人到雷锋家乡进行过调查，但调查得不细，主席题词以后，1963年3月份，军区工程兵政治部又派人调查一次，用了一个多月的时间，找了当事人，把所有事实都进行了核对。

第二，典型的旗帜要鲜明，要大力扶植大力支持，积极培养。宣传中要严肃认真，实事求是，不能讲过了头；宣传中既要宣扬他们的先进事迹，更要宣扬他们的先进思想品质。在这些问题上，我们都有教训。在开始宣传时，由于领导上审查不严，曾发生过一些问题，例如：对雷锋家被剥削、压迫最厉害的是地主唐四滚子，在我们过去宣传上说成主要是地主唐老三了。

雷锋有过一段孤儿生活，曾砍过柴火、要过饭，浑身被蚊子、毒虫咬得长满了疮，要不是党的解放，他确实很难生活下去。根据雷锋这一段孤儿生活，我们过去一些搞宣传的同志掌握分寸不够，说雷锋吃的多半是野菜，穿的是树皮树叶等。这些虽然不是本质问题，也无损雷锋这个英雄人物，但曾起过一些不好的作用。开始在部队宣传也只是宣传雷锋的事迹多，宣传先进思想不够，所以开始阻力很大，如说“二百元起家”，“不过是几个破牙膏皮、破袜子，没有什么可学的”等等，但是一宣传雷锋的先进思想，这些认识问题就得到了解决。在宣传的范围上必须从下到上，从小到大，这样才能有群众基础。

第三，要严格要求，大胆使用，锻炼他们，使他们经得起风吹雨打，在各种情况下都能过得硬。雷锋的事迹宣扬以后，雷锋应邀外出活动很多，前后约半年多的时间。雷锋是个汽车兵，驾驶技术跟不上，怎么办？有两种意见，一种意见主张叫雷锋去工兵连队，调离运输连，理由一是怕雷锋开车出事故，一是技术跟不上，评不上五好战士。另一种意见是坚决叫雷锋在艰苦环境中锻炼，苦练驾驶技术，不仅思想红，而且要技术能过硬。事实证明，雷锋的驾驶技术提高很快，车开得很好，他只用了五个多月的时间，完成了部队八个月的科目，被评为五级驾驶员，二级技术能手。他还总结出了防止发生事故的五个字"十快九出事"写在驾驶室里，至今成了运输连和雷锋班行车安全的警语和座右铭。

第四，要抓住不放，一抓到底，不断地总结提高和推广运用他们的经验，树立榜样，开展比学赶帮活动。向雷锋学习，主要是学习他先进的思想，高贵的品德，学习他的经验，因此积累材料，帮助他们不断地总结经验非常重要。比如帮助他总结过学习毛主席著作的经验、当好班长的经验、创造四好班的经验、管理教育工作经验等等。运用典型，一个典型出现了，经常到外边作报告，在连队工作的时间就少了，在本部队宣扬时，就感到都是一些过去的事，没有什么新东西，因此，意见就出来了。我们遇到了这个问题，一方面是抓住典型的先进的思想品质，大力宣扬，扩大思想影响，扩大教育效果，这样，必然会出现更多的先进人物和先进事迹；另一方面，要向部队作些必要的解释工作，主要是说明整体与局部的关系。因为典型外出宣传报告，超出了本单位的范围，影响更大，作用更大，当然也要适当控制外出，不能离队太久。

第五，党委负责，专人帮助。对雷锋我们党委除经常研究对他的培养外，并指定我们一位常委委员专门帮助教育他，连里是支部负责，指导员专门帮助他。当他们有成绩的时候，要看到他们的缺点；当发生了问题的时候，要大家勇于担担子，并积极帮助他们克服缺点，鼓励他们增强勇气，树立信心。使他们在成绩面前不自满，在缺点面前有方向，始终保持谦虚谨慎的态度，不断前进。

首长和同志们，自从我们伟大的领袖毛主席发出“向雷锋同志学习”的伟大号召，我团和全军、全国一样，掀起了学习雷锋的高潮，部队的精神面貌起了巨大的变化。现在学习雷锋的活动正在更深入更广泛更持久地发展着。我们决心把雷锋的革命精神接过来传下去，在党和上级的正确领导下，更高地举起毛泽东思想的伟大红旗，继续坚持四个第一，贯彻三八作风，开展四好连队运动。我们的工作做得很不够，与兄弟部队相比差距很大，我们一定要向兄弟部队学习，向地方学习，我们决心把地方的先进经验、好作风、好方法学到手，为创造更多的好八连式的、硬骨头六连式的四好连队，培养出更多的雷锋式的五好战士，为加速我军非常无产阶级化、非常战斗化的建设而奋斗。

今天向首长和同志们汇报就到这里，有不当之处请批评指正。

选自戴明章编著：《回忆雷锋》。

第四章

特邀代表　会内会外 螺丝钉闪金光

（1962年2月19日～1962年2月27日）

1962 年2月19日～1962年2月27日，雷锋同志以特邀代表的身份，出席沈阳军区首届共青团代表会议，并被选为大会主席团成员。

会议虽然才短短9天，却对雷锋的成长进步具有重要意义。

会议期间，沈阳军区杜平副政委同雷锋亲切交谈，雷锋激动地对杜平副政委说："首长，我一辈子也忘不了党和毛主席哺育我长大成人的恩情，忘不了部队首长对我的关怀和期望。我一定要更好地为党为人民工作，把我的一切献给党，永远做毛主席的好战士。"雷锋在会上所作《我是怎样从一个苦孩子成长为毛主席的好战士》的报告，催人泪下，催人奋进，引起了到会500余名代表和近1000名旁听者的强烈反响。

2月25日，出席会议的代表与沈阳市各界青年3000余人分两个场地举行联欢。联欢前，雷锋同其他几位特邀代表一起，受到辽宁省委第一书记黄火青、第二书记黄欧东、沈阳市委书记吴铁鸣、副市长宋光、杨天放和沈阳军区及其领导机关首长赖传珠上将、曾绍山中将、杜平中将、刘贤权少将、吴保山少将、李伯秋少将、李桂林少将等的接见。联欢会开始后，雷锋作为部队的代表在大会上讲话。他表示要听党和毛主席的话，鼓足更大的革命干劲，踏踏实实，争取做出显著的成绩来。

出席这次群英荟萃的青年盛会的代表、特邀代表和青年干部有550多人。代表中，有特等射手雷凯、何兴通，技术能手李树春，知识青年战士邢连元，生产干部廖百世，热心为伤病员服务的军医董蕙兰等。特邀代表中，有模范指导员常恩举，学习毛主席著作标兵廖初江，"活的罗盛教"黄治富，毛主席的好战士雷锋，"海上花木兰"女民兵连长文淑珍，"一颗不生锈的螺丝钉"刘思乐，神枪手王元朝等。期间，雷锋不仅在会上聚精会神地聆听代表们的发言，还在饭前饭后做起服务员和炊事员，而且，还经常与其他代表谈心，虚心求教。他与刘思乐等同志关于"做永不生锈的螺丝钉"的讨论，客观地看，肯定促使雷锋对螺丝钉的作用和意义做了更深入的思考，并写在1962年4月17日的日记中。这绝对是雷锋继少年时期听望城县委书记张兴玉给他讲螺丝钉的故事，1960年1月12日又读了那篇"讲了许多向困难做斗争的道理"的文章，并抄下关于螺丝钉作用的日记之后，对螺丝钉所蕴含的人生哲理的更深刻的理解。

在这次会议上，雷锋被授予“毛主席的好战士”称号。

读者可通过读刘思乐、任宝林、宋清梅等同志的回忆录，看到雷锋在会内会外那颗“螺丝钉”的熠熠光辉。

“做一颗永不生锈的螺丝钉”

——忆雷锋对“螺丝钉”精神的谈论

刘思乐[①]

“……螺丝钉虽小，其作用是不可估量的。我愿永远做一个螺丝钉。”雷锋在日记中写下的这一闪光的语言，是他崇高的思想火花。

“做一颗永不生锈的螺丝钉”，这是无产阶级崇高革命理想与脚踏实地求实精神的生动体现。在整个机器上，螺丝钉虽小，其作用却不小，“螺丝钉”精神就是把自己的学习、工作、生活同共产党人的远大革命理想紧紧地结合起来，勤勤恳恳忠于职守，在岗位上把自己献给时代，甘心情愿地做普通平凡工作的革命精神。雷锋同志勤奋学习，刻苦钻研技术，干一行，爱一行，专一行，行行都是先进生产者、标兵、红旗手，他大事着眼，小事着手，公而忘私，奋斗不息，把有限的生命投入到无限的为人民服务之中去，他的一生，正是革命“螺丝钉”精神的生动写照，为后人谱写了一首“螺丝钉”赞歌。

我是沈阳军区炮兵，原5040部队炊事班长。现部队改番号为31816部队（炮十师）。

1962年2月19日，是我永远难忘的日子，这天，我有幸与伟大的共产主义战士雷锋共同参加了沈阳军区首届共青团代表大会，会上我与雷锋等同志被推选为大会主席团成员。在那次会议上雷锋被授予“毛主席的好战士”，我被授予“一颗不生锈的螺丝钉”称号。大会闭幕以后，我与雷锋、雷凯、任连付等同志组成了沈阳军区青年演讲团，巡回为军民报告，同住在沈阳军区第一招待所316房间，恰巧和雷锋床挨床住

① 刘思乐：原沈阳军区炮兵5040部队炊事班长。

着。一天晚上我与雷锋一起学习《为人民服务》，共同讨论人生价值。雷锋看了我的发言稿，带着商讨的口气说：“你那做一颗不生锈的螺丝钉的标题，要是加上一个‘永’字该多好啊！这样既生动又感人，又鞭策自己。做一个永不生锈的螺丝钉，是无产阶级勇于进取，不断前进精神的形象表达。”我点头称是，顺手递过笔去，只见雷锋认认真真地在我演讲标题的“不生锈”前加进一个“永”字。从此，“做一颗永不生锈的螺丝钉”成了我终生的奋斗目标。

当我谈到1959年，我把做一颗不生锈的螺丝钉当做自己的人生选择时，有人说：“螺丝钉”的理想是“小不点”，太不伟大。1961年我在大街上遇到几个学生，他们在街头议论我是叫刘思乐，还是叫“螺丝钉”，发生了争执。其中一个胆子大的学生跑到跟前问我：“解放军叔叔，他们说你叫‘螺丝钉’，对吗？”我说：“你告诉他们，在中国‘螺丝钉’现在我可是单名独姓，这个名字还没有人冒名顶替呢。当‘螺丝钉’有啥不好？你看万吨巨轮、高飞的银燕、飞奔的列车，哪一个不都是有千万个螺丝钉连接组成的，虽然它和轰轰的机器相比，似乎微不足道，但没有螺丝钉的连接固定，哪一辆机车也不能疾驶前进。对不？”小朋友听了螺丝钉的作用，又顽皮地叫我“螺丝钉”叔叔：我们长大了，也要向你一样，做一颗“螺丝钉”。

我对雷锋说：“从1959年至今，演讲做一颗不生锈的螺丝钉也有上百次了，有些听我演讲的人，忘了我叫刘思乐，却记着我叫‘螺丝钉’，弄得我在街上一有人叫螺丝钉，我都要回头张望。”

雷锋听到这里，高兴地说：“这是一种政治荣誉，祖国建设正缺少你这种螺丝钉呢，说真的，我真羡慕你有一个‘螺丝钉’的名字，让我们携起手来，做一颗永不生锈的螺丝钉吧！”

我说：“你在不生锈前加的那个‘永’字，真是值千金啊！我和你一样都是从旧社会过来的，只读了两年书，做一个永不生锈的螺丝钉在理论与实践的结合上很有探讨价值。我正要向你请教，怎样当好螺丝钉呢？”

雷锋满怀无产阶级革命豪情对我说：“要做一个品格如螺丝钉一样的人，最重要的是要牢记我党全心全意为人民服务的宗旨，和树立毛主席教导的，要全心全意为人民服务的思想，把热爱党、热爱人民的一腔热血倾注在自己所担负的工作上，在岗位上创一流，多做贡献。”当我谈到，有的人说“我爱干什么就干什么？不当螺丝钉，不当砖，不当黄牛把套拴”时……

雷锋说：“螺丝钉的可贵，在于他默默奉献，我赞成不愿当元帅的士兵不是好士兵的话。人活一世总要有一个较高的奋斗目标，但不是每一个人的奋斗目标都能实现，在社会主义建设时期，人们选择自己发展道路的时候，总要受到社会发展阶段各种条件的制约和影响。我们部队是一个军事集团，有保卫祖国的特定任务。安排你干的工作，有很多不符合自己的兴趣，有的工作累一点，脏一点，学不到什么技术，如果这山望那山高，都不安心分内工作，部队哪还有战斗力，怎样赢得反侵略战争的胜利?”

我说：“一个人如果不顾客观条件而依旧抱着个人的算盘不放，必然会自怨自艾，毁了自己，把自己比做元帅，当不上时有埋没的痛苦；还是把自己比做螺丝钉好，在生活中到处都有自己的位置。”

雷锋接着说：“世界上一切大的和好的东西，全是由小的，不显眼的东西组成的。社会上大量的事是要做那些看来很平凡的工作。热爱平凡岗位的人，同样是最光荣的人。如同工人做工，农民种地，服务行业的补鞋、理发、养猪、做饭，如果没有这些平凡而艰巨的劳动，如果没有千百万人民群众的革命实践，就没有伟大的事业。伟大出于平凡，平凡孕育伟大。我们所做的行行业业，都和伟大的共产主义事业紧密相连。依我看，只有热爱自己岗位的人才能把阶级的利益，革命的利益看得高于一切，把为人民服务看做最大的幸福和快乐。无保留地把自己的青春献给人民的人，才配得上‘螺丝钉’称号。甘当螺丝钉的人，是属于那些为共产主义自觉奋斗的人。”

当我向雷锋请教怎样才能做到永不生锈时，雷锋说：“一个革命者，不仅要有为人民服务的思想，还要有为人民服务的本领。党要求我们做又红又专的人，不认真学习专业知识，没有干革命的真本领，当炮手的打不中目标，驾驶员不会排除车辆故障，炊事员做的饭菜大家都不爱吃，就不能在反侵略战争中发挥作用。”

我说："在我们的时代，只甘当螺丝钉是不够的，而应该启发人们自强不息的精神，在自己的岗位上创造性地工作，中国缺少的不只是拧在哪里都没有怨言的'螺丝钉'。应该给'螺丝钉'加上科技的翅膀，让每个人都在自己的岗位上做出更大的贡献。"

雷锋说："一个革命者要有远大的共产主义理想，既要树立全心全意为人民服务的思想，还要掌握为共产主义奋斗的能力，依我看，'螺丝钉'精神就是牢记为人民服务宗旨，把个人理想置于祖国的需要上，热爱岗位，干一行，爱一行，专一行。科学技术是为人民服务的本领，螺丝钉与科技相结合，'螺丝钉'才能最大限度地发挥作用。螺丝钉作用的大小，要看每个人所掌握的科学技术和本领。"

最后雷锋深情地说："就是到了共产主义。也少不了服务行业，'螺丝钉'精神不仅是我们这一代的需要，而且应该代代相传，在五彩缤纷的世界上有一条螺丝钉之路。"分别时雷锋在我的纪念册上写着："让我们携起手来，做一颗永不生锈的螺丝钉。"

三十多年来，我几乎在所有的时间里都在急切地探讨"螺丝钉"队伍的成长和发展，筹划未来，寻找振兴螺丝钉之路。"螺丝钉"几经政治风云变幻，"螺丝钉"几起几落，在那个一切向钱看的高潮时期，我始终坚持传播"螺丝钉"精神。社会主义祖国这部机器，需要一支甘当革命"螺丝钉"的队伍。社会主义现代化是一个十分复杂的工程，它要求各条战线、各行各业互相配合。在我们的时代，一切社会需要的工作都是光荣的、重要的，只是社会分工不同，没有高低贵贱之分。应当承认在具有比较现代化设备的关键性行业中，为祖国服务固然十分重要，但如果没有其他比较平凡、比较艰苦的工作相配合，那些关键性行业就很难独立发挥作用，也就不成其为关键了。正像一部机器，是由许许多多的螺丝钉组成的，少了一颗螺丝钉也不行。因为一切为社会创造财富，一切为他人带来方便和温暖的工作、职业，都是高尚的和值得尊敬的。只要我们进行诚实的、创造性的劳动，无论是什么岗位，都可以为社会和祖国做出较大的贡献。正像人们所说的"行行出状元"，你看那些在农村带头勤劳致富，走上共同富裕的新一代农民，那些在艰苦工矿企业第一线为祖国创造财富的产业工人，那些在各条战线、各行各业为科技进步和经济建设做出卓越贡献的知识分子和科技人员，那些被喻为“城市美容师”的清洁工，全心全意为顾客服务的理发师、修脚工，为什么受到了社会和人们的尊重。正是因为他们服务于社会需要，兢兢业业地干好本职工作，实实在在地为人民做出贡献。与此相反，那些在职业上“挑肥拣瘦”，整天搞自我设计，整天在“我”字上打圈子的人，自然就得不到社会的尊敬。

今天，建设有中国特色的社会主义跨世纪工程伟大而艰巨，改革开放大潮下，沿海经济发展较快的地区，大中城市需要人才；许多偏远、贫困、经济落后的地区更需要大批有理想、有抱负的青年去开发，去建设。没有千千万万个具有“螺丝钉”精神的有志之士的艰苦奋斗，社会主义经济怎能飞速发展？人是要有点“螺丝钉”精神的，让我们投身于雷锋倡导的“螺丝钉”之路中去，把个人的前途与祖国的命运紧紧地结合在一起，到祖国最需要的地方去建功立业！

三十年来，一代一代的青年人，高唱愿当革命螺丝钉的赞歌，投身到雷锋倡导的“螺丝钉”之路，一支甘当革命螺丝钉的队伍，脚踏着雷锋的足迹，奔赴基层、奔赴边疆、奔赴到祖国最需要的地方，为祖国的富强和人民的幸福，谱写了一曲又一曲动人的青春乐章。

三十年来，雷锋的谈话和赠言，一直激励着我学习、工作和生活。如今，在社会主义建设的征途中有一支螺丝钉的队伍，这支队伍里闪耀着千万颗像雷锋一样闪闪发光的“螺丝钉”。我可以坦然无愧地告慰九泉之下的战友——雷锋，我仍是“螺丝钉”队伍里的一名排头兵。

附诗一首：

“螺丝钉”精神代代传

我有一张英雄的照片，
时时刻刻珍藏在我的身边，
伟大的共产主义战士——雷锋，
永远活在我的心间。

1962 年春天，
沈阳军区授予我称号
——一颗“不生锈”的“螺丝钉”，
雷锋在“不生锈”前把“永”字添。
一字千金忙请教，
永不生锈怎样干？
雷锋说：——思想红、还要技术精，
能说能干做贡献，
螺丝钉与科技融一体，
螺丝钉闪光更鲜艳。
从此啊，我踏着雷锋的脚印，
处处以雷锋为典范；
清晨我与雷锋一起打扫卫生，
厨房里洗刷盆碗；
夜晚同坐在灯下学马列，
用“钉子”精神刻苦钻；
像雷锋那样听党话，
把握好革命方向盘；
斗争中想起雷锋心明亮，
困难时对比雷锋斗志坚。
改革开放换新貌，
四化征途雷锋给我把劲添。
出类拔萃练精兵，
岗位成才做贡献。
永不生锈螺丝钉，
“螺丝钉”精神代代传。

1993 年 7 月 13 日，于河南孟县

选自戴明章编：《回忆雷锋》。

珍贵的赠言

——回忆和雷锋同志的一次交往

任宝林[1]

“我觉得，一个革命者活着就应该把自己的毕生精力和整个生命为人类的解放事业——共产主义全付（部）献出。”这是雷锋同志 1962 年 2 月 24 日给我写在日记本上的赠言。三十多年来，我一直把这珍贵的赠言珍藏在身边。它激励着我工作、学习和生活。

今天，重温当年雷锋同志的赠言，回忆三十多年前和雷锋同志在一起的往事，心情格外激动。

特邀代表——“编外服务员”

我第一次见到雷锋，是在 1962 年 2 月 18 日。那天下午，我作为沈阳军区首届共青团员代表会议的代表，到沈阳军区招待所报到。听同志们说，出席这次会议的除正式代表外，还有十几位特邀代表，其中有董存瑞烈士的战友郅顺义等老战斗英雄，有雷锋等青年英模人物。听到这一消息，我非常高兴，渴望能尽快见到雷锋。

开饭铃响了，我们进入餐厅。刚刚落座，就见一位年轻的身穿整齐的军装、佩中士领章的战士端着托盘来到桌前。他个头不高，身形略显瘦削，却精神抖擞，充满青春的活力。他颔首微笑着，用热情亲切的目光同大家打着招呼，熟练地把几盘菜摆在桌上，迅速端着托盘

① 任宝林：原炮兵某部副班长。

走向另一张餐桌。这时，邻座一位同志低声告诉我："这就是雷锋，他走到哪里，就是哪里的编外服务员。"我的脑子里顿时闪过当时广为传诵的雷锋的名言："对待同志要像春天般的温暖，对待工作要像夏天一样火热……"望着雷锋同志忙碌的身影，我想，这不正是这格言的化身吗？

远大的理想与"螺丝钉"精神

见到雷锋同志以后，仰慕之情更加强烈，一直想专门去访问他。但是，会议日程安排得很紧，中午 1 小时休息时间，雷锋大都忙于帮食堂刷锅、洗碗、打扫卫生。晚上集体活动以后，他又忙于访问其他英雄模范人物。这样，一直到第 5 天，即 2 月 24 日晚上 10 点多，我与刘思乐同志才一起访问雷锋。雷锋热情地接待了我们。

这里需要介绍一下刘思乐同志。他现在河南省孟县关心下一代工作委员会办公室工作，1990 年 5 月 11 日《人民日报》报道了他的事迹。当时他是沈阳炮兵某部战士。他入伍两年，当过炊事员、饲养员，先后改行 18 次，每干一行，都很快成为那一行的尖子，被誉为"一颗不生锈的螺丝钉"。这次团代会，他以"做一颗永不生锈的螺丝钉"为题作了典型发言。

雷锋同我们的谈话，就从做一颗永不生锈的螺丝钉开始。他诚恳地表示要学习刘思乐同志甘当螺丝钉的精神。他说，一个革命者既要有远大理想，又要有实干精神。这远大理想就是共产主义，每个共产党员、共青团员，都应该时刻胸怀这个大目标。实干精神，就是要干一行，爱一行，像机器上的螺丝钉那样，拧在哪里就在哪里闪闪发光，永不生锈，永不松动，保证革命事业这个"大机器"的运转。回忆那天晚上访问雷锋时，雷锋对我说："我们都来当个永不生锈的螺丝钉好不好？"我当即说："好，我一定好好向你们学习！"

刘思乐对雷锋说："我决心当一颗永不生锈的螺丝钉，可也有人说，把当螺丝钉作为理想，太渺小，我正想请教您对这个问题的看法呢！”

雷锋说：“我觉得把螺丝钉作为人生位置的代词，比喻全心全意为人民服务的精神，既形象，又贴切。一颗颗螺丝钉联结着大大小小的机件，使机器成为一个坚实的整体，它的作用和价值是不可低估的。没有每时每刻都在发挥作用的螺丝钉，机器就不能运转。同样，社会主义事业这部机器的运转，需要在各个岗位上的人坚持不懈地做出贡献。”

我问雷锋：“有人认为，螺丝钉虽然不可缺少，但总不像其他机件那样有分量，那样引人注目。好像提倡当螺丝钉，就会影响对人生最大价值的追求。应该怎样认识这个问题呢?”

雷锋说：“我认为螺丝钉的特点就是不计地位，不计报酬，立足岗位，无私奉献。它不为岗位平凡而自卑，只为自身能融于集体之中而自豪；它不为默默无闻而感到吃亏，只为产品源源不断地走向社会，满足人民的需求而欢畅。这是多么高尚的品格啊！从这个意义上说，‘螺丝钉’精神是一种崇高的奉献精神。社会主义事业是由各个部分组成的，各个部分都是大大小小的集体，而每个人在各个集体中，就是一颗螺丝钉。一个人不管能力高低，作用大小，都不能离开集体而存在。只有把自己融于集体之中，人民之中，才能发挥巨大作用。从这个意义上说，‘螺丝钉’精神又是一种光辉的集体主义精神。只有这种集体主义和无私奉献的精神，才是最大的人生价值。”

刘思乐说：“有人认为螺丝钉好当，不用操心费力，叫干什么干什么就是了。应该怎样认识这个问题呢?”

雷锋说：“这种看法太片面、太狭隘了。您在报告里讲得好，当螺丝钉就是要干一行，爱一行，专一行，拧在哪里在哪里闪闪发光。要‘爱’、‘专’、‘闪闪发光’，就要如饥似渴地学习，努力掌握本行的业务，做好本职工作。您当炊事员、饲养员，掌握了技术，做好了工作，被人们称为不锈的螺丝钉。我练投弹，练射击，练驾驶技术，也深深体会到掌握一门为人民服务的技能，非下苦功夫不可。我们建设社会主义，离不开先进的科学技术，需要各种有专长的人才。从炊事员、驾驶员到科学家，只有掌握了工作需要的知识和技能，才能成为各个岗位上合格的螺丝钉。螺丝钉的作用发挥好了，社会主义建设事业这部大机器才能运转得好，我们的国家才能繁荣昌盛，为人类做出更大贡献。”

我说：“咱俩这次访问您，变成了‘螺丝钉’精神研讨会啦！我可要打破砂锅问到底啊。雷锋同志，请您谈谈当好螺丝钉和共产主义理想的关系好吗？”

雷锋说：“我认为两者是理想和行动的关系。每个共产党员和共青团员都要有为共产主义事业奋斗的远大理想，又要有奋不顾身、无私奉献、当好螺丝钉的实际行动。我十分尊敬董存瑞、黄继光这些为人民英勇献身的英雄，十分尊敬为社会做出巨大贡献的卓越人物和先进模范人物，也同样尊敬那些在平凡岗位上忘我工作、从不计较个人名利地位的平凡的人。伟大出于平凡，没有平凡的工作，就没有伟大的事业。革命战争的胜利，是靠广大指战员一个一个地消灭敌人，一寸一寸地夺取阵地积累起来的。社会主义建设事业的每一项成就，是靠一件件具体工作的圆满完成取得的。共产主义事业是人类历史上最伟大的事业，要经过若干代人的努力奋斗，完成无数具体工作才能实现。只有通过若干代人千千万万个‘螺丝钉’，坚持不懈地做好一项项具体工作，才能把共产主义理想变为现实。‘螺丝钉’精神不仅我们这一代要发扬，而且应该代代相传。在五彩缤纷的世界上，有一条螺丝钉之路，我们就下快心共同走这条路，你们说好不好？”

我们都兴奋地表示赞成，并请雷锋同志题写赠言。雷锋在刘思乐的纪念册上写道：“让我们携起手来，做一颗永不生锈的螺丝钉！”在我的纪念册上写道：“我觉得，一个革命者活着就应该把自己的毕生精力和整个生命为人类的解放事业——共产主义全付（部）献出。”

三十多年来，雷锋的谈话和赠言一直激励着我们的工作和生活。为社会主义和共产主义奋斗，做一颗永不生锈的螺丝钉，成为我们坚定不移的信念。

聆听雷锋同志的报告

这次会议是“团代会”，大会典型发言的都是优秀团员。雷锋同志是以特邀代表身份出席会议的党员，原来没安排他发言。但是代表们都盼望能聆听雷锋同志讲话。大会主席团十分理解代表们的心情。大会典型发言结束后，主持会议的军区首长宣布：根据各代表团的要求，请雷锋同志讲话。会场顿时响起热烈的掌声。

雷锋同志的报告没有讲稿，我当时做了记录，后来在同志间流传时丢失了。但是，由于这次报告十分感人，给我留下的印象特别深刻，至今记忆犹新。报告中一些精辟观点，我当晚写入日记，进一步加深了记忆。

雷锋这次报告的主要内容是讲自身的成长过程。他在讲到旧社会的苦难经历时，声泪俱下，会场上充满悲愤气氛。他在讲到解放后的幸福生活时，字字句句洋溢着对共产党、毛主席和社会主义的热爱，会场气氛也顿时活跃起来。他在谈到自己成长进步的体会时说，入伍后，一个大个子战士说他个子小，身体弱，没什么用处，两人进行了“个子高了好还是矮了好”的争论。这无关紧要的争论，引起他对人生观的严肃思考。他反复学习毛主席著作《纪念白求恩》，领悟到，一个人的能力有大小，天赋条件也各不相同，但是只要做到“毫不利己，专门利人”，就能使自己变得高尚，活着就有意义。只有尽自己的能力为大家谋幸福，自己才有真正的欢乐和幸福。

27 日晚，会议结束，我去和雷锋同志话别，雷锋拉着我的手鼓励我继续做好工作，做毛主席的好战士。

三十多年过去了，雷锋同志的音容笑貌和那充满真挚感情又富有哲理的话语，以及给我的珍贵赠言仍然清晰地留在我的记忆中。

1993 年 11 月，于河北故城县

选自戴明章编著：《回忆雷锋》。

和雷锋相聚在沈阳军区

——首届团代会前后的日子里

宋清梅[①]

1962年2月18日，是我一生中最难忘的日子，我被全团共青团员选为出席沈阳军区首届共青团员代表大会的代表。特别是又和特邀代表雷锋同志一起参加这次大会，感到非常激动，特别高兴。在近十天的会议中，雷锋的一言一行都给我留下了极为深刻的印象，可以说：这是我人生道路上的一个重要里程碑，也是我做好工作，干好事业，当好一个兵的新起点。他的行为、他的思想、他的为人、他的精神，每时每刻都在激励我成长、进步。

1962年2月16日上午约9时，在团部刘家乐副政委办公室见到了雷锋。当刘副政委讲了参加沈阳军区首届团代会的意义，并提出了希望和要求后，雷锋特别亲切地和我握了握手，说：我们这次去一定要好好学习，不辜负首长和全团共青团员对我们的期望和要求，并和我一起商定了到车站的时间和车次。说实在的，在这之前我曾几次听过他的事迹报告，平时也多次见到过，但都没有说过话，这次时间虽短，但他那种热情和真诚的态度，给我留下极美好的印象。

1962年2月18日下午2点，雷锋比我早到车站一分多钟，他先买了火车票。火车到站上车时，他先让其他同志先上，他还帮助两位旅客提东西上车，上车后找了位置坐下（那天车上人不算多），他把挂包放到茶几上，就去帮列车员倒水、擦地，而后坐下来，给我讲了火车几点

① 宋清梅：原雷锋生前所在团战友。

到沈阳，到沈阳走多长时间到军区第二招待所，又问我单独来过沈阳没有，还说到这次参加会的有老英雄模范，也有军区新涌现的先进模范典型，是我们这次学习的好机会。说着，他打开挂包，拿出毛主席著作选读本看了起来，大约看了10多分钟左右的样子，他看我在往外看风景，就问我：你带书没有？我说只带了笔记本和牙具，他接着说：坐火车也是学习的好机会，我们当驾驶员的学习时间太少了，我说：我们工兵连学习的时间也不多，这时，我已感到自己差距所在。

到沈阳军区二所报到住下后，已是下午3点半左右，雷锋说：晚饭前没事，咱们到街上看看，顺便再买点书，我说：那行。出大门不远，经过东北电影院门前时，看见影院上映新戏曲故事片《三打白骨精》，他说："这是个新片子，咱们去看看好吗？"我说："行。"雷锋即向售票处走去，我跟随其后，一问，说票已售完，马上就要开演了。我说："买个站票也行。"售票员说："我们这里从来不卖站票。"雷锋说："看不成了咱们还是上街去。"刚离开要走时，正好遇上两个人退票，雷锋随即付了票钱，我们赶紧往里进，刚找到座位，就开演了。看完电影一出电影院大门，雷锋说：这个电影太好了，政治性、思想性、艺术性都很强，我说：今天这电影看得真过瘾，钱没有白花，水平太高了。一直到睡觉前，对影片的评价成了我们俩的中心议题。雷锋说：看一部电影不仅要看它们演艺水平高低，还要看它对人们思想有何教育。如电影中孙悟空是个英雄好汉，它立场坚定，是非分明，能透过事物的表面现象，看清事物的本质，识破白骨精的阴谋。对敌人不抱任何幻想，坚决斗争到底，直至把敌人消灭。唐僧这个人软弱无能，敌我不分，对敌人抱有幻想，而把好人当成了坏人，结果落入到妖魔之手，要不是孙悟空搭救，他可真的上西天了。还有猪八戒个人主义思想极为严重，干事也不认真，分不清是非，患得患失，也差点断送了自己的性命。沙和尚表现一般，不上不下，站在中间，分不清是非，结果也上了敌人的当。最后雷锋说：这部影片现实教育意义也很大，特别对那些对帝国主义抱有幻想的人是一个极好的教训。我们要学习孙悟空坚定不移的立场，分辨是非的能力，顽强的斗争精神，对敌人恨、对自己人无限忠诚的特性。

随后雷锋拿出日记本说："我得把看电影的感受写出来。"之后，我躺在床上久久不能入睡，我感到雷锋的认识水平、分析能力太强了，自己和雷锋的差距太大了，从此，心里更加佩服雷锋，和雷锋一起看电影这件事在我脑海里打下的烙印也特别深。

18 日晚上我虽然比雷锋睡得早，可第二天早上起床时已不见了雷锋，只见他床上的被子叠得好好的。我立即起床，去找雷锋。当时我想：雷锋肯定是到外面去跑小操去了，还没等我多想，一转弯，就看见雷锋满头大汗，正在帮服务员擦走廊，我看到后也跟着干了起来，然后又把厕所擦了一遍。这时雷锋问我洗脸没有，我说还没有哩！他说：那你赶快洗去，快要开饭了。我说：看你脸上那么多汗，也得洗洗吧！我和雷锋回到房间，雷锋把毛巾打湿，简单地把脸擦了擦说：你洗吧，我先出去一下。待我洗完脸后，吃饭铃声响了，我赶紧去找雷锋，从二楼找到一楼，又找到饭堂，都没找见，正好碰见从外面进来的工程兵青年处长刘波，我问：刘处长，见雷锋没有？刘处长说：没见。我说：都开饭了，不知他上哪去了。刘处长说：他丢不了，一块吃饭去吧。刚一进饭堂，看见雷锋正往桌子上端饭端菜。在近 10 天的会议期间，他每天如此。不过，后来他干的要少一些了，因为每个代表都行动了起来，当然我也不再睡懒觉了，雷锋咋干我就跟着咋干。

会议期间，雷锋比我们这些代表要忙好多倍，因为报社、新闻媒体记者找他采访的，各兄弟代表团及英雄模范找他座谈的，沈阳市大专院校、机关、厂矿请他作报告的络绎不绝。特别是与会代表、院校学生，纷纷拿着最心爱的本子让雷锋签名的，更是接连不断，真是把雷锋忙得不亦乐乎。

沈阳军区首届共青团员代表大会开得很紧凑，要求也很严，白天 7 小时会议安排得满满的，每天晚上集体活动都积极参加。活动结束后，雷锋回到房间要办的第一件事就是签字。他每天签字的任务也很重，多则上百本，少则几十本。雷锋不管给谁签字，都是很认真的，不只是签个名字，而都要写上几句话，而且当天送来的当天必须签完。他要办的第二件事是整理当天的笔记。第三件事是不管时间多晚，他都要坚持学习一会儿。每天他十二点前睡觉的时候很少。

会上，雷锋是主席团成员，又是大会主要典型发言人之一。当他在发言中讲到苦难家史时，他痛哭流涕，泣不成声，感动得会场上所有的人都无不流下痛恨、同情的泪水。军区副政委杜平还亲自把手绢递给雷锋擦眼泪。当雷锋讲到如何学习、如何全心全意为人民服务的先进事迹时，多次被与会代表的掌声所打断。

会议结束的前一天，我请雷锋在我的纪念册上签字留念。雷锋简短地思索了一下，写下这样几句话："亲爱的宋清梅同志，送你几句话，一个革命者，就应该把自己的毕生精力和整个生命为人类的解放事业——共产主义全部献出。"我看后说：太好了，谢谢你的鼓励。雷锋说：这是我们的共同目标。我认为雷锋这个赠言既是对我提出的要求和厚望，也是雷锋对自己要求的真实写照。

在 9 天的会议直接接触中，使我真正懂得了雷锋之所以参军 10 个月就光荣地加入了中国共产党，荣立二等功、三等功，被沈阳军区工程兵领导机关授予模范共青团员、艰苦朴素标兵，成为全军区干部、战士学习的榜样。就是因为他不忘阶级苦，不忘党的培养教育，把党的命运、祖国的前途和自己的命运紧紧地联系在一起，确立了为党的事业奋斗终生的思想；就是他刻苦学习马列主义、毛泽东思想，懂得了怎样做人，为谁活着，把自己的一生全心全意无私地献给人民；就是他从小事做起，点滴养成，在平凡的岗位上做出了不平凡的业绩，受到人民群众的尊重和爱戴。

1962 年 8 月 9 日，新兵连邀请雷锋到连队作报告。当时我在新兵连当班长。开会前我见到了雷锋。我们像久别重逢的亲兄弟一样，相互敬礼、握手后，雷锋掰着手指头说：在沈阳开会到现在快半年了吧！我说：是的，要不是今天请你来作报告，还不知道啥时能见到呢？雷锋接着又很亲切、关心地询问了我现在的工作情况和团代会那些先进个人有无联系，我回答说：从会议后，我就决心以你们这些先进为榜样，学习、工作更加刻苦、积极，我已写了入党申请书，争取早日和你一样成为一个党员；我还说到，我不好意思和那些先进代表通信，因为自己和他们差距太大了。雷锋接着说：争取早日入党是一个革命者的志向和目标，入党的目的就是要把自己的毕生精力和整个生命献给党的事业，献给人民。向先进同志学习主要是使自己看到差距，从而通过努力缩小差距来提高自己，这样才能使自己的思想和行为始终和党一致，这样才能做到真心诚意为党的事业奋斗一生，为人民服务一生。那次我们之间的谈话时间有限，但对我的人生启迪是无限的。使我万万没有想到的是时隔 6 天，也就是 8 月 15 日，雷锋不幸永远离开了我们。我们这次谈话也成了最后的记忆。8 月 17 日我和新兵连 10 位同志，参加了雷锋的追悼会。

忆雷锋、学雷锋，像雷锋那样做人做事，是我无怨无悔的选择。

宣传雷锋，弘扬雷锋精神，让更多的人知雷锋，学雷锋，是我崇高的责任。

与时俱进，振兴邓州，创建“编外雷锋团”是我最大的愿望。

阅读链接 4－1

雷锋 1962 年 2 月 19 日的日记

今天是我永远不能忘的日子。像我这样一个穷孩子，能光荣地参加这次沈阳部队召开的首届团代会，感到万分的激动，能见到上级首长，直接听到首长的报告和指示，更是感到荣幸。首长特邀我参加这次隆重的团代会，并选我为主席团的成员，能和首长坐在一起，能和来自四面八方的英雄模范见面等等，这一切都是我过去做梦也想不到的。我这次参加团代会，既感到高兴，又感到惭愧。高兴的是：有党和毛主席的好领导，全军共青团工作取得了巨大的成就；惭愧的是：我为党和人民做的工作太少了，比起其他的代表，我差得太远了。但是我决不甘心落后。我想，只要听党和毛主席的话，积极肯干，就能为祖国为人民做出许多好事。我相信自己，别人能做到的事，我一定能做到。我决不辜负党和人民对我的期望，决心从以下几个方面努力：

一、永远听党和毛主席的话，党指向哪里，我就冲向哪里，处处以整体利益为重，全心全意为革命工作，勤勤恳恳，踏踏实实，在平凡细小的工作当中，干出不平凡的业绩。

二、好学：我要认真学习毛主席的著作，刻苦钻研技术和业务……决心做个又红又专的革命战士。

三、我要密切联系群众，相信群众，虚心向群众学习，团结带领群众一同前进，永不自满，永不骄傲，永远谦虚谨慎，紧紧地与群众团结在一起，共同为党的伟大事业而奋斗。

四、我要积极肯干，做到说干就干，干就干好，脚踏实地、实事求是地干，千方百计地干，事事拣重担子挑，顺利时干得欢，受挫折时也要干得欢，扎扎实实地干，一定要把事情办好。

阅读链接 4－2

雷锋 1962 年 4 月 17 日的日记

一个人的作用，对于革命事业来说，就如一架机器上的一颗颗螺丝

钉。机器由于有许许多多的螺丝钉的连接和固定，才成了一个坚实的整体，才能够运转自如，发挥它巨大的工作能力。螺丝钉虽小，其作用是不可估量的。我愿永远做一个螺丝钉。螺丝钉要经常保养和清洗，才不会生锈。人的思想也是这样，要经常检查，才不会出毛病。

我要不断地加强学习，提高自己的思想觉悟，坚决听党和毛主席的话，经常开展批评与自我批评，随时清除思想上的毛病，在伟大的革命事业中做一个永不生锈的螺丝钉。

阅读链接 4－3

雷锋给宋清梅的赠言

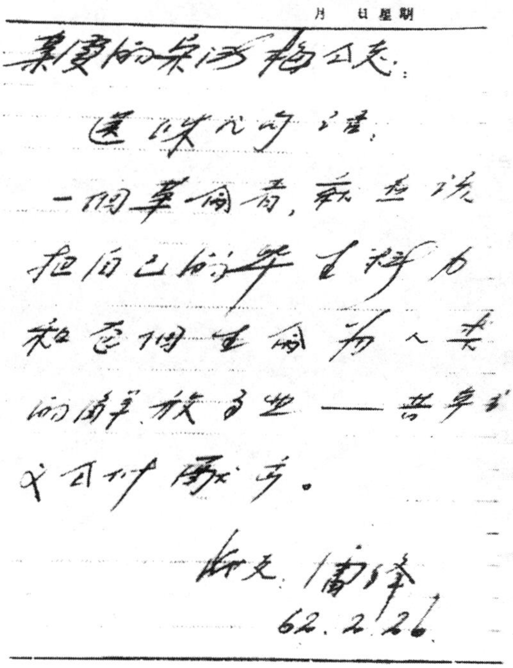

月　日星期

亲爱的宋清梅同志：

送你几句话：

一個革命者，就应该

把自己的全部精力

和整個生命为人类

的解放事业——共产主

义贡献出来。

战友　雷锋

62.2.26

第五章

胸有朝阳　辅导少年
向阳花香四溢

（1960 年 10 月 10 日～1962 年 8 月 15 日）

在雷锋同志闪光的经历中，对青少年的关怀、帮助和培养是一个重要组成部分。他从 1960 年 10 月 10 日起，应聘为抚顺市望花区建设街小学（现雷锋小学）校外辅导员，又于 1961 年 4 月 15 日应聘为望花区本溪路小学（现雷锋中学）校外大队辅导员兼该校 504 班中队辅导员。

读者从赵桂珍、喻惠珍、孙桂琴、陈雅娟、王文阁等与雷锋有过直接交往的同学的回忆录中，可以看出雷锋尽心竭力、耐心教导和启发青少年珍惜时间，努力学习，增强本领，争做共产主义接班人的阳光心态和高贵品质。

雷锋辅导过的学生，不仅有的成为各级领导干部，有的还成为了发明家。

我请雷锋担任校外辅导员

赵桂珍[①]

雷锋同志自 1960 年 10 月 10 日至 1962 年 8 月 15 日因公殉职，一直担任建设街小学的校外大队辅导员。在我们并肩工作的时间里，雷锋同志在工作中表现出的旺盛的政治热情和高度的责任感及用共产主义思想教育少年儿童的感人事迹给我留下了极为深刻的印象。

我是 1960 年 7 月从抚顺市幼儿师范速师部毕业后，被分配到望花区建设街小学工作的。当时学校让我担任少先队大队辅导员职务，由于刚刚从学校毕业，不知怎样才能做好辅导员工作，心里有些忐忑不安。一些老同志诚恳地告诉我说："要想开展好少先队工作必须要有校外辅导员来配合，但你聘请校外辅导员一定要聘请那些认真负责的人，不要只挂名而不来工作的人。"听了这些话，我就开始考虑聘请校外辅导员的单位。根据团中央六中全会的精神，少先队辅导员必须由那些模范的共青团员和年轻的优秀共产党员来担任。我想到了解放军战士，在解放军这所大学校里像这样的人不是最多嘛！我把这个想法向当时学校的领导团支部书记宋传良同志汇报了，宋老师认为我这个想法好。在团支部和学校领导的支持下，带着我们对亲人解放军的无比热爱、崇敬的心情从学校开了介绍信，到当时驻军所在地去聘请解放军同志担任辅导员。那是 1960 年 9 月中旬的一天上午，一位连首长告诉我，你必须到团部，我们不能随便安排（当时的团部就是现在的钢厂招待所）。到团部以后，一位姓吴（宣传股长吴广信——编著者注）的首长接待了我，然后在介

① 赵桂珍：原抚顺市望花区建设街小学少先队大队辅导员。

绍信后边批的是让我到运输连，也就是雷锋所在的连队。大约 10 点多钟我到了运输连，在值班室找到了指导员高士祥同志。高指导员看了介绍信说：什么叫辅导员？是干什么的？我把辅导员的职责、作用介绍一遍。指导员说："我们是部队，不是地方，任务很重，没有那么多人，只能给你三名战士。"开始我不同意，一再跟指导员商量，最后指导员说："好吧，我们研究研究。"从此我们和运输连有了来往。10 月 1 日的前一天，应高指导员的邀请，我们学校和部队搞了一个联欢晚会，会上双方都演出了精彩的文艺节目，气氛十分热烈，这样我们两个单位的关系更加密切了。10 月初我又和指导员商量辅导员的事，最后连里决定给我们学校派来 16 位解放军同志任辅导员，其中有雷锋、苏永国、齐贵春、伊德阿、贾玉堂、刘春元、于增水等同志。当时我征求指导员意见，看谁做大队辅导员最合适。指导员说："我看雷锋最合适。他出身好，苦大仇深，又是我们连队的五好战士……"我按照指导员的意见，于 1960 年 10 月 10 日正式聘请雷锋同志做我们建设街小学的校外大队辅导员，其余的 15 位解放军同志任各班级中队的校外辅导员。

1960 年 10 月 10 日这天的下午 1 点，学校在机修俱乐部召开了校外辅导员聘请大会。大会是由我和团支部筹备的，那时是以团带队。会场布置得很隆重。横额上写着"建设街小学聘请校外辅导员大会"，主席台的两侧是鼓号队，台上摆放的是辅导员的坐席。当时我们一共聘请 24 位校外辅导员，解放军是 16 位，还有机修厂团委派来的 8 名年青的工人辅导员，台下坐着 1400 多名小朋友。当辅导员们走进会场的时候，全体小朋友起立，整个会场上响起了一片热烈的掌声，辅导员们在这热烈的掌声中走上主席台，就座以后宣布开会，鼓乐队奏起嘹亮的军号，会场由我主持。大会第一项是团支部书记宋传良同志讲话，第二项是宋传良宣读聘书，第三项佩戴红领巾、赠送纪念品（日记本）。当时给雷锋戴红领巾的是团支部书记宋传良同志，其他辅导员的红领巾由各班中队主席给戴的。第四项请校外大队辅导员代表校外辅导员讲话——雷锋讲话，第五项小朋友代表讲话，第六项领导讲话。然后请辅导员回校和中队少先队员见面，各班派代表来请辅导员，各中队都搞了和辅导员见面的仪式，雷锋被聘为大队辅导员，由我领着到各中队看了看。

雷锋同志第一天来校，在聘辅导员的大会上，讲了自己在旧社会遭受的苦难和在新社会享到的幸福。当他讲到失去亲人的时侯，小朋友们都流下了眼泪，在幼小的心灵里，激起了强烈的阶级仇恨。雷锋讲到自己光荣入伍时，每个小朋友又都有说不出的高兴，体会到只有在共产党的领导下，这样的穷孩子才能得到彻底的翻身和解放，成为国家的主人。雷锋同志在大会上表示，一定要坚决完成党交给的任务，做好校外辅导员工作。

第二天雷锋同志来校研究大队活动计划，他看了我在开学时作的计划后说：“赵老师最好把计划修改一下，多一些具体措施，哪项工作放在什么时间，让它具体落实。”另外他又提出了两项活动内容：第一，想在孩子们中开展一个“三件宝”活动。这第一件宝就是“储蓄箱”。让同学们把父母给的零花钱放在里面积攒起来，半年或一年再还给本人，这样就可以把零钱凑成整钱，做一些有用的事。比如说交学费啦、买本啦，还可以照顾生活困难的同学。这样可以使同学从小就养成勤俭节约、艰苦朴素的好习惯。第二件是“聚宝盆”（节约箱）。把同学们在上学的路上拣到的旧钉子、螺丝钉、铅笔头、橡皮等放到“聚宝盆”里，桌椅坏了自己就可以修理，他们最爱惜自己的劳动果实，这样就可以培养他们爱护公共财产的好品质。第三件是“针线包”。同学们衣服破了自己可以补上，扣子掉了自己钉上，这样就能把我党艰苦奋斗的光荣传统传授给同学们，并让他们继承下来。第二，我们校外辅导员准备给小朋友们办一个小型图书馆，用我们的津贴费给同学们买一些毛主席的书和英雄人物的故事书。这样同学们从小就能读毛主席的书，向英雄人物学习，做毛主席的好孩子，长大了当英雄当模范该多好啊！听了他这些话我很受感动。雷锋同志对工作是那样认真负责，对同志是那样热情诚恳，我根据他的意见，重新修改了大队活动计划。雷锋同志也抄了一份带回连部和指导员商量，进一步把内容和时间做了妥善安排，又拿回来征求大家的意见。

过了几天，雷锋同志亲自帮助我们建立了“三件宝”。他又和校外辅导员们给小朋友们送来了很多书，其中有毛主席著作《为人民服务》、《纪念白求恩》等单行本，还有很多英雄人物的战斗故事小人书，如黄继光、董存瑞、杨根思、邱少云等。这些书都是雷锋同志和辅导员们用自己每月节省下来的津贴费买的。在校外辅导员们的带动之下，校内老师也买了很多书。小小图书馆办起来了，就设在“少先大队之家”。同学们利用业余时间到图书馆来看书，雷锋也经常抽时间到图书馆和同学们一起读书，学习《为人民服务》等毛主席著作，讲战斗故事，教同学们唱《三大纪律八项注意》歌曲等。

有一次，雷锋刚走进小图书馆的门，孩子们就把他围住了。有的让他看自己的小人书，有的叫他讲战斗英雄故事。雷锋看完了同学们手中的书，笑着问我：“赵老师，你看咱们这个图书馆还有什么问题？”这一问把我问愣了，当时我说：“这不挺好嘛！大家学习完，到图书馆来活动的人越来越多……”雷锋说：“还有个问题，我们引导得还不够。孩子们都爱看小人书，看毛主席著作的很少。”这时，雷锋从书架上拿下一本书问孩子们：“你们知道这本书是谁写的吗？”同学们都摇头说：“不知道。”雷锋笑着对他们说：“来，我告诉你们，这本书就是我们天天想夜夜盼的伟大领袖毛主席他老人家亲自写的书呀！你们不是常说听毛主席的话吗？毛主席他老人家的话就在这里边！”同学们听完了以后都争着抢着要看毛主席的书，每个人都拿了一本。有的同学看了一会说：“雷锋叔叔，我也看不懂呀！”雷锋说：“不要着急，咱们一起学习。”说着，他就打开《为人民服务》和同学们一起学习起来了。

有一天，五年级四班的几个同学到部队驻地去找雷锋叔叔。一进车场大门正碰见雷锋叔叔拣丢在地上的擦车废布。有一个小同学好奇地问：“雷锋叔叔拣这些破布能干啥呀？”雷锋笑着拉住这个同学的手说：“来，你们也都拣，拣完了再告诉你们。”拣完后雷锋对同学们说：“现在我们国家还是个‘一穷二白’的国家，要使我们国家富强起来需要艰苦奋斗啊！你们别小瞧这些破布，洗完了还可以用，这样就可以给国家节约一些物资、材料。”随后，他让大家参观他自己的“节约箱”。大家一看，里面什么东西都有，钉子、牙膏皮、螺丝钉、废布等等应有尽有，简直是个万宝箱。同学们无不为雷锋叔叔艰苦奋斗的革命精神所鼓舞，回校后，同学们也学着雷锋叔叔的样子，把自己教室的节约箱利用起来了。

雷锋同志不仅关心孩子们的政治成长，而且也关心孩子们文化课的学习。他经常用毛主席“好好学习，天天向上”的伟大教导教育和鼓励孩子们，他对孩子们说：“建设共产主义我们不能赤手空拳，要努力学习社会主义文化知识，真正掌握为人民服务的本领。”

雷锋同志经常利用5点以后的自由活动时间或出车回来的空闲时间和中午休息时间等到学校来工作。有时他直接进教室辅导学生学习，有的同学写作业遇到不会的问题，他就给解答。有的同学不会写字，他就告诉。三年级学生学写钢笔字，他手把手地教。一年级同学刚入学不会计算加减法，他就用计算器启发同学们学习。有时还到办公室看看同学们的作业本，对同学们的学习非常关心。还有的时候和我们一起去家访，找学生个别谈话帮助进步等等，他和同学们建立了深厚的无产阶级感情。雷锋自从做了辅导员后，全校28个班级他班班都去辅导，就连他外出开会也关心孩子们的学习。大约是1961年的1月间，雷锋同志离开了抚顺，前往沈阳军区各部队作报告。到军区不久给小朋友寄来一封信，信里这样写着：

亲爱的少先队员同学和全体少年朋友们：

我于本月初，离开了抚顺来到军区，因为时间紧迫没能来得及向小朋友告别，请小朋友多加原谅，我很想你们，但我的工作很忙又不能马上回去看你们，因我要先后到大连、营口、辽阳、哈尔滨等各地去作报告，等我回来的时候要拿我的工作成绩见你们，你们也要拿优秀的学习成绩向党汇报，咱们要比一比看谁的成绩最大。小朋友们，你们要好好学习，天天向上，听党的话，做毛主席的好孩子。最后祝全体少先队员同学们，全体小朋友们学习进步！生活愉快！身体健康！

大朋友——雷锋

同学们收到雷锋这封来信，高兴得不得了，我一念完同学们就热烈地鼓起掌来，要求我再念一遍，念完了又争着抢着要亲眼看一看。

1961年3月下旬雷锋同志因病从沈阳军区回到部队，第二天下午4点钟左右，他就来学校看望小朋友。我把开学以来的情况告诉了他，同时又把这学期的主要工作安排了一下，他都一一记了下来，并交换了怎么开展工作的意见，之后他又和小朋友们谈了一会儿。临走的时候，还送给小朋友们一张照片，在后面是这样写的："让我们革命友谊之花朵永远盛开！大朋友雷锋。"

1961年5月初，学校开展建校活动，要修一个围墙和花池，号召学生们拣砖头。这个消息传到雷锋同志的耳朵里，当时他们部队正在支援钢厂出车拉砖，工作完了的时候，他动员几位同志，拣了5车废砖头，用汽车拉到学校。小朋友们看见雷锋同志给拉来了砖头，特别高兴和感激。在雷锋同志模范行动的影响下，孩子们每天完成学习任务以后，就出去拣砖头，仅用3天的时间便超额完成了任务，给建校工作做出了很大的贡献。

1962年8月15日，正是我们学校开学的日子。我们想请雷锋同志来参加大会。可是，传来不幸的消息，雷锋同志因公牺牲了。同学和老师都不肯相信。当不幸的消息证实后，大家万分悲痛！孩子们望着教室里的"三件宝"，望着雷锋叔叔留给他们的照片后面写着："赠给建设街小学全体少年朋友，让我们革命友谊之花朵永远盛开！"拿起雷锋叔叔亲手批改的作业本，放声哭了起来。

雷锋同志虽然离开我们已经三十一周年了，但他高尚的共产主义品德和光辉事迹对我的启发教育很大，他的崇高形象永远活在我的心里。我要以雷锋同志为榜样，永远向雷锋同志学习，高举雷锋精神的旗帜，用雷锋精神培养"四有"新人，做一名雷锋第二故乡的好教师。

1993年5月20日，于辽宁抚顺市

选自戴明章编著：《回忆雷锋》。

我们中队的好辅导员

喻惠珍[1]

1961 年 4 月 15 日，雷锋同志被聘请为我们望花区本溪路小学校外大队辅导员，兼任当时我任教的 504 中队校外辅导员。直至雷锋牺牲，我们一起工作了一年零四个月之久。至今，已有三十二年了。

三十二年来，他的战友、他的同事、他的学生，在宣传、学习雷锋，在弘扬光大雷锋精神的过程中，都做出了可喜的贡献。和他们相比，自己总觉得是缺了点什么。每当回想起当年和雷锋同志一起工作的情景，那些难忘的往事，便一桩桩一件件地映入眼帘。现在我把它讲出来，如果也算作“贡献”的话，那么也就可以告慰雷锋的英灵于地下，而聊以自慰了。

孩子们的知心朋友

1961 年初，我到望花区本溪路小学工作，担任五年四班班主任。接班不久，受学校委派，我和我班学生陈雅娟到附近驻军汽车运输连，请了 10 名解放军战士，作为我校的校外中队辅导员。雷锋同志被聘为校外大队辅导员，兼任我们 504 中队的中队校外辅导员。

那天是 1961 年 4 月 14 日，在我们学校操场，隆重地召开了“校外辅导员聘请大会”。会上，雷锋同志为全校师生作了忆苦思甜报告。听

① 喻惠珍：原抚顺市望花区本溪路小学教师、504 班班主任。

了他那苦难的童年的故事，看了他那手上的伤疤，台下不时传来抽泣声，许多师生都哭了，我也哭了。

会后，雷锋同志来到我们中队，和全班同学见了面。此后，雷锋同志就经常到中队来了，孩子们也常到营房去。由于他知识的广博，态度的可亲，孩子们很快就喜欢上了这位校外辅导员。在孩子们那幼小的心灵中，尽管有无数个“秘密”，可对雷锋来说，那是没有一件能瞒得住的。没多久，雷锋就成了孩子们的知心朋友了。

两只小手又握在一起了

我班的两个女同学，中队长陈雅娟和中队委员邹静坤是好朋友。一次，邹静坤弄坏了陈雅娟的钢笔，雅娟生了气，从此谁也不理谁了。她俩的“秘密”早被雷锋同志看在眼里。一天，他来到学校，对我说：“陈雅娟和邹静坤的问题该解决了。”我正为这事犯愁呢，听他这么一说，自然高兴。我们商量的结果是，一起订了个“计策”。

那时正是开春。就在我班到校园试验田种菜那天，我把陈雅娟和邹静坤找到了一起。我说：“今天咱中队种菜，首先要到学校便所掏粪，上底肥，你俩到雷锋辅导员那里去把粪勺子借来。”

见了雷锋叔叔，她们只叫了声：“辅导员！”就再没话说了。雷锋见她俩一个向左一个向右。谁也不说话，就笑着问：“你俩有事吗？”过了好一会，陈雅娟终于说了一句：“老师让借粪勺子来了。”可当雷锋同志取来粪勺子时，她俩谁也不去接。于是雷锋放下粪勺子，让她俩坐下，慢声细语地讲起了“团结就是力量”的道理。最后雷锋说：“现在你们还小，正在学习，更要搞好团结，何况你们都是中队干部呢？只有团结了，才会工作好、学习好。听说你俩因为钢笔的事儿，闹了意见，是不是？”她俩都难为情地低下了头。接着雷锋说：“看你们俩，由于闹意见，连个粪勺子都取不回去，这怎么行呢？”一番话，说得她俩都哭了，哭得很痛心。看到她们无言的悔悟，雷锋顺势接着说：“不要难过，知错就改，这才是好学生呀！就请你们伸出友谊的手，重新握起来吧。”瞬间沉默，她俩对视了一下，然后破涕为笑，同时伸出手来，两只小手又握在一起了。虽然眼里还挂着泪花，心里却轻松了。于是两人高高兴兴地把粪勺子抬到了学校。

中队“三件宝”

一次，在放学的路上，一些同学手里拿着零食，边走边吃，边说边笑，被雷锋看见了。

过了几天，雷锋来到班里，对同学们讲：“你们常常吃零食，这个习惯不好。”接着他给同学们算了一笔账：“假如每人每天花 1 角钱，全国 7 亿人，每天就要花掉 7000 万元，请大家算一算，想一想，7000 万元能买多少汽车，能盖多少大楼，能买多少台机器，能……”听了雷辅导员的一番话，大家十分惊讶，都纷纷表示：“今后我再也不吃零食了。”“今后我也……”当场，雷锋提议建立中队“储蓄箱”。大家都很赞成，此后，每学期学生的书费都从储蓄箱里取，不再和家长要钱了。于是，中队有了一件宝。

有一次，雷锋到学校来，学生正上课。站在窗外，他发现教室后边座位上有几个同学在叠纸飞机。这件事，被雷锋看在眼里，记在心上了。后来在大队干部会上，雷锋就这件事，建议召开“勤俭节约”主题中队会。

经过一番认真的准备，主题中队会召开了。会上，叠纸飞机的同学都先后发了言，表示以后再也不浪费学习用品了。最后，雷锋给同学们讲了“一张纸的来历”，说明了工人造纸的复杂过程，大家都认识到一张纸来之不易。接着，雷锋又讲了自己爱惜纸张的情形。他说：“小时候，我无家可归，是党和政府供我上学念书的。我深知一支笔、一张纸来之不易。为了节省用纸，我的每张纸都是用了三遍才扔掉的。第一遍用铅笔写字，第二遍用钢笔写字，第三遍还要用来练毛笔字。”听了雷锋辅导员的讲话，同学们深受教育，一致同意，在中队建立“节约箱”，把废品收集起来，卖给国家，攒下钱来作班费。这样，我们中队又有了第二件宝。

1961年末，中队庆元旦的活动是到雷锋辅导员的部队去搞的。孩子们和解放军叔叔一起联欢。自然，联欢是十分尽兴的。

会后，一个消息在班里传开了：“瞧，咱们雷锋辅导员那双袜子补丁摞补丁，不知缝了多少遍了！”“唉！我还看见了雷锋辅导员的针线包呢！”原来，那天晚上有几个同学翻看了雷锋叔叔的衣物箱，发现了他那双“千层底”袜子和“针线包”，这才引起回来之后的一番议论。

当时，中队干部们带着问题请教了雷锋辅导员。雷锋笑了，拿出那双“千层底”袜子，对同学们说：“怎么，别看补了这么多层，穿起来不是很好吗？”又说：“你们扣子掉了要妈妈钉，衣服破了要妈妈补，这不好，应该自己动手才是。”回到学校，按照辅导员的意见，中队作出了决定：每人都要带一个针线包，自己事，自己做。这就是我们中队的第三件宝。

从此，雷锋同志为我们留下了珍贵的“三件宝”。

令人惊喜的十几分

雷锋同志十分关心学生的学习。

雷锋同志刚到我班一个多月，就进行了期中考试。结果全班学习成绩平均才只有70分多一点，这使我大伤脑筋。

听到了这个消息，雷锋比我还着急。他决定和我一起狠抓学习，要尽快把学习成绩抓上去。

中队长陈雅娟同学，各门功课都不错，可就是把珠算忽视了。雷锋就和我一起给她补课。有时到陈雅娟家里，有时到营房。经过两个多月的补课，陈雅娟的珠算成绩上来了。

一个姓郭的女生，患有癫痫病，常常因病不能上课，平均成绩不及格。对于这位同学，家长已经丧失了信心，可雷锋却坚持每周都抽出时间到家里给她补课。时间长了，家长被感动了。孩子的母亲说："辅导员对孩子的学习比家长还关心，总这么给补课，我们实在过意不去。"于是家长也开始给孩子补课了。由于教师、辅导员、家长和学生本人的共同努力，这孩子的学习终于有了明显进步。期末考试达到了 60 分以上，全班消灭了不及格的现象。

有些男同学，其实素质不错，潜力很大，只是贪玩，学习不够努力，因而影响了成绩。例如张宽阁和周重庆就是这样。

有一次，他俩去市建一公司俱乐部看电影。大约在开演前十几分钟，他们发现了雷锋辅导员坐在前排座位上，正在聚精会神地看书，于是走到身边给辅导员叔叔敬了个礼。雷锋见是他俩，就招呼他们坐在了身旁的空位上，周重庆问："辅导员，电影快开演了，你还能看多少书?"雷锋笑笑说："时间少吗？我这不已经看了好几页了吗?"接着又问了他俩的学习情况，他们都不好意思地低下了头，呐呐地说："期中没考好。"雷锋说："时间是宝贵的，每一分钟都要抓紧。现在不努力，将来怎样建设祖国呢?"短短几分钟的谈话，加上雷锋挤时间学习的实际行动，深深地打动了他俩的心。

回家后，他俩都自觉地制订了《家庭作息时间表》和个人学习小计划，开始了有规律的学习和生活。期末，周重庆从原来的 60 几分，提高到了 80 多分。张宽阁的学习也有了显著进步。全班平均总成绩提高到 83 分，一下子跃到年部第一。我和同学们都特别高兴。同学们劲头更足了。

雷锋永远和我们在一起

1961 年和 1962 年，我们中队连续两年被评为区的优秀中队。原因很清楚——我们有一位好辅导员雷锋啊！

1962 年 8 月 15 日，是个极不幸的日子——雷锋同志，孩子们的辅导员、知心大朋友，我们的好同志、好老师，因公牺牲了。噩耗传来，我们师生谁都不肯相信这是真的。当时正在放假，当我校师生成群结队地从学校、从家里跑到部队时，才确信再也见不到我们的好辅导员了，一个个都失声痛哭起来。

第三天，在望花区人委礼堂，举行了隆重的追悼会。我和中队干部陈雅娟、赵小平同学，臂佩黑纱，胸戴白花，参加了追悼会。会场中间、周围，是数不清的花圈。追悼会开始了，会议的一些细节我都没有留心，那时，只觉得雷锋那笔挺的军装，整束的身影，那永远微笑着的面孔，总是在我的脑海里闪动：一会儿在教室，一会儿在操场，一会儿又在学生的家里。那一幕幕生前和他一起工作的情景，一下子又都浮现在眼前。不知不觉，我已泪洒衣襟了。后来，人群移动了。这时，我才清醒过来，随着人流来到了灵柩旁。我默念着："雷锋同志安息吧！您光辉的业绩，您在孩子们身上所倾注的心血，必将与世长存。您没有离去，您将永远和我们在一起！"

1993 年 6 月 30 日

选自戴明章编著：《回忆雷锋》。

到学校来，跟我们做游戏，还和我们一起跳皮筋。我小时候长的弱小，最怕上体育课跑步，一跑步我就跟不上，总是掉队。一次，雷锋开车路过学校，停下来看我们，发现我跑步跑了几下就站一边了，他立刻来到我身边，还拉着我小跑，并鼓励我说："不要怕，能坚持下来最好；坚持不了也要慢慢地跟好，这样才能锻炼好身体"。听了雷锋的话，我不知道怎的眼泪止不住流了下来。在雷锋的牵手下，我终于绕操场跑完了一圈。

雷锋就是出差到外地也关心着我们。1961 年 1 月雷锋离开抚顺，到各地做巡回报告，中途还给我们写了一封信。大队辅导员老师给我们念到："等回来的时候，我要拿我的工作成绩见你们，你们也要拿优秀的学习成绩向党汇报。小朋友们，你们要好好学习，天天向上。听党的话，做毛主席的好孩子。大朋友雷锋 1961 年 3 月。"雷锋叔叔从外地回来后，就立刻来看我们，临走时还送给我们大家一张照片，照片背面写道："让我们革命友谊之花朵永远盛开！大朋友雷锋"。当时我们几个同学还专门到照相馆每人照了一张一寸照片，洗出来后统一交给老师，让老师交给雷锋。

难忘的 1961 年夏季的一天，我们同雷锋一起到郊区农村助民劳动。在拔草时，许多同学不认识什么是秧苗，什么是野草。雷锋和老师给我们讲解时有的同学也没有注意听，所以干起活来就把秧苗当做野草给拔掉了，有的还在田里打闹踩倒了几棵秧苗。雷锋发现后，可心疼了，就手把手地耐心教我们，又把踩倒的庄稼细心地扶起来，还领我们向农民道歉。当时，我们觉得又没损坏多少庄稼，而且又是帮助他们干活，为什么还要向他们承认错误呢？雷锋和蔼地对我们说："农民把庄稼培植到现在这么大，要付出多少辛勤劳动啊！当你戴着红领巾将右手举过头顶的时候，有没有想到人民的利益高于一切呀？红领巾就要尊重别人的劳动，爱护集体的东西，做了错事要勇于承认自己的错误。"雷锋的一言一行，不仅使我们学会了劳动的本领，还使我们懂得了如何做人，做一个什么样的人的道理。

也是 1961 年夏季，学校开展一次勤俭建校活动，要在学校和住宅挨着的地方建一道围墙。还要建一个大花园，号召我们到校外捡砖头，当时雷锋就在我们附近的钢厂参加建设，执行拉砖任务，我们的行踪和学校活动他很快就知道了，完工后他就和其他几个解放军辅导员利用业余时间参加我们为校捡砖头，然后开车把砖头拉到学校。一天放学后我和另一个同学捡了一大堆砖头，无法运回，正愁时，被他的战友看见了，他告诉了雷锋，雷锋借来了手推车帮我们把砖头运回了学校。

我和我的大部分同学都是矿工子女，家里生活都不太宽裕，我刚上学时正是六十年代初，国家经济遇到了暂时困难。雷锋就常常教育我们要艰苦朴素，勤俭节约。一次，我们班上大字课，我忘记写字本已经用完了，正愁得没办法。正巧那天碰上雷锋开车来学校，他知道后，就把我领到少先队大队部，找出一支用线缠好的旧毛笔和两张写过字的纸，用红蓝铅笔在纸的反面划了方格，让我写字用，并亲切地告诉我："用这样的纸，一样可以练出好字，你爸爸妈妈挣钱不容易，从小就要学会节省，并从一点一滴做起。"事后，他亲手做了一个节约箱、一个储蓄箱、一个针线包，送给了我们班。在雷锋的辅导下，我还学会了补袜子、钉扣子。雷锋开始教我们补袜子时，我们兴趣都不大，特别是针扎了手我就更没信心了。雷锋就手把手地教我，还让我看他补过的袜子，说搞节约不仅是为了一家一户，更主要的是为了国家呀！我明白了这个道理以后，自己袜子坏了再也不吵吵让妈妈买新的了。雷锋知道以后还表扬了我。我在雷锋叔叔的帮助下学会补袜子的事和照片，还在当时的《中国少年报》上登载过。这张照片至今还挂在我的母校——抚顺市雷锋小学的展览室里。

那时，雷锋所在的部队就驻在离我们学校不远的地方。课余时间和节假日，我们常去找雷锋，每次去，都看到他总是很忙，不是保养汽车，就是找战友谈心，或者是帮助炊事班干活。即使这样，他也要抽出时间和我们待一会儿，给我们讲革命英雄故事，有时还带我们捡粪，到火车站打扫卫生，接送上下车的旅客等等。所以，我们也常常学着雷锋的样子做好事。1961 年秋季一次放学后，我们学习小组的同学一起帮军属朱大娘家拉煤，足足干了一个多小时，大家累得满头大汗，衣服都弄脏了。当时有许多人赞扬我们，可也有的却说，小孩子不好好学习帮人家抬什么煤，没什么出息。听到这些风凉话，我们都很生气。第二天我就和另外一个同学去找雷锋诉说委屈。我们来到营房，一眼就看到树下有一个战士在看书，走到跟前一看是雷锋。由于他看书非常用心，一点儿也没有发现我们的到来。我以为他一定读的什么故事书，才会那么入迷，就调皮地藏到他的背后。只见他一边读一边在书上画，还自言自语地念道："一个高尚的人，一个纯粹的人，一个有道德的人……"我憋不住了，突然问："什么叫高尚的人呀?!"雷锋这才发现了我，亲切地把我拉到跟前说："张思德、白求恩就是高尚的人。"我问："那我们帮军属抬煤为什么有人说我们没出息呀?"雷锋说："做好事不要计较别人说什么，只要你做的对人民有好处，就要坚持下去。"雷锋的话像一盏明灯，照亮了我的人生之路。

最让我想不到的是，那是 1961 年，有一天，我跟弟弟妹妹正在家里玩，爸爸和妈妈在门口干活，不一会儿妈妈叫我和弟弟、妹妹，说：你们看谁来了？我一出门一下愣住了，雷锋叔叔被两个高年级同学领到我家，看到雷锋，我高兴得都不知说什么了。当时我父亲正在劈劈柴。只见雷锋从我爸爸手里拿过斧头，帮着我家劈了一阵劈柴。雷锋叔叔还跟爸爸妈妈表扬我，说我在学校表现得好，学习也好，那个情景，至今我难以忘怀。

难忘的是 1962 年 4 月，我来到雷锋和家长们捐款为我们办的"少年之家"看书，一套里外间的阅览室挤了不少同学。不一会雷锋辅导员来了，我们高兴地围在他身边，让他给我们讲故事，领我们念课文。不一会儿摄影记者张峻叔叔也跟着来采访雷锋。他看雷锋辅导我们学习，就随手拿出照相机要为我们和雷锋叔叔照相，大家都争着往前抢，我背着好几个同学给的书包站在门一边，被雷锋叔叔一下子发现了，他就帮我把肩上背着的书包一个一个地放到一边，然后亲切把我拉到他身边。张峻叔叔说我个子太矮，雷锋就同张峻叔叔到门外捡了两块砖头，雷锋给我垫在了脚下，我睁着一双大眼睛，高兴地望着雷锋，随着闪光灯一亮，留下了这幸福的一瞬间。

1962年8月15日，是我们开学的日子，学校派了我们三个少先队员去请雷锋参加开学典礼，走在路上，听群众议论说运输连出事了，说雷锋牺牲了。我们谁都不敢相信。当我们跑到连队，又从连队跑到西部医院后，才确信再也见不到我们的辅导员雷锋叔叔了。我们都失声痛哭起来。那天，全校一千多名师生谁都无心上课了。老师拿起书本，还没等讲课眼泪却先流了出来；同学们为失去亲爱的雷锋叔叔而哭声一片。17日我作为学生代表参加了追悼大会。那天，我妈妈代表街道也参加了雷锋的追悼会。当我和大家怀着沉重的心情护送雷锋的遗体走出开追悼会的礼堂时，只见街道挤满了人，就连白发苍苍的老爷爷老奶奶和没上学的孩子都来送别这个普普通通的战士，为他的牺牲洒下送别的泪水。

由于当时雷锋遗体由部队护送到墓地，当灵车开走后我们跑了一段路就再也跟不上了。一个月后，我们实在抑制不住对雷锋叔叔的想念，我就和一个同学倒了三次公交车来到抚顺戈布的雷锋墓地。也可能是我们想到雷锋墓地看雷锋叔叔的心情太迫切了，觉得真远啊！当看到雷锋墓时，我再也控制不住了，便大声哭了起来。原来，来看雷锋的，不仅有我们俩，还有另外10个孩子，有我校的，也有外校的。当我要走时，一下子想起我该给雷锋叔叔留下点什么作纪念才好，又一下子看到胸前的红领巾，我含着眼泪慢慢地摘下红领巾，其他同学看我摘下了红领巾也都摘下了，之后，我们不约而同地将12条红领巾系到一起连成了一个红领巾花环，一同献给了我敬爱的雷锋叔叔。这件事，被一个记者写成了《红领巾花环的故事》，发表在《中国妇女报》上。

如今人们怀念着雷锋，社会也需要千千万万个雷锋。为了造就出一代又一代革命事业的接班人，就需要无数人做出奉献，做出牺牲，雷锋同志是这样做的，我也要这样做。——如今，我也在一些学校当着少先队辅导员，因为我与红领巾有着不解之缘，有着一种特别的情感。这条红领巾见证着：我的童年，因为有雷锋当辅导员而无比幸福。其实，当年雷锋叔叔亲自为我系在脖子上的那条红领巾，一直被我细心的妈妈珍藏着，妈妈的用心就是让我一看见它就受到一次教育，所以，连那年中国人民革命军事博物馆征集时，都没舍得给他们……如今，我已年近花甲。如果问我要把当少先队辅导员、宣传雷锋的事业干多久，我总是自豪而诚恳地向朋友们说：即使到了垂暮之年，我也会让我的白发和红领巾一起飘扬！

2012 年 7 月 20 日

与雷锋辅导员在一起的往事

陈雅娟[①]

在我的少年时代，在雷锋身边我经历了人生道路上最难忘的一段时光。那时我才十二岁。孩童时代的往事，我不可能都记得那么清楚，但雷锋做我们的校外辅导员的许多事迹，却给我们留下了永生难忘的印象，特别是他又担任我们五年四中队的辅导员并坚持到我们班级中来，热心辅导和帮助我们的事迹，至今历历在目。我深深地感受到和雷锋相识，是我一生最大的幸运；接受过他的教育辅导和帮助，是我一生的幸福和自豪。每每想起和辅导员雷锋在一起的往事，一股幸福的暖流涌上心头。

2012 年 8 月 15 日，是我们敬爱的辅导员雷锋同志牺牲五十周年。回首往事，一幕幕就像放电影一样浮现在我的眼前。

缘分

我是 1957 年就读于抚顺市新抚区中心小学，于 1958 年因搬家转到了望花区中心小学（现实验小学）。就在我刚刚升入小学五年级的时候，也就是 1961 年 8 月，我们全班集体转到了望花区本溪路小学（现为雷锋中学），因这个学校是新成立的，校内外建设还不是很完善，因此，大家都很不情愿地来到了这个学校。但有一点很吸引我们，就是我们学校对面就是望花公园（后改为雷锋公园）。每天我们都可以通过这个公

① 陈雅娟：原抚顺市望花区本溪路小学学生。

园来到这所学校。可以一边走一边玩，当然很开心了。

转到这个学校第一个星期天，我就约了几个同学到公园里来玩。正玩的时候，就看见不远处的凉亭里有三个解放军战士。于是，我们就都跑过去。这时一个解放军战士问我们是哪个学校的，上几年级了。我们一一回答后，不知是谁说了一声：叔叔，你们做我们的辅导员好不好啊？当时一个战士回答说："噢！那可不行，我们可没有资格，要请辅导员。还是去找雷锋吧！"我们一听，好耳熟的名字呀！前些日子听大人们说过，有一个战士叫雷锋的，是苦孩子出身。若是他能当我们的校外辅导员那就太好啦！于是我们就很急切地问："叔叔，你们认识雷锋吗？他是哪个部队的？"叔叔说，就在你们学校西边的那个部队。当时我们都乐得拍着小手蹦起来了。第二天一上学，我们就把这消息告诉了大队辅导员，并要求请雷锋担任我们的校外大队辅导员。辅导员听了非常高兴，并答应了我们的请求。因当时我是学校的副大队长，因此，大队辅导员就派我和我们中队的同学一起，带着全校师生的委托，来到雷锋部队聘请校外大队辅导员。

当时，尽管雷锋已经是建设街小学（现雷锋小学）的辅导员了，但在我们的强烈要求下，部队首长还是满足了我们的要求，批准雷锋为我们学校的校外大队辅导员。

后来才知道，我所在的本溪路小学就是原来雷锋曾经带病帮助运砖所建的那所学校。这里曾经流淌过雷锋的汗水啊！我们有幸来到这里读书，又在这里很幸运地认识了雷锋，并接受他的辅导和帮助真是缘分啊！试想，如果我们没有转到这个学校读书，如果我们那天没有见到那三个解放军战士，恐怕一生都不会认识雷锋，那样，我们的一生将多么遗憾！能和雷锋相识真是我们的缘分啊！

要懂得爱护公物

有一个星期天，我们几个同学闲着没事就约会到公园里玩抓特务的游戏。在电影里曾经看到在战争年代里解放军用草织成一个圆圈戴在头上作掩护。我们今天也学着解放军战士的样子折下柳树枝编成一个圆圈戴在头上，开始在一个小小的坡上来藏躲抓起特务来了。正玩得起劲的时候，不知是谁喊了一声：你们看雷锋叔叔来了！我们立刻停了下来，从四面八方向雷锋叔叔跑去。

“你们在干什么啊?”雷锋问。我们说抓特务玩呢！不知是谁问了一句：“雷锋叔叔你看我们威风不威风?”“噢！你们威风了，可树要倒霉了。如果大家都来折树枝，这树可就活不成了。你们是国家的小主人，可要爱护国家的一草一木啊!”当时，我们都不好意思地低下了头。虽然雷锋叔叔并没有严厉地批评我们，但他语重心长的话语，深深地教育了我们。是啊！国家的小主人就要懂得爱护国家的一草一木。打那以后我们再也不折树枝了，并懂得了自觉爱护公物。

补袜子

有一次中午放学，我们背着书包去营房找雷锋，一进屋就看到雷锋正在补袜子。但是，给我们的第一反应就是：雷锋叔叔还会补袜子啊！当时我们看到的那双袜子是深咖啡色的，上面已经补上好多种颜色的补丁了。看他补这样一双袜子，我们都感到很奇怪，心想解放军还穿这样的袜子么？于是，我就憋不住小声地问：雷锋叔叔，你在给谁补袜子啊？雷锋笑着说：我自己的啊！我们不解地又问：雷锋叔叔，这袜子都这么破了还穿呀？雷锋笑着说：这样的袜子我小时候还穿不上呢！今天我能穿上这样的袜子已经很幸福了。袜子坏了补一补，不还是照样为我服务么？我穿上这样的袜子可以为人民服务呀！雷锋又问我们会不会补袜子，我们都惭愧地说不会。雷锋告诉我们，要学会自己的袜子自己补，这也是勤俭又爱劳动的表现啊！从那以后我们学着雷锋的样子自己也会补袜子了。

像我们班有一位同学，虽然他是男同学，但是他的袜子补得可好啦！还帮助他弟弟妹妹们补袜子哩。

像我们学校的当时大队干部李玉花（后改名李向东，现担任抚顺市政协副主席），就是当年雷锋教会了她补袜子的技巧，她喜欢上了针线活。现在她的针线活也做得非常好。

雷锋叔叔不仅是教会我们补袜子，他教会了我们勤俭节约的道理，帮我们养成了勤俭节约的好习惯。

节约箱的故事

有一天中午放学，听说雷锋出差回来了，我们几个同学也不顾回家吃饭就跑到部队去找雷锋。

当时，雷锋看着我们背着书包就说：好长时间没看你们的作业了，怎么样？作业都已完成了吗？拿来让我看看好吗？听辅导员一说，有的同学马上拿出来给雷锋看，也有的同学迟迟不肯拿出来，可雷锋执意要看看每一个同学的作业完成情况。当雷锋看到有的同学的作业本撕得就剩一半了，有的数页都成半载门帘（这也是当时很普遍的情况）时，眼看着雷锋原本舒展的眉头又犹豫了起来，我们的心也都随着咚咚地跳了起来。特别是作业写得不好的同学可真有点紧张了。当时雷锋并没有多说什么，只说了一句话：怎么你们读书还吃书啊？大家听了心里难过极了，真后悔为什么不好好写作业呢？为什么随便撕本子呢？这多丢人啊！……正在低头思过时，雷锋把我们带到一个木箱子跟前，打开盖子，我们又都争着往里面看。里面没什么好东西，都是一些废旧东西。什么牙膏皮呀，钉子呀，还有一些叫不上名字的东西。当时，雷锋顺手拿出一颗螺丝钉问我们说：你们看这是什么？不知是谁说了一句：破螺丝钉呗，谁还不认识？雷锋说：是啊！这是个不起眼的东西，可是你们知道么，螺丝钉虽小可来之不易呀！一块大铁把它做成这么小的螺丝钉要花费劳动人民多少心血和汗水啊！螺丝钉虽小，但它的作用同样也是不可争论的！比如，一部大机器上面，如果缺少一颗螺丝钉，机器就不能很好地运作。你们作业本上的每一片纸，也同样来之不易呀！这也要花费多少劳动人民的心血和汗水啊！所以我们要懂得珍惜劳动人民的劳动成果！要从小养成勤俭节约的好习惯。你们说，这样不爱惜本子对么？大家齐说：不对！雷锋叔叔我们以后一定要改！

后来，雷锋又帮助我们班建立了节约箱、针线包和储蓄箱。打那以后，我们班开展了和雷锋叔叔比节俭的活动，自觉从节约一度电、一滴水、一分钱、一粒米、一页纸做起，从此勤俭节约蔚然成风。班里的桌椅板凳坏了，我们自己动手修；袜子坏了，我们自己补；再也不随便吃零食、乱花钱了。我们还把买作业本剩下的零用钱自觉地存到班里的储蓄箱里。新的学期开始时，有好多同学用节约下来的零花钱买作业本，交学费。老师夸我们进步了！家长夸我们懂事了！我们班第二年就被评为优秀班级！

电影放映前的十几分钟

我们和雷锋的部队经常能在一个电影院里看电影。有一次，雷锋随部队看电影，很巧我和同学贾相坤等几个同学也刚好去电影院里看电影。在电影开始的十几分钟，我们看到辅导员雷锋正在聚精会神地看一本书，于是我们就走过去了。一边和雷锋打招呼，眼睛一边盯着雷锋手中的书，很想知道他在看什么书，为什么这么点时间还在看。其实这本书我们已经很眼熟了，因为我们在营房里经常看到雷锋手捧这一本书，有时在大树下，有时在房檐下，有时坐在床头上看。因为时间很短，没来得及问什么。后来有一天，我们去部队找雷锋，正赶上部队休息，有的战士外出上街了，有的在洗衣服，只见雷锋坐在床头看书。这次，我终于忍不住地问他："雷锋叔叔，你在看什么书呀？这么吸引你，怎么总看你看这本书看也看不完呢？雷锋手指着这一本书，笑着对我说：这是毛主席的书啊！只有毛主席的书才最吸引我，只有毛主席的书我一辈子也读不完。当时，我们很不理解，心想，我们在家看一本比你这本还厚的小说，开几个晚上的夜车也就看完了，怎么你这本书还一辈子看不完呢？雷锋似乎猜到了我的心思，他说：“读毛主席的书，能让我懂得很多革命道理”，接着，他又打着几个比方对我们说：“同学们，你们说人不吃饭行不?”我们说：那怎么行啊？一顿不吃饿得慌。雷锋又说：那我是开车的，开车如果没有方向盘，车跑起来也非翻不可。我们干革命，如果不读毛主席的书就没有方向，所以说，人不吃饭不行，开车没有方向盘不行，干革命不读毛主席的书不行。雷锋把毛主席著作比做粮食、武器、方向盘。后来，为了让我们从小也懂得学习毛主席著作的意义，要我们听党的话，听毛主席的话，雷锋送给我们班毛主席著作单行本，其中有《为人民服务》《纪念白求恩》和《愚公移山》。

从那时起，我们也学着雷锋的样子，早起点，晚睡点，饭前饭后挤一点，以这种精神学习毛著，学习文化课。尤其我们小组直到上了中学，我们还坚持学习毛著。1965 年 6 月 3 日，我本人被学校评为学习毛泽东著作积极分子，我所在小组也被评为“十人学毛著小组”的优秀小组。

和我们一起谈理想

那是 1962 年的大年三十晚上，我们班和雷锋所在连队一起开联欢晚会。在晚会上，雷锋用湖南小调唱了一首歌，虽然听不太懂但感觉很好听。因为这一次是我们第一次听雷锋唱歌，大家都很兴奋。晚会结束后，雷锋拿着手电筒送我们回家。带着晚会的余兴，同学们那个兴奋劲啊甭提了，一路上就和辅导员说个不停。忽然雷锋问我们说：同学们你们长大了都想干什么，都有什么理想呀？辅导员这一问大家更兴奋了，就七嘴八舌地说开了。有说当画家的，有说当工程师的，有说当作家的……当时，我也急不可待地拽着雷锋的胳膊说：“雷锋叔叔的部队要不要女的呀？我也想当一名解放军战士。”那时，雷锋已经当我们的校外辅导员已经好几个月了，我非常地崇拜他，觉得他是一个可敬又可亲、可以依赖的好人。我当兵了就可以像他一样做个好人。当我们说完自己的理想后，又争着问雷锋：叔叔，你看我们谁的理想好呀？雷锋说："你们的理想都不错，但有一个问题，你们为什么没有想当工人的、想当农民的呢？当时我们谁也没吱声。雷锋似乎也猜到了我们的心思，他语重心长地对我们说：同学们，你们今天吃饱饭，不挨饿了，穿上衣服，不挨冻了，可不能忘记是劳动人民养活了我们，我们是劳动人民的后代，长大了要为人民服务。你们一定要记住，不管长大以后干什么，只要是党需要，国家需要，只要对人民有益的事，干什么都是光荣的，都是有出息的，做好了都可以成为一名对人民有益的人。他还说：同学们一定要懂得做一个好人，做一个对人民有爱心的好人。要懂得爱党，爱祖国，爱人民，爱集体，爱身边的每一个人。虽然我们当时还小，不能完全理解雷锋每句话的深刻内涵，但是他那语重心长的一席话对我们影响重大。特别是长大后学习雷锋辅导员的英雄业绩，他那高尚的品德，无私奉献的精神无时不在教育和激励着我们，再回顾辅导员当年对我们说的那些话，逐渐从中感悟出人生的道理，使我一生都思考着怎样做一个好人，做一个有爱心有责任感的好人，做一个有益于人民的人！

照片背后的故事

1962 年 4 月，上级派记者张峻来采访雷锋给我们当辅导员的情况。我们少先队员们按时来到雷锋所在的连队。与往常一样，雷锋带领我们开展活动，记者当即拍下了雷锋给我们讲节约箱的故事的照片，也拍下了雷锋用《解放军画报》给我讲革命故事的照片等。当时，雷锋领着我看《解放军画报》的照片，记者先拍了一张黑白的，接着，又给拍了一张彩色的。——这些珍贵的照片，我一直珍藏着。

其实，一听说记者要给我们和雷锋一起拍照，大家可高兴了，回家就开始折腾起来了，把自己认为最漂亮的衣服找出来，拿出自己最喜欢的头绫子。

我当时为了露出一个花领子竟然把一条连衣裙穿在了毛衣里面，尽管不舒服，但为了和雷锋叔叔照相什么都不在乎了。终于没有枉费了我的精心准备，在那咔嚓的瞬间留下了我和雷锋叔叔在一起看《解放军画报》的合影。更让我一生难忘的是，就在记者给我和雷锋叔叔拍照的时候，雷锋对我说，雅娟，你不是长大以后要当解放军战士吗？到时候你找记者叔叔，他会帮着你的。因为雷锋当时毕竟还是一个战士，他把当时的张峻就当做一个"官"了，所以让我去找他。雷锋说的话我当然照办了，我也记住了。

1966 年我初中毕业，当时正赶上"文化大革命"，学校也停课了。1967 年我就和我们班的王宗慧、崔雅文两名同学，一起跑到沈阳部队找到张峻家，要求当兵。当时把张峻也给造懵了。我们说明了来由，他说，我也不管征兵啊！这事我可办不了！于是我就小声对张叔叔说："张叔叔，您忘了吗？是雷锋当着你的面告诉我们长大以后要当兵就去找您的。我们就是想当兵，你不答应我们就不走了。"就这样，不知深浅的我们，在人家一住就是小半月。后来听他家保姆说："张叔叔大儿子曾经问他爸爸，这几个大姐姐什么时候回家啊？……"是啊！当时那个年代吃饭是要定量的。我们三个大姑娘一住就是半个月，也确实给人家添了不少麻烦，离开家时间也不短了，也该回家了。

后来我又去了一次沈阳找张叔叔。大概是我的执着和当兵的愿望太强烈了，感动了叔叔吧，在他的努力下，1968 年 6 月 17 日，我终于实现了多年的梦想，当上了一名解放军战士。

是雷锋帮我走上了革命道路，改变了我的人生。这张照片一直伴随我走过五十多年的人生。踏着雷锋的足迹，走雷锋的成长道路，像雷锋那样做人做事，是我一生乐此不疲的追求。

最后一次见面

那是 1962 年 8 月 13 日，我们暑假就要开学的前两天，我和班里几名同学再次去部队找雷锋，心想这次不会扑空了吧，因为我们已经好久没有见到他了，很想把假期的活动情况向他汇报一下，另外大队辅导员交给我一个任务还没有完成呢，就是邀请雷锋叔叔 8 月 15 日参加我们的开学典礼大会。

当我们走进营地时，就听见解放军叔叔一个接一个地喊：雷锋，小朋友找你来了！我们一听非常高兴：雷锋叔叔终于回来了！就这样在一名解放军叔叔的指引下，我们来到了连队的停车场。雷锋听到战友的喊声，也从车底下爬了出来。见到我们，他也很高兴。他脱下沾满油泥的手套，一一和我们握了手，关切地问我们暑假生活愉快不，作业完成的怎么样……我们一一做了回答。于是，我又把学校邀请他 8 月 15 日参加我们学校开学典礼大会的事告诉了他。他说，我一定争取赶回来参加你们的典礼大会。因为听说他马上还要返回铁岭施工，为了不耽误他的时间，我们待了一会儿就走了。

8 月 15 日这天下午，我们怀着暑期愉快的心情来到了学校。开会的时间已经到了，怎么一直不见辅导员呢？他可从来不失约啊！正在我们焦急等待的时候，我们班一个女生告诉我说，听说校外辅导员雷锋叔叔受重伤了，我就问她，你听谁说的？她说她姐在二院（当时抢救雷锋的医院）当护士，中午回家吃饭时候告诉她的。听到这不幸的消息，简直是不敢相信，不可能！前天我们见他还好好的呢？怎么会……

当学校的开学典礼宣布结束时，我和同学们一起立刻跑向营房。当我们走进营房时，只看到那些解放军战士有的站在大树底下，有的围在一起议论着什么，从他们的表情上看出不祥的预兆。这时再也没有一个战士喊“雷锋，小朋友来找你来了”。我们心情也越发紧张起来，三步并作两步跑到雷锋连队雷锋班一看，战士们的眼睛都哭红了，却没有见到雷锋。我们又急忙跑到连部。当我们推开连部大门，迎面看到了高士祥指导员。我急切地问：指导员，我们来找雷锋叔叔，听说他受重伤了，是真的吗？当时，指导员并没有马上回答我们的问话，他指着我们对眼前军区来的首长说：“这些孩子就是雷锋生前辅导过的学生。”我一听“生前”二字，生怕自己听错了，就急切地问：指导员，我们来找雷锋叔叔，他在哪儿呀？……指导员含着热泪告诉我们说："孩子们，我们的好战士，你们的好辅导员雷锋已经因公牺牲了。"当时我们都哭了，我们万万没有想到啊！8 月 13 日竟是我们和辅导员雷锋叔叔的最后一次见面！要是知道有今天，那我们 13 日就不离开雷锋叔叔了，雷锋叔叔也一定不会离开我们的。悲痛万分的我们久久地站在营房外面不肯离去。雷锋叔叔他走了，他走的这样匆匆，回想起和辅导员在一起的时间才仅仅一年的时间，但他对我们的影响很深。他热情辅导和帮助我们的往事，我们一辈子也忘不了。我也常为自己这样一个普通人曾经有过这样一段不平常的经历而感到荣幸。

今天，虽然雷锋离开我们已经五十多年了。但是，他那和蔼可亲的音容笑貌，语重心长的亲切教诲，好像还是在昨天。我们一辈子也忘不了。特别是他那崇高的思想，高尚的品格，光辉的业绩，深深地教育影响了我的一生。

随着年龄的增长，通过几十年的学习实践，使我对雷锋的认识从现象到实质，从感性认识到理性认识，由浅入深，从中逐渐感悟出人生的道理。我们内心里感到雷锋确实了不起！雷锋确实平凡而伟大！为表达我对辅导员的怀念之情，随笔写下了一个小段子仅供分享！

永远的怀念

五十年过去了！
总好像还是在昨天！

是您啊！辅导员
是您给我的少年时代
留下一段最难忘的时光
是您呕心沥血哺育我们成长
和我们谈理想

给我们讲故事
是您帮我实现了多年的梦想
——终于穿上了绿军装
帮我选准了前进的方向
是您教育我懂得什么是人生的价值
——把事业心奉献在自己的岗位上
——把爱心送给需要的人
——为党的事业，人民的利益
勇于奉献的人才最光荣、最有价值！……

五十年过去了！
总好像还是在昨天！
永恒的雷锋，人生的楷模，
您永远活在我们心中！

2012 年 7 月 4 日

雷锋辅导员，永在我心中

王文阁[1]

我发明的实用新型“一种补偿增力的驱动装置”和“双胎式节能感应电动机”两项技术，取得国家专利局的承认，颁发了第136595和第137128号两份专利证书。这两项发明，曾荣获三次金奖和一次银奖。当我两次接到专利证书和四次在领奖台上手捧“获奖证书”时，心情总是难以平静，特别激动！我由衷地感到，个人成绩的取得，应首先归功于党的教育，也是社会主义制度优越和国家科技政策深得人心，才培育了我这棵科技的“种子”长成的“幼苗”。在我成长的道路上，凝聚了老前辈们多少辛勤和心血啊！而尤其令我一刻也不能忘怀的是雷锋辅导员的影响和雷锋精神的激励与鼓舞，是促使我发挥个人才智的思想动力。雷锋辅导员永在我心中。

社会主义爱心的启蒙教育

我是一个出生在山东省一百单八县陵县农村的一个贫困家庭子弟。陵县这块地方，在地理位置上，从前有时归河北，有时划为山东，是一片古老的碱沙地，下雨一片涝，天旱一片白。尤其是1960年那场自然灾害，我们陵县可以说是受害最深重的一处。我的家在生活难以维持的情况下，全家老小一齐来到了东北抚顺。1960年秋，我入学在抚顺市

① 王文阁：原抚顺市望花区建设街小学学生。

望花区建设街小学。入学后，由于刚从山东来到东北，人地两生，家里生活依然困难，穿的是山东农村古老的旧式服装，而且还是大人传下来的改造货，又不知道讲究卫生，加之，上学后交不起学费，全靠街道委员会开介绍信免费，所以当时不但别人看不起，甚至有个别小同学讥笑，自己也觉得没有资格和其他小朋友相伴为伍享受童年的快乐。自己认为天底下大概只有我才是最苦最穷的人，在幼小的心灵上产生了强烈的自卑感！

我记得很清楚，那次在机修厂俱乐部，学校请解放军给师生作“忆苦思甜”报告。对这次教育活动学校十分重视，当时我是坐在靠边的一排座位，很可能是因为我穿的衣服又破又脏，所以舒老师将我调到了中间……

大会开始，一位个头不高，普普通通，但却很有精神的解放军战士走上大会主席台，会场上一片肃静，我几乎能听到自己心脏跳动的声音。当他向大家行了一个少先队礼后，顿时会场上又一片掌声。这位作报告的解放军战士就是附近驻军某部运输连的雷锋。报告中，雷锋以他的亲身经历，讲述了在万恶的旧社会，他那辛酸的往事，血泪斑斑的童年，使我深深地体会到黑暗的旧社会根本没有我们穷苦人的天日。是伟大的中国共产党拯救了我们；社会主义养育我们劳苦大众，把我们从当牛作马受奴役的苦难生活中解放出来当了国家的主人。雷锋说得好：“没有共产党就没有新中国，就没有社会主义，就没有我们今天。”听了雷锋的报告，更使我认识到，我们今天的穷和旧社会相比是根本不同的，有着本质的区别。我们今天的穷是因为遭受了自然灾害；过去的穷是因为劳苦大众受剥削受压迫，当牛作马被奴役，又何况今天的困难只是暂时现象，在毛主席和共产党的正确指导下，社会主义建设事业一定会很快地发展起来，只要发展生产，我们就不会愁吃愁穿了……雷锋的报告，使我小小年纪一下子懂得了很多道理。心想，会后如果能和雷锋叔叔说说我的心里话该多好啊！所以，我带着自己的想法在大会散会后来到了学校，巴望着利用机会能和他单独进行一次接触。

第一次找雷锋叔叔，心情有些忐忑不安。当时我看到他从学校党支部刘书记室走出来，正好身边没有别人，我心中暗喜，因为自己穿戴破旧，生怕接触雷锋时被老师同学看到会批评我，现在真是天赐良机，于是我赶紧迎上去在雷锋叔叔面前行了一个九十度的鞠躬礼（因我当时不是少先队员）。由于雷锋叔叔只顾往前走，没想到我突然上去给他行大礼，他一下子愣住了。我行完礼抬起头来二人对视一会儿，还没等我开口，雷锋先说话了，他说："小同学你好！"并主动走近我要拉我的小手。当我伸出手来也想和他拉手时，骤然间可吓坏啦。原来自己的小手是又黑又脏，活像刚拣过煤核一样。我急忙把手缩回来放在了身后，同时也感到有些后悔，自己是个小埋汰孩，不应该找雷锋叔叔添麻烦，正准备立即跑开，可能雷锋看出了我窘迫的样子，马上拉住了我的左肩亲切地说："别怕！没关系。"我这时低着头说了一句："雷锋叔叔好。"由于雷锋叔叔根本没有嫌弃我，主动拉过我又黑又脏的小手，特别亲热地问我说："你是哪个班的学生？"我回答说："是一年一班，一楼东头那个教室。"本来事先我准备了一肚子的话，可是突然全忘了，不知说啥才好。又是雷锋叔叔先开口问："你有什么困难了吗？"我赶紧说："没有没有。我是想问问您，像我这样的穷孩子是不是和您小时候一样？"他对我的提问，特别耐心地解释说："不，不，绝不一样。你的家庭现在有困难，是因为目前国家遭受自然灾害的影响，一时政府照顾不过来，再说，你现在的条件和旧社会的受苦受难是完全不同的。在旧社会劳动人民过的是牛马不如的生活……今天，你是生活在新中国，穷只是暂时的，咱们这个社会主义大家庭，只要有党和毛主席的正确领导，生活会一天比一天好起来的。要想过好日子，吃好穿好，就得全国人民共同努力，大家一齐动手从事建设，很快就会富起来的……"我听了之后，虽然不太明白，但直点头。他又用右手搂着我的肩说："你要好好学习，长大了才能掌握科学知识，成为对社会有用的人，才能对社会主义建设做出有益的贡献！好了，以后你要好好听老师讲课，好好学习天天向上，做毛主席的好孩子，还要注意讲究卫生……"说完这些，又亲热地问道："能做到吗？"我点一点头，非常诚恳地说："能，能，我一定做到。"临分手时，雷锋叔叔说了一声："我过几天再来看你……"

雷锋叔叔的一席话，对我有很大的启发，他深刻地教育了我，使我坚定了对共产党、毛主席和对社会主义的爱心。所以我想，雷锋叔叔说得真对，如果从小不好好抓紧学习，不掌握科学知识，靠什么为社会主义贡献力量呢？自那以后，雷锋的教诲我总也不忘，我一直是按照他的要求努力学习，并取得了很大的进步。

科学技术发明的启迪老师

记得是一个星期六的下午，我们刚下最后一节课，同学们都背着书包放学了；我没有书包，是妈妈手工做的手提布包，我不好意思提着，只好夹在怀里。刚一出教室门就碰上了雷锋叔叔，他可能已经等我一会儿了。他迎着我笑着说："放学啦，我看你来了，学习有进步没有啊？"我回答说："比以前强了点。"他热情地说："这就是进步嘛！"我们一边说着一边往守卫室方向走，当走出校门后，他从背包里取出了 4 个学生用本，2 个算术本和两个方格本，还有一打铅笔，他顺手拿过我的手提书包并给我装好后，十分诚恳，郑重其事地对我说："一定要学好语文和数学，语文学不好理解能力就跟不上；若是不用功学好数学，科学知识就无法解答，要在德智体几个方面都能跟上，才能成为好学生，才能成为对社会主义有用的知识人才；尤其对于科学知识一定要深钻细研。我给你这点学习用品先用着，以后有机会我再来看你……"

新的学期开始了。在雷锋叔叔的辅导、关怀下，我的学习成绩和其他方面都进步很大；我还当上了班级的劳动委员。这一天，我们正在为学校倒锅炉用煤，雷锋叔叔开车来到学校，没等他下车，我就跑上去大声喊："雷锋叔叔，雷锋叔叔来啰！"雷锋叔叔下车来，一手用戴着的手套擦我脸上的煤灰，同时说："这次我去外地执行任务，顺便来看看你们。"突然，他像发现一件新奇怪事一样，眼睛盯着看我左臂上的"两道杠"，高兴地说："这次你不用说，我一看就知道有进步，以后还要刻苦学习，争取有更大的进步！"说完，他转身回到车上，从背包里拿出一套《十万个为什么》，用手递到我面前说：“这套科学丛书是我特意为你买的，拿回去后一定要结合学习用心地看，这套书中都是科学知识，对你定会有很大的帮助。”我双手接过书，激动得眼泪顺脸而淌，不无感激地忙说：“雷锋叔叔，谢谢您，谢谢您。”他非常高兴地说：“这次你已经用行动谢过我了。”他用手指着我左臂上的“两道杠”。转身上车手握方向盘望着我，叫着我原来的名字，并显得很严肃地说：“崔炳文同学，我祝愿你能够成为对国家有贡献的人才……”我这次又向他行了个九十度的鞠躬礼（因为入队不久还没习惯队礼）。雷锋叔叔一边启动汽车，一边说了一句：“再见！”离开了我，离开了我们。

他在赠给我的书中写道：“崔炳文同学，愿你插上幻想的翅膀，去探索大自然的奥秘，长大成为一名科学家。”雷锋叔叔虽然离开我们已经三十一年了，但他的光辉形象永远活在我的心中。我成长过程中的每一个进步，以及今天所取得的成绩，都是雷锋精神的激励和党的培养教育的结果。我决心不骄不躁、奋发图强、刻苦钻研、孜孜以求，努力争取参与世界科学家的行列，以不辜负党和雷锋辅导员对我的期望。

雷锋辅导员，永在我心中。

1993 年 12 月 8 日，于辽宁抚顺市

阅读链接 5－1

做个优秀的校外辅导员[①]

（1962 年 6 月 29 日）

5 月 28 日，我接到共青团抚顺市委的通知，叫我参加本市召开的表扬奖励少先队辅导员大会。通知上说，把我也评上了抚顺市的优秀大队辅导员。看完通知，我的心好久没有平静。

回想近两年以来，我被聘请为本市建设街小学和本溪路小学的校外大队辅导员后，在党的培养教育和支持下，尽自己的力量，利用业余时间和节假日的休息时间，帮助少先队开展了一些有益的活动，给少年朋友们讲毛主席小时候的故事、战斗英雄故事，讲新旧社会对比等，启发他们的上进心和阶级觉悟。比如，本溪路小学有个叫刘静的同学，她在福中生，也在福中长，可是不知旧社会的苦，所以也不懂今天的甜，因此，在当前国家处在困难时期，她的思想有些波动，学习不够安心，工作不主动，成绩也不好。自从我和她谈了新旧社会回忆对比，加上老师的耐心教育和同学们的帮助，她有了转变，变成了一个好同学，加入了光荣的少先队，还担任了中队的文娱委员，学习成绩也取得了 5 分。

建设街小学有些小朋友爱花零钱。我给他们讲了解放军艰苦朴素、勤俭节约的故事后，对他们有很大启发。为了进一步使他们了解点滴节约、积少成多的意义，我把他们带到部队，搬出自己的节约箱给他们看。有个同学看到我捡的大半箱牙膏皮，便惊奇地说："哎呀！怎么捡这么多？"我对他说，这是我平时在水沟里、垃圾堆里一个个捡起来的。站在旁边的一位同学说："真是滴水成河，积少成多呀！"当场有很多同学向我表示决心，一定做到勤俭节约，不乱花一分钱。过后，他们真的

---

① 本文是雷锋为出席共青团抚顺市委表彰少先队优秀辅导员大会而写的发言提纲。

也做了节约箱，捡了不少碎铜烂铁、牙膏皮、螺丝钉等。他们的实际行动，真使我感到十分高兴，同时也使我受到了很大的启发。我想：孩子们处处向我们学习，那我们更应该好好地听党的话，积极工作，努力学习，提高自己，处处以身作则，以我们的模范行为去影响和教育他们。从此，我便时刻严格要求自己，老老实实地工作，更刻苦地学习，丰富自己的知识。和小朋友接触时，带他们做一些有益的游戏，教他们唱歌、跳舞、赛跑、做操、讲故事等。因此，小朋友非常愿意和我在一起，真是无话不说，非常团结；过去爱打架、吵嘴的小同学也都变了样。以前有几个不守纪律的同学，听我讲了邱少云的故事后，也都变得很文明、有礼貌了。这样一来，我和孩子们交上了知心朋友，建立了深厚的感情。有时我要上哪去开会或学习，他们知道后，总是把我围成一团，手拉手地把我送到车站，分别时总是恋恋不舍，有的同学还掉眼泪哩。

小朋友们对我这样好，使我更加热爱和关心他们，更感到自己责任的重大。我看到他们有什么困难，心里就过意不去。有个小朋友（张玄）丢了一支钢笔，没笔做作业，我立即把自己的钢笔送给她，并鼓励她好好学习。她有了钢笔真是高兴万分，学习更加努力。有一次，她把考试成绩单送给我看，看她得了 5 分，我内心格外快乐。

两年来，在党的领导下，在同志们和老师们的帮助下，我协助少先队做了一点点本身应做的工作，党和共青团却给了我很大的荣誉。这荣誉应归功于党，没有党我一事也做不成。我衷心感谢党和共青团对我的鼓励和关怀。我决心听党的话，努力学习毛主席著作，用毛泽东思想武装自己的头脑，在任何艰苦和困难的情况下，毫不动摇，坚定不移地为伟大的共产主义事业奋斗到底。我决心更好地和小朋友们打成一片，帮助他们开展一些有益的活动。教育他们不忘过去，发奋读书，好好学习，天天向上。我要为培养共产主义的优秀接班人贡献自己的一点力量。

阅读链接 5-2

雷锋与孙桂琴等少先队员合影照片

阅读链接 5－3

雷锋与陈雅娟看《解放军画报》照片

第六章

意外事故　因公殉职
抛热血献青春

雷锋

（1962 年 8 月 15 日）

1962 年 8 月 15 日，是中国人民永远怀念的日子。

这一天，伟大的共产主义战士雷锋光荣牺牲在自己的工作岗位上。

通过本章虞仁昌、史宝光、张峻、乔安山等同志的回忆录，连同本书第三章中高士祥同志的回忆录，读者能够较全面、清晰地知悉雷锋同志牺牲前后时的情景，以及雷锋生前战友们痛失雷锋的极度悲痛之情。

从本书第三章中王寄语同志那篇《回忆我们对雷锋的认识过程》和本章史宝光同志《难忘的一次现场勘察》，可以确认：当时，雷锋已被军区内定为参加 1962 年国庆观礼的代表，很可惜，只差一个多月，雷锋就牺牲了，没能赴北京亲眼见到他昼思夜盼的毛主席。不过，雷锋也无比荣幸——毛泽东主席为其做了专门题词“向雷锋同志学习”，并于 1963 年 3 月 5 日公开发表。

其实，在雷锋牺牲之前后的相当一段时间里，雷锋的事迹早已在军内外较广泛地宣传，而毛泽东主席等老一辈无产阶级革命家题词“向雷锋同志学习”之后，则在全国掀起了学雷锋活动的高潮。

50 年来，全国学雷锋活动虽有干扰，有曲折，但依然经久不衰，一浪接一浪，后浪赶前浪，形成了强势的历史文化现象。初步统计，50 年来，《雷锋日记》发行达上亿册；《雷锋的故事》发行 6000 多万册；出版的雷锋图书 400 多种；赞美雷锋的诗篇 300 多首；歌唱雷锋的歌曲 200 多支；表演雷锋的剧目 17 种；电影、电视数十部；用雷锋名字命名的中小学校 20 余所；给雷锋题词的中央政治局常委以上的党和国家领导人 17 位；给雷锋题词的将军和省部级干部达 200 多人次。

2011 年 10 月 18 日召开的中共十七届六中全会审议通过的《中共中央关于深化文化体制改革推动社会主义文化大发展大繁荣若干重大问题的决定》中，有史以来第一次专门做出的关于文化工作的决定中，唯一以个人名字称谓出现的就是雷锋。——“深入开展学雷锋活动，采取措施推动学习活动常态化。”

在 2012 年 11 月 8 日召开的中共第十八次全国代表大会所通过的《坚定不移沿着中国特色社会主义道路前进　为全面建成小康社会而奋斗》的报告中，明确提出“深化群众性精神文明创建活动，广泛开展志愿服务，推动学雷锋活动、学习宣传道德模范常态化”。

历史已经证明：伟大的共产主义战士雷锋这座高耸入云的道德丰碑，将像一颗火红的太阳，永远温暖着世世代代亿万炎黄子孙的心灵。

看《雷锋》 忆雷锋

虞仁昌[①]

记得在 1963 年 3 月，“八一”电影制片厂的冯毅夫和陆柱国等同志到抚顺来找我，要我向他们介绍雷锋同志的一些生前事迹。当时他们对我说：“雷锋同志的事迹，的确是平凡而伟大的，我们一定要早日把《雷锋》创作出来，与观众早日见面。”自从那次以后，我一直在盼望这部片子的映出。现在我的愿望实现了。

影片把我带回到两年前我生活过的连队，使我又一次听到了雷锋和连里同志们讲过的一些充满革命干劲和阶级友爱的话；又一次看到了我十分熟悉的我们连的汽车号码。虽然影片中雷锋的事迹只有几个片断，但我从每个镜头中，都联想到雷锋的许多动人事迹。当雷锋幼年时受阶级压迫的悲惨生活在银幕上再现时，我禁不住地流下了眼泪，不由地记起了 1961 年初部队“两忆三查”和 1962 年控诉美蒋罪行大会上的情景。当时雷锋带头上去控诉，当他说到为砍柴被地主婆砍伤了手，以及最后的一个亲人——母亲被迫上吊时，他泣不成声，全连同志都热泪盈眼，好些人哭出声来。当时大家对旧社会愤恨极了，虽然没有人领头，却此起彼落地喊出相同的口号：“雷锋同志的苦就是我们的苦。”“我们坚决要为雷锋同志报仇！”“解放台湾，活捉蒋介石！”其实，雷锋不但左手指根和手掌交接处有三条被地主婆砍过的刀痕，脱下他的衣服，就会看到他全身都是疤，而背脊上部有一个很大的疤痕。他曾不止一次地对我说，解放时他瘦得皮包骨头，“要是没有党和毛主席，我这块骨头

---

① 虞仁昌：雷锋生前所在运输连副连长、连长。

在哪里也不知道了。”

影片中雷锋学习毛主席著作的镜头虽然不多，但我清楚地记得，他在连里两年零八个月，除了工作就是学习，除了学习就是工作。他热爱毛主席著作，无论是在连里，去开会或出差，总是要带毛主席著作和笔记本。他在工作上遇到了问题，就去读毛主席著作。记得他刚当班长不久，班里的于泉洋同志和乔安山同志闹意见，他就组织大家学习《为人民服务》，学习后，他们班的团结更好了。四班一直是我们连里学习和训练的标兵班，毛主席著作学习流动红旗和军事训练流动红旗也一直被四班所得。雷锋学习毛主席著作最可贵的是学了就能用。我常听雷锋同志说，一个人懂得了道理，首先就应该从自己身上做起，而他正是学用结合的模范。他学习了《丢掉幻想，准备斗争》，就苦练战术技术；学了《关心群众生活，注意工作方法》，就寄钱给周述明的父亲治病。1961 年底，乔安山请假回去看母亲，他又给乔安山买了饼干并塞进去 10 元钱，把同志的困难看成自己的困难。

当我看到影片中雷锋把钱送给灾区，灾区的梁主任把 100 元钱和雷锋的补了又补的袜子作对比的时候，我心中无比激动，这种事在雷锋身上何止一件两件。在生活上他是艰苦朴素的标兵，袜子和衣服的确是补了又补，平时连糖球也舍不得买一个，更不必说买一角五分钱一瓶的汽水了。记得 1961 年下半年，有一天他从工区到抚顺拉粮，中午粮食局关了门，三连的一位领粮的司务长约雷锋到馆子里去吃饭，雷锋认为一顿饭要花好多钱，就叫助手守车子，自己花了一角三分钱公共汽车费，坐车回到连里来向我汇报工作，顺便吃了一顿高粱米饭。他艰苦朴素，连里有的同志讲他“小气”，甚至说他是一毛不拔的“铁公鸡”。但是他总是严肃地说：“我现在有党和同志们的关怀，吃的、穿的和旧社会时比起来真是在天上了。旧社会时我连麻袋片也穿不上，连猪吃的东西也吃不饱。我们现在生活好了，但决不能好了疮疤忘了痛。”他就是这样永远不忘阶级苦的。但是一遇到对党和群众有利的事，他却毫不犹豫地舍己为公。记得望花区成立人民公社时，他送去了 100 元钱；辽阳地区遭水灾后，部队掀起了救灾运动，雷锋捐了衣服和鞋袜后，心中还是放不下，结果又寄去仅存的 100 元钱。

雷锋干工作真是干劲冲天，他从来不知疲劳，除了干好本职的工作以外，只要对人民有利的事，他都主动去干。他曾经对同志说："任何事情只要我们看到、想到或听到，就不是闲事，只要有可能就应当把它干好。"1960 年夏天的一个星期日，他去卫生队看病，看到隔马路那边很多人在义务劳动，修建本溪路小学校舍，他就带病去帮助推砖。下午 3 点钟，工地上打锣敲鼓送来了大红信封的感谢信，我们才知道有这回事。我们连的几个干部，都因为有这样的好战士而感到骄傲。

1961 年春末，有一天，雷锋在兄弟部队巡回报告十多天后回到连里，他向我汇报了在兄弟部队受到的教育和热情的接待。在谈话时，我发现雷锋的脸色消瘦和发白了，我打断他的话，问他是否有病？他轻快地回答（雷锋任何时候都是乐观的）说："没有什么，只是近来常常睡不好觉，到 12 点还睡不着。"我知道，雷锋到外面是去作忆苦思甜报告的，每天要回忆自己在旧社会的悲惨生活，情绪激愤，以致过度疲劳而失眠（他每去一地，不但去作报告，而且总是要积极参加劳动）。当天，我就命令他休息，并告诉二排长和四班长（当时雷锋是战士），不论公差勤务、体力劳动，都不让他参加。第二天，我觉得雷锋睡的地方不安静，就叫他睡到连部我的床上来（我睡到另一同志的床上）。当时他很不好意思，再三要求准他仍睡到班里去，经我说服以后，终于睡到连部来了。第二天我起床，他也起床了。我问他昨晚睡得安宁吗？想不到他却对我说："连长，真的，我昨天晚上比前天晚上还睡得不好，你还是准我回去睡吧！什么工作也都让我去干吧！你叫我睡这里，我思想上更安静不下来。"我当时听了，心里很难过，心想这么好的同志，眼看身体瘦下去怎么办？我把这情况告诉指导员高士祥同志，他说："你还不知道雷锋那个劲？叫他不工作怎么做得到呢？"雷锋到连里后，生过两三次病，从没见他休息过。但他对群众和同志们的病，却十分关心。1961 年 3 月，部队野营，行军到马郡村，他把自己一个月的津贴费全送给一个生疮的贫农老大爷。1962 年初，他班里的庞春学同志病了，他急着请医生、端水送药、做病号饭，亲自和同志们一起把病人背到卫生队去，还每天利用休息时间跑去看望。庞春学病好一点了，他又买苹果和饼干，发动全班一起去慰问。

我从日常生活中，深深感到雷锋对党，对毛主席，对新社会，对人民有着无比的热爱。他那毫不利己、专门利人的精神处处表现在他的日常生活中。他上火车总是先人后已，帮助小孩、老人先上车，把座位让给别人，还帮助列车员扫地抹玻璃，给旅客送开水。他曾经不止一次帮助修理中途出故障的车子，替行路的妇女抱孩子、拿东西。记得 1962 年 5 月间有一天，我和助理员范清廉坐公共汽车去开会，到了目的地，看到雷锋正在修理汽车，那时已快 11 点半钟，我叫他收拾好工具可以去吃饭了，但在吃饭时我却没有见到他。我问了四班的其他同志。说是向张处长请了假，送一位老大嫂到樟子沟去了。这一下我倒回忆起来了，原来那位大嫂是和我们乘同一辆汽车的，她肩上前后都挂满了东西，手里还抱着一个大约未满一岁的小孩，另外还牵着一个大约五六岁的孩子。下车时我走在她们后面，大小孩还是我把她抱下车的，当时我因为急着走路竟没想到帮她抱孩子，也没问她到哪里去，事后想起，真是惭愧。据雷锋回来对我说，他刚收拾好工具，见大嫂满头大汗走来，看到她实在困难，他就向处长请假，帮她抱孩子、拿东西，送她到家里。路上下了雨，就把雨衣推给大嫂，自己淋着。他还说："我们是当兵的，年纪又轻，淋点雨没关系。"像这种事，在雷锋是很平常的。我们连队接到感谢、表扬或表示向雷锋学习的信，当时就有两肥皂箱。1962 年 8 月 15 日，雷锋和我最后一次谈话时的情景，我还记得非常清楚，他对我说："13 号汽车已经到了该三级保养的时候，车况也不大好，请连里安排保养。处长说洪水期快来啦，需要把粮运足，车子不够用。"他又建议说："连长，我建议这次保养不要送修理所了，让老兵排保养，可以学点技术，又可以快点保养好去执行任务。"我当时一看表已经 10 点多了，考虑到他远路回来，又快吃中午饭了，就叫他去休息，吃了中午饭把车先洗好再说。想不到他向我敬了一个礼，出去后不到 10 分钟（10 点 25 分），就遇到非常意外的事故而负重伤，经医院抢救无效，在 12 时 5 分牺牲了。我亲眼看到了亲爱的雷锋同志停止了呼吸，内心的悲痛是无可形容的。记得我和另外几个同志从医院出来的时候，医院门口站满了人，有战士，有学生，有居民，他们一齐围上来问：“雷锋同志怎样了?”一群少先队员更是关心，他们从我们的神色中看出雷锋已经牺牲了，就大哭起来，这时，我们的眼泪再也忍不住了。8月17日。抚顺市各界人民为雷锋举行了庄严的葬礼，我和指导员左右扶着灵柩。一排长坐在前头的摩托车上抱着雷锋的遗像，街上人山人海。在群众行列中，我们听到不断发出赞扬和痛惜的议论：“这不是雷锋吗?多好的小伙子!”“前几天他还帮助三层楼张大娘种菜呢!”听了这些话。我虽然更加悲痛，但也感到骄傲。正如烈属张士霞老大娘对我说的：“雷锋这样好的小伙子是不会死的!”雷锋以自己的光辉榜样，在群众中撒下了共产主义的种子，他不断鼓舞着我们前进。

时刻想到别人，处处为他人着想

雷锋在连里两年半的时间，我开始是副连长，1961年4月李超群连长升任技术营参谋长后我接任运输连连长。一直到雷锋同志牺牲，始终和他在一起，并且同他进行过多次个别谈话。亲自眼见，亲身经历，雷锋同志作为一个青年战士不论哪方面表现得都是特别突出的。他是一个特别讨人喜欢的好兵。尤其是他时刻想到别人，处处为他人着想的思想品德，深深地印在我的脑海中。那是1961年3月份，连队奉命野营拉练。我因爱人生孩子请假，第二天回到连里是乘拉给养的汽车赶上了连队。当晚在抚顺市郊区一个叫石文厂的村子宿营。因为一天行军都很疲劳，同志们一倒下就都睡着了。夜里十一点多钟，我进行查铺查哨，看到小学教室里亮着微暗的灯光，从外面只看到一个战士在火炉前烤一大堆鞋袜；当我悄悄走进去一看，见是四班战士雷锋。我低声说：“时间这么晚了，你怎么还不休息?”他笑盈盈地、生怕惊醒大家的睡眠也用很低的声音对我说：“同志们的鞋袜都湿了，穿起来走路怪难受的。”我说：“走了一天的路，你也累了吧?”他回答说：“我不累。”第二天，

连队继续行军。我走在连队前头，传下口令叫大家快步跟上……我回头看了看，只见雷锋一拐一拐的；但他还是抢着给体弱的同志背背包。下关门山时，李清云同志昏倒了，雷锋和庞春学等同志上前扶起他并架着他一起走。雷锋就是这样，不顾自己而只顾关心别人。这天晚上是在马郡村宿营，不少同志直累得连饭也不吃，倒在炕上就睡着了。可是雷锋，看见干部和班长们烧水让大家洗脚，他不顾自己休息也主动参加给各班端水，还给脚上打起泡的同志挑血泡，忙个不停。大家都为他这种关心同志的行动而表示出由衷的佩服。

他关心同志无微不至。有一次石油俱乐部放映《柳堡的故事》电影，二班的一个同志很想看；但不巧的是当晚正好轮到他站岗。雷锋知道了这件事，他主动替他站岗，硬把那位同志推去看了电影。使那位同志深受感动！

有一天，四班开班务会，我从旁边经过，正好是雷锋发言，于是我站在一个不被人注意的地方，听雷锋说："连排首长为革命操劳是很辛苦的，一个有觉悟的革命战士，应该体谅领导的困难，为首长们搞好工作创造方便，绝不应该给领导添麻烦。"我听了之后很受感动！

时刻想到别人，处处为他人着想，唯独不考虑自己，这是雷锋同志时时、处处、事事做出许许多多为人民服务好事的思想根源；也是雷锋同志能够受到领导和群众信赖和热爱的根本原因。雷锋同志确实是一个关心他人比关心自己为重的好同志。他的这种精神值得我们永远学习。

雷锋因公殉职，令我们永久怀念

1962 年 8 月 15 日上午 10 时许，雷锋从工地开着 J7 - 24 - 13 号嘎斯汽车装着旧棉衣回到连里。向我报告说："张副处长讲：汛期快到了，需要把给养和器材运足，车子有些不够用。我的车子已到三级保养时间，车况不太好，请连里及早给安排保养才好。"我对他说："车辆保养，连里会安排的。你去休息吧，下午再讲好了。"他没离开原地，接着我的话说："连长同志，我有个建议，我这个车不要送团修理所了，我们修理班就能保养得了；重要零件可以拿到修理所去加工。"我听了以后非常高兴地回答他说："这个意见很好，你快回去休息吧。"他向我敬了举手礼，出去了。大约十来分钟时间，河南入伍兵韩振马同志急三火四地跑到连部，气喘吁吁地报告说："连长同志，不好了，雷锋出事了。"我立即跑到连部后面，看见雷锋倒在地上，乔安山同志（是他开的车）把雷锋扶坐在地上，我蹲下去大声喊："雷锋！雷锋！"没有答应。只见他左眼圈发紫，左鼻孔流出淡淡的血水来；旁边倒着一根被撞断的方木杆子（1.5 米高，40 毫米×60 毫米见方）。我忙叫旁边的一个战士，命令似地说："快把教练场的教练车开过来！"很快，由汽车教员王广湘把车开了过来。这时，我亲自把雷锋抱上汽车，让车直接开往望花西部医院，从车上下来就背上了二楼抢救室，抢救中体温过高，我急忙到楼下买了一箱冰棍进行降温；温度刚降下来，突然呼吸停止了。医生进行人工呼吸后又恢复了。这时一位医生对着我们问："你们谁是负责人？"我应声后跟他进到一个小房间里。他说："伤势很重，是颅庞骨折，内部出血，生命有危险。"我一下子吓呆了。含着眼泪焦急万分地对他说："他是毛主席的好战士雷锋啊！请您们无论如何要千方百计地抢救他呀！"他听了我的话之后，就提笔写了一张便条，说："快些派车去沈阳军区总院，把脑外科主任段教授请来。"我拿了字条折返小路脚不沾地的跑回连里，连里的同志们一下都围上来问我"雷锋怎样了？"……我顾不得旁的啦，忙对副连长白福祖说："你快点，马上开车到沈阳……"他接过二院医生写的便条含着眼泪说："只要能把雷锋同志治好救活，我牺牲生命也愿意。"我看他那激动的样子，忙说："不，雷锋要救，你也要注意安全。"恰好这时候，团司令部的军务股长来到连里，我灵机一动便用请求的口吻说："股长同志，我们白副连长的心情也太激动，能否请您跟车一起去趟沈阳，以便坐在驾驶室里帮助指挥一下？"股长慨然接受了我的请求。他们迅速驾车走后，我考虑到为了增加可靠性，遂又派汽车教员王广湘也开了一台车随后跟去……我再次飞也似地回到医院不久，雷锋同志的呼吸又停了。乔安山同志哭得泣不成声。我含着眼泪一再央求医院再想尽一切办法抢救，医生特别认真负责地接连做了几次人工呼吸，可是效果不佳。后来医生经过征求我的意见，把喉管切开进行呼吸处理，只见腹部起伏了一下又停止了……经过约二十来分钟，医生放下听诊器说："不行了，你们料理后事吧。"霎时间，使我们一些在场的人悲痛欲绝，失声痛哭，一时束手无策简直不知该怎么办才好……不得已我们把遗体抬到了太平间。我把他的衣服解开，给他擦洗身体，用脸贴在他的肚子上，感到温暖柔和；总不相信他会死去，所以又急匆匆地去找医生说："他身体的温度好好的，请您们再去抢救一下吧，要血要肉我们都可以办到，只要雷锋能活，要什么都行。"医生非常诚恳似乎带有一种歉疚的心情说："他是脑挫伤，内部出血，血和肉都是没有用的。"这时我们感到彻底的失望了，为挽救不了雷锋的生命，大家都哭了。下午两点多钟，团长、政委和指导员从工地赶回来了。他们手抚雷锋的遗体也都哭了……

注：在过去的报道材料中，有的说是"王副连长（也是汽车教员）亲自驾驶汽车，开足马力，飞一样地从抚顺直奔沈阳，用最快的速度把沈阳部队总医院著名的脑神经医生接到了雷锋的床前……"还有多处提到"王副连长……"这是欠实的。因为我在连的时候，从来没有过姓王的副连长；只有白福祖、曹玉德两位副连长。

1993 年 7 月 18 日，于浙江东阳市

选自戴明章编著：《回忆雷锋》。

难忘的一次现场勘察

——谈谈雷锋同志牺牲那段真实的历史

史宝光①

光阴荏苒，岁月如流。雷锋同志离开我们已经半个世纪。但是，雷锋的精神至今仍然激励我们像他那样做人，永葆共产党员的本色。作为当年现场勘察的责任人，每年的 8 月 15 日雷锋同志因公殉职祭日这天，我都会想起当年雷锋牺牲时我亲历的现场的情况。作为历史的见证人，我有责任把当时现场发生的情况介绍给大家。

雷锋生前是沈阳军区工程兵十团运输连四班班长，沈阳军区工程兵的学习毛主席著作积极分子，也是辽宁省抚顺市第四届人民代表大会代表，军区选派雷锋为 1962 年国庆观礼代表。部队为了宣传雷锋的先进事迹做了很多材料搜集整理工作。

一、事发与抢救

1962 年 8 月 15 日中午，十团后勤处处长武学孝同志驱车来沈阳军区工程兵政治部向领导报告：雷锋在营区内因汽车肇事身亡。政治部主任裘永芳同志听到后极为震惊，当即决定立案调查，指派我和张峻立即赶往抚顺。当年，我是保卫处干事，张峻是宣传处干事，之前他已经为宣传雷锋先进事迹补拍了许多的照片。我们下午三时到了十团驻地。经连队领导情况介绍后，马上到出事地点勘察，并把当事人乔安山同志找

① 史宝光：原沈阳军区工程兵政治部保卫干事、当年雷锋牺牲现场勘察责任人。

来说明事发现场及经过。

当天，雷锋和乔安山从沈阳郊区的国防施工工地返回抚顺的团部时已近中午，雷锋与他商量先冲洗车再吃午饭。随后他们把车开到九连营房附近，距营房前八米处有一排用方木杆和铁丝拉成的晒衣绳，要想进到西侧的炊事班门前洗车，还需通过晒衣绳东面拐一个直角弯的路。雷锋下车察看地形，他站在晒衣绳的第一根方木杆内侧的铁丝下指挥乔安山向里面开车。当车身通过方木杆后，雷锋打了一个通过的手势。乔安山刚起车就听到咔嚓一声，回头一看雷锋倒在地上，急忙下车跑到班长身边，只见他呼吸急促不省人事。连部领导闻讯赶来，大家把雷锋抬上汽车，送往附近的煤矿西部职工医院抢救。但当时该医院的条件有限，心急如焚的副连长驾驶嘎斯军车，风驰电掣去沈阳军区 202 医院接脑科医生，医生来到后，为时已晚，雷锋早已停止呼吸。经确诊：雷锋右脑太阳穴处，因受重击造成颅骨骨折，颅内出血而死亡。雷锋就这样一声不响地永远离开了他热爱的军队和战友。在场的战友们无不感到惋惜和悲痛。乔安山当时也深感压力很大，因而背上了沉重的思想包袱。

二、勘察与结论

我们从现场实地勘察，发现折断方木杆材质为柞木，长 1.8 米，横截面积 6×6 厘米，一头还连着八号铁丝，方木杆的折断处有黑色橡胶沫，在汽车左后轮胎外侧有明显的擦伤痕迹。除此再没有看到刮碰车体痕迹。因此，我们认为，房前的土道狭窄，路面不平，栽埋晒衣杆根部还有凸土，形成左高右低状，汽车驶进时必然向右倾斜。从表面上看车体刮碰不到木杆，但是汽车左轮胎已经挤压到左边的方木致使这根即脆又硬的木杆从根部折断，在铁丝拉力下断了的木杆突然飞弹起来，猛然击中雷锋头部导致了这场事故。

当晚，我们向从工地回来的团政委韩万金同志做了汇报。我们认为该事故，既不是乔安山的有意所为和操作不当的技术责任，更不是雷锋指挥上的失误。根据事故是发生在洗车途中的工作时间，我们认定雷锋的牺牲应确定为因公殉职。韩政委同意我们的勘察结论。韩政委随后告诉连指导员高士祥同志找乔安山谈话，为其卸掉思想包袱。张峻同志连夜起草了《雷锋因公殉职讣告》，准备向军内外报刊发表。

三、善后与公祭

当天下午雷锋同志遗体从医院接回运输连，安放在军人活动室。因为天气炎热，用了四块大冰砖垫在遗体下，战友们轮流为雷锋守灵。

随后我们开始清点雷锋同志的遗物。从他入伍前的大皮包中，看到很多他当兵前的衣物，有皮夹克、毛衣、毛料裤子和手表，一个一百元钱的存折，褪色旧军装打着补丁，袜子都是补丁摞补丁的。雷锋生前是节约标兵，每年发放两套军装他只领一套。遗物中，还有雷锋平时学习毛主席著作写下的许多读书笔记和日记，还有许多生活照片。

第二天（8 月 16 日）上午连队派人到抚顺戈布街公墓安排墓地。下午我和连队战友为雷锋入殓，遗体安放在黄花松大棺木中（这是市委主要领导把自家为老人准备的寿木捐赠给了雷锋同志）。

第三天（8 月 17 日）上午九时，在望花区政府机关小礼堂举行了追悼大会，由张峻写的横标和条幅把会场布置得庄严肃穆。雷锋同志灵柩停放在前台中央，周围布满花圈。团政委韩万金主持追悼大会，工程兵政治部副主任苏民致悼词，介绍了雷锋同志生前工作和学习毛主席著作等先进事迹，并给予很高的评价。参加追悼大会的机关和部队官兵代表二百余人为雷锋同志送葬。雷锋的遗像安放在送葬车队的前导摩托车上，灵车由四名连级干部守卫，官兵代表乘坐十余辆载有花圈的军车为其送行，地方铜管乐队一路奏哀乐，葬礼盛况空前，沿途吸引很多市民驻足。当得知这是为雷锋送葬时，许多人自发地跟随到墓地参加了祭奠。

四、雷锋精神永垂不朽

雷锋牺牲后，在1963年1月7日，雷锋所在的运输连四班被国防部命名为“雷锋班”；1963年3月5日毛主席题词“向雷锋同志学习”发表后，沈阳军区和抚顺市为了学习雷锋，弘扬雷锋精神，在1964年清明前又隆重将雷锋的墓迁移到抚顺望花公园，建成今日的雷锋纪念馆。

如今，雷锋精神已经在华夏大地绽放出绚烂的文明精神之花，经过几代人的传承，已成为中华民族精神世界的丰碑，这是对雷锋英年早逝的英灵最好的安慰。

近年来的相关报道和一些影视作品中，在雷锋殉职的细节上，出现了许多传说和版本，其间大相径庭。每当看到这些不真实、不准确的报道，令人总是感到不解和疑惑。雷锋同志是我们时代的楷模，雷锋精神将在人类文明史上永放光辉。为尊重历史，尊重逝者，对雷锋的任何叙述必须是真实、准确的，不能因某种需要而随意变调，而应遵循实事求是的原则，弘扬雷锋精神。

雷锋将永远活在我们的心中，鼓舞着我们攀登精神文明的高峰。

2011年12月18日

雷锋同志因公牺牲写真

张　峻①

2012年8月15日，是伟大的共产主义战士——雷锋同志因公牺牲50周年。在缅怀战友雷锋之时，勾起了50年前的回眸，又把我带到了当年身临其境，亲眼目睹和勘察、拍摄雷锋被砸的现场，雷锋生前忆苦思甜、刻苦学习、助人为乐，音容笑貌以及西部医院抢救、公祭雷锋同志大会、送殡、安葬等情景一幕幕重现在眼前。

人们对雷锋之死非常关心，好多朋友打电话、写信问我，雷锋究竟是怎么死的？……因此，有必要趁此纪念雷锋因公牺牲50周年之际，再向关心雷锋的人们谈谈雷锋牺牲后，我在勘察现场拍摄过程中所经历的真实情况：

雷锋因公殉职现场的拍摄

1962年8月15日，早起床后，后勤处车管助理员李向高叫雷锋开车去抚顺市内送一趟被服，并告诉他快去快回，下午要把车送到修理所进行三级保养。上午不到10点钟，雷锋和乔安山就回到了连队，他们俩商量，自己在家保养，既可以节省时间，又可以在实践中学到技术，雷锋的建议得到了虞仁昌连长的批准。雷锋想趁上午还有两个小时的时间，把车开到有自来水的九连驻地，将车冲刷干净，下午就开始保养。

---

① 张峻：原沈阳军区工程兵政治部宣传干事，军旅摄影家，当年雷锋牺牲现场堪察摄影者。

这时间道路上行人少，正是锻炼乔安山驾驶汽车的好机会，他就让乔安山开车。乔安山的驾驶技术不熟练，心里没有底，上车后对雷锋说："班长，你在下面给我看着点，别撞墙上！"乔安山把车头调转过来，直往九连驻地开去，开车到营房的临时大门处就熄火了。这时，雷锋跑到汽车前左侧的斜角位置指挥，雷锋低着头，一边看着车轮子，一边喊着："开、开、向前开！……"乔安山突然加大油门，汽车前轮进了营门，可是后轮却把立在门左边的一根柞木杆子撞倒，碰巧砸在了雷锋的右太阳穴处。雷锋当时就倒在地上。这时，乔安山也不知道，等把车开到九连驻地停车后，回头一看，当时就吓懵了，急忙跑过来把倒在地上的雷锋抱在怀里，歇斯底里地边喊："班长，班长！"边喊来人！在场的一位河南入伍的新兵叫韩振马，气喘吁吁地跑到连部喊叫："连长，不好了，雷锋出事了！……"虞仁昌连长也顾不得问个究竟，就急忙往现场跑去，见乔安山把雷锋扶坐在地上，只见雷锋右眼圈发紫，右鼻孔在流淌着血水，在场的战友怎么喊叫，雷锋没有一点应声。虞连长忙叫汽车教员王广湘把停在教练场上的教练车开过来，这时又赶来了白福祖、曹玉德副连长和十多名战士，把雷锋抬到车上，由乔安山等守候在身边，直奔抚顺望花区西部医院。

当天上午 11 点 30 分左右，沈阳军区工程兵政治部接到雷锋所在工兵团打来电话，说是雷锋开的汽车出了事故，把雷锋碰成重伤，送到西部医院正在抢救，请示上级派人前去处理。

我刚吃过午饭回到宿舍，工程兵政治部青年处于波处长、保卫处史宝光干事，就敲门喊我，还没来得及问个究竟，于波处长就急急忙忙地拉着我边走边说："赶快到办公室，带上照相机，咱们去抚顺，工兵团运输连。"史宝光在旁插话说："雷锋被汽车肇事砸伤了，工程兵首长指示：叫我们三个人先去调查处理。"我到办公室取了照相机，就匆匆忙忙地一起上了车。

从沈阳到抚顺的途中，我几次催促司机加大油门，路上还压死老乡一只鸭子，这时也无心顾忌"三大纪律八项注意，损坏东西要赔"了，只知道快！快！快！到运输连已经是下午一点多钟了。

我带上照相机和史宝光急忙赶到出事现场，史宝光在用皮尺丈量出事地址和肇事工具等，我当即拍下了碰倒雷锋的地上洒有白灰，还有血迹的位置，还拍下了打伤雷锋仍放在原地拴有铁丝的柞木杆子等现场勘察照片。

根据我保存的现场勘察照片袋上的说明记录，碰伤雷锋头部的柞木方杆，长为180厘米，方为6×6厘米；碰倒的时间是1962年8月15日上午10时45分。现场勘察和拍摄完毕，我们就立即赶往西部医院。

西部医院抢救雷锋的情景拍摄

虞连长、乔安山等干部战士把雷锋从车上抬下来，就直奔医院二楼急诊室。当时，在急诊室当班的大夫杨镇芳、耿庆春把雷锋放在床上后，出现陈氏呼吸昏迷，嘴和耳朵、鼻子都在流血，经检查是严重右颅骨凹陷骨折并伴有血污。抢救时由于室温过高，虞连长又叫战士到大街上买来一箱子冰棍，放在雷锋头部周围来降温以减轻颅压。

西部医院领导听说送来抢救的是雷锋，非常重视，立即抽出最好的医务人员，由外科主任张锦川、副主任郭文元、耿庆春以及护士朱金城和赵桂荣等组成抢救小组，全力以赴，边输液，边给氧并同时推糖，医生还多次进行人工呼吸。这时外科主任张锦川把虞仁昌连长叫到跟前说："伤势很重，是颅庞骨折，脑部出血，有生命危险！"他边说边写了一张便条，叫快派车去沈阳部队202医院请他的老师、外科主任段国升教授。虞连长忙对站在身旁的白福祖副连长说："你亲自开车去沈阳，越快越好！"这时雷锋的呼吸又停了。乔安山哭得泣不成声，在场的所有连队干部都含着眼泪一再央求医生要想尽一切办法抢救，医生特别认真负责，接连做了多次人工呼吸，都不起作用。后来，医生等不及段国升教授的到来，经过征求连长的同意，把喉管切开进行呼吸处理，只见腹部起伏了一下又停止了……经过约20多分钟的处理，张主任放下了听诊器说："实在无能为力了，你们料理后事吧。"霎时间，在场的人，

顿时失声痛哭，悲痛欲绝，中午 12 点 15 分雷锋经抢救无效离开了我们。

白福祖副连长驾驶汽车，开足马力，飞也似地从抚顺直奔沈阳，也顾不得红灯、绿灯，交警也都直发愣，赶到陆军总院只用了 45 分钟，不巧正赶上午休，段主任不在医院，又到他家里才找到。当段国升教授来到抚顺西部医院时，雷锋已经停止呼吸约一个小时了。

当我赶到西部医院时，雷锋的遗体已经经过整容和换上了新军装停放在太平间里了。遗憾的是整个抢救雷锋的过程，因来迟没有拍摄下来，我在太平间里只拍下了雷锋遗容的头像、半身像和全身像三个镜头。

公祭雷锋同志大会实况的拍摄

1962 年 8 月 15 日下午 3 时左右，我们都回到了雷锋生前所在的运输连连部，由团政委韩万金主持召开了一个紧急会议，由团的有关领导及营连的干部和我们三个人参加。主要议程有三项：一是听取虞仁昌连长对事故发生经过的汇报；二是听取史宝光干事对事故现场的勘察的分析报告；三是雷锋丧事的筹备。会后由工程兵政治部青年处处长于波直接用电话向工程兵首长作了口头请示汇报；由团的干部同时向抚顺市领导机关作了汇报。

由韩万金政委和于波处长牵头组成治丧委员会。我也是治丧委员会的成员，具体负责会场的布置，起草和书写公祭大会的横额和两旁的挽联以及向遗体告别、公祭大会、送殡、安葬等全过程的拍摄。

当天晚饭后，根据韩万金政委的指示，将乔安山从禁闭室里放了出来，并再三嘱附连队指导员高士祥：死了一个，不能再死第二个，要做好乔安山的思想工作。乔安山被放出来以后，一直蹲在地上，不吃不喝，就是哭。我和高指导员都对他作过安慰和劝导，这时乔安山情绪才稳定下来。

雷锋的遗体也从西部医院太平间移回，停放在三营营部。经由抚顺市政府联系从水库拉回了冰块，放在遗体下面。16 日，在营部举行了向雷锋遗体告别仪式，主要是连队和团营及各连的干部、战士参加。我当时拍下了雷锋的最后一幅照片。遵照抚顺市政府领导的意见和安排，决定于 1962 年 8 月 17 日，在望花区政府礼堂举行“公祭雷锋同志大会”，由望花区政府一位区长和团政治处主任崔东基共同操办。

8 月 17 日是个极悲恸的日子，上午九时吊唁开始，党政军各界和人民群众陆陆续续走进礼堂，会场布置的庄严肃穆。礼堂正厅上方悬挂着由我连夜亲笔拟草和书写的大幅“公祭雷锋同志大会”横额和两旁挂着的挽联，上联是“学雷锋，不怕苦，不畏难，以行动作纪念，争当五好战士。”下联是：“学雷锋，对敌恨，对己和，化悲痛为力量，苦练杀敌本领。”台上正中间安放着雷锋的灵柩，沈阳军区送的花圈摆放在灵柩的正中，黑纱环绕着雷锋的遗像，置于紫色木灵柩前面。抚顺市党政机关及驻军送的花圈分别摆放在台上台下两侧，灵柩上面覆盖着鲜红的八一军旗，上面安放着雷锋的军帽。周围摆满了鲜花和松柏，礼堂四周布满了各界敬送的挽联和花圈。团、营及连队的干部以及雷锋班的战友，全副武装轮流守灵。吊唁的人们怀着无比沉痛的心情依次缓步走到雷锋灵前，在哀乐声中静默致哀，深深三鞠躬。大家心情沉重地走进来，悲痛泪流地走出去。

下午一时，公祭雷锋同志大会开始，沈阳军区工程兵司政机关，抚顺市党、政、军等领导亲临致祭，参加大会的各界代表千余人。自发前来参加的群众络绎不绝，礼堂容纳不下，只好采取临时措施，在礼堂外边安装了扩音喇叭。

公祭大会由团副政委刘家乐同志主持，政委韩万金致悼词，连队指导员高士祥介绍雷锋生平事迹，沈阳军区工程兵政治部副主任苏民讲话。

在大会举行之时，我拍摄了会场全景等镜头。公祭大会开完后，缀着黑纱的灵车，由战士驾驶的两台摩托车在前面开道，从望花区人民政府大门缓缓驶出，灵车由雷锋所在连的连长、指导员等四名干部护送，灵车后面是哀乐队。由二百名新入伍的战士举着花圈相随在哀乐队后面缓缓行进。

沿途 10 多公里的街道两旁自动为雷锋同志送葬的群众有几万人。在一片哀乐声中，雷锋的灵柩被送到抚顺市新抚区戈布街北山烈士公墓安葬。在山上又举行了安葬仪式。雷锋墓位于东山坡，坐东朝西，墓前立着一块木制牌碑，上面写着“中国人民解放军 3317 部队班长，抚顺市人民代表雷锋烈士之墓，1962 年 8 月 17 日立。”1964 年清明节前夕，抚顺市委根据群众的愿望和要求，将雷锋墓迁到当时雷锋生前所在连队驻地附近的望花公园内，也就是现在的雷锋纪念馆。

雷锋，这位普通士兵，能够引起抚顺百万人民的深深哀思，可见他的高尚品德、情操和全心全意为人民、无私奉献的精神，在煤都影响之深。当年雷锋牺牲的情景，使我至今难忘。

岁月流逝，时光无情地抹去了人们心中的许多印记，然而雷锋的名字，却深深镌刻在亿万中国人民的心中。

雷锋是怎样牺牲的

乔安山[1]

入伍前我和雷锋都是弓长岭铁矿的工人。雷锋在焦化厂当推土机手，我在第二炼铁厂当炉前工。我们彼此都认识但不熟。他个子比较矮，又是开推土机的，工作也很好，很多人都知道他，像冒雨抢救水泥的事，我们矿里有个小报也登载了。入伍前，我俩是一起在辽阳小屯新兵体检站体检的，1960 年 1 月 2 日新兵在辽阳南林子工农干校集中那天，他就被安排到新兵营当了几天便衣通讯员。

我和雷锋在一起是 1962 年，他到四班当班长以后。雷锋先是三班的副班长，四班班长转业后，把雷锋从三班调到四班当班长。

1962 年春天我们来到下寺碑村。8 月 14 日那天，后勤李助理来通知说："你俩明天回抚顺，把车整一整，星期四把煤捎回来。"

我记得清清楚楚，第二天是 8 月 15 日星期三。

早晨，我俩去停车场把车停好后，我开车，雷锋在车厢上面，车开到金华楼时，我到车厢上面把雷锋换下来，雷锋接着开，一直开到抚顺营房。

车停好后，雷锋说："我去跟连长请示一下。"就到连部去了，我见院里有两台大修车，就过去帮着整车去了。

雷锋去了将近一个小时，回来后对我说："咱俩去洗车。"我说："行。"他就去前面把拦在道上的铁丝网弄下来（我们要到九连前面的水管那去洗车，因为九连出外执行任务去了，怕小孩进去，就利用道口的

① 乔安山：原雷锋所在班战士。

几棵树拉上了铁丝网）。

到了铁丝跟前，我把车停下来问他：“行不行?”他说：“没事了。”我就挂一档拐那个直角弯，那个弯很不好拐，我记得还打了一个倒车，拐过直角弯后车就往前去了。

车开进的是一个较窄的人行道，道口的南边有一颗大树，以这棵大树为起点，用8号铁线连着一排1.5米高、小碗口粗的方木杆子，平时用来晒衣服用。雷锋站在车的左侧，离车很近，几乎就挨着脚踏板。他站在那指挥说：“没事了，往前开吧。”我就往前开，车厢上的大带将离大树最近的一个方木杆子从根部挤断了，并把拴在上面的8号铁线也拉断了。折断的木杆在铁线的拉力作用下，上端正好打在雷锋的太阳穴上。当时我并不知道这一切，只感觉了“吭哧”一声。因为没听到雷锋在车下说什么，我也就没往心里去，把车一直开到九连的水管跟前。

下车后见到雷锋倒在那里，我赶紧跑了过去，当时还有几个战友在菜园干活也跑了过来，跑到跟前我就把雷锋抱了起来，这时他的鼻子、嘴都在往外喷血，喷了我一身，我对别的战友说：“快去找连长。”把连长找来后，连长立即指派副连长开车把雷锋送到了西部医院。

雷锋被送到西部医院护士办公室的床上。

这时雷锋抽的坐起来了，抽完后就没气了，院长和主治大夫都跑来了，他们给雷锋做人工呼吸，雷锋缓过来后，院长跟连长说：“这个人不行了，得立即手术。我们这做开颅手术不行，赶早去沈阳接陆军总院大夫。”他还给写了一封信。白副连长开车去的沈阳。

大夫们也开始抢救工作，他们把床拽了过来。这时雷锋十多分钟抽一次，后来达到五六分钟抽一次，抽完之后就中断呼吸。

院长说：“把气管割开输送氧气。”护士把雷锋的脖子割开了，护士的手紧张得直哆嗦，气管拽不出来，院长亲自上前把气管拽了出来，并把氧气给插上了。这时雷锋仍然不见好转，院长又给他做了人工呼吸，过了五六分钟，院长给连长说：“不行了，回去准备准备吧。”

这时过来两个护士把雷锋送到了太平房，用白被单盖上了，我也跟去了。他们走后，一个老头来了说：“你出去不？我要锁门了。”我说：

“不出去，你锁吧。”当时屋内还有其他死人，可我根本不知道害怕了，当时脑袋里一片空白。我在那屋里坐了二十多分钟，陈排长来了，他把我带到连队后勤招待所的一个小屋里禁闭起来，又派了两个战士在门外站岗。

12点多，指导员回来了。问：“乔安山呐?”（我在屋里都听见了）陈排长说：“看起来了。”指导员说：“看什么看!”还骂了几句。他们让我出来后，指导员告诉一个战士说：“你看着他点，别离开他身边，看他想不开再出点事糟了。”我就在营房后的树林里来回走走。

第二天，地方上各个有关单位的负责人、政委韩万金等都来了。他们看了发生事故的现场，分析了事故的原因。

下午我正在宿舍坐着抽烟，指导员来找我谈话。他说：“事故已经调查清楚了。雷锋已经牺牲了，你要化悲痛为力量，不要背什么思想包袱。”

连队成立了治丧委员会，在望花区委礼堂公祭雷锋同志大会时，我还为雷锋守过灵。

1990年12月

选自戴明章编著：《回忆雷锋》。

阅读链接 6－1

雷锋因公殉职现场（恢复后）照片

阅读链接 6－2

雷锋入殓照片

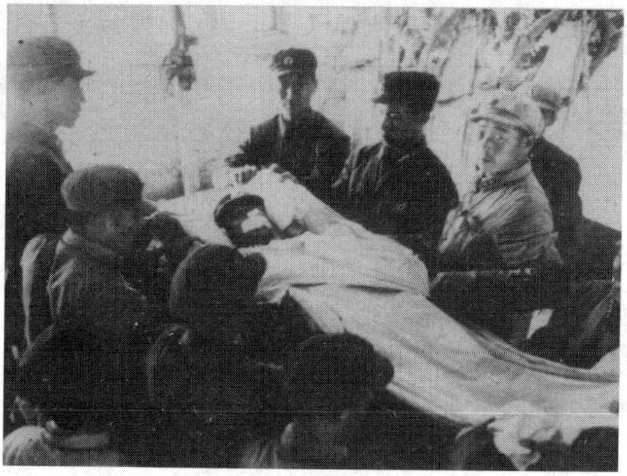

阅读链接 6－3

军民为雷锋送葬现场照片

阅读链接 6－4

中共十七届六中全会决定关于雷锋的段落摘要

“深入开展学雷锋活动，采取措施推动学习活动常态化。”

——摘自中共十七届六中全会通过的《中共中央关于深化文化体制改革推动社会主义文化大发展大繁荣若干重大问题的决定》

阅读链接 6－5

中共十八大报告关于雷锋的段落摘要

“深化群众性精神文明创建活动，广泛开展志愿服务，推动学雷锋活动、学习宣传道德模范常态化。”

——摘自中国共产党第十八次全国代表大会报告《坚定不移沿着中国特色社会主义道路前进　为全面建成小康社会而奋斗》

（本书照片提供：张峻、季增、董兴喜）

后　记

正如冷宽中将所说：雷锋是一个阳光的人，成功的人，以助人为乐的人。

雷锋生命中的每个脚印，都闪耀着夺目的光彩。

本书所编选的三十几位与雷锋生前有过交往的老乡、老同事、老领导、老战友、辅导过的老少先队员等同志对雷锋的追忆，无不怀着充满深深怀念的温情。

雷锋平凡而伟大的事迹，几乎留给了他过往的所有的地区，留给了他所接触过的所有的人，所以，无论对雷锋事迹怎样努力作全面的编选，也是挂一漏万。因篇幅所限等原因，本书对雷锋当选为抚顺市第四届人民代表大会代表的情况，全国人民开展向雷锋同志学习的情况等等侧面，均没有进行编选。万望读者谅解。

在此，我们诚恳地向每位读者建议，在读这部《雷锋在辽宁》时，要与《雷锋在湖南》一起读，更要与《雷锋日记》一起读，而且，把《雷锋在湖南》和《雷锋在辽宁》这两本书，当做《雷锋日记》的辅助材料来读，才能在寻找一个全面、真实、可亲、可敬、可爱的雷锋过程中，不至于本末倒置。

本书除了一些老同志受编者之约认真重写或补写了回忆录外，主要是从戴明章同志编著的《回忆雷锋》一书中选编的。在此，我们对该书的编著者和作者表示衷心的感谢。